Claus Leggewie / Horst Meier

Republikschutz

Maßstäbe für die Verteidigung der Demokratie

Mit zwei Exkursen
von Alexander Molter und
Wolfgang Stenke

Rowohlt

Lektorat Rüdiger Dammann
Umschlaggestaltung Andreas Homann

1. Auflage März 1995

Schrift aus der Life und Helvetica (Linotronic 500)
Gesamtherstellung Clausen & Bosse, Leck
Printed in Germany
ISBN 3 498 03882 6

«Kein Mensch bekämpft die Freiheit; er bekämpft höchstens die Freiheit der anderen.»

(Karl Marx 1842 in seiner Polemik gegen die preußische Pressezensur, in: Debatten über die Preßfreiheit, MEW 1, 51)

Inhalt

Einleitung

Eine ungelernte Republik

Fremdenfeindliche Gewalt und Druck von rechts haben die Verteidigung der demokratischen Republik auf die Tagesordnung gesetzt. Viele Bürgerinnen und Bürger sind beunruhigt und fragen nach angemessenen Reaktionen. Bis heute aber stellt die offizielle Politik der «inneren Sicherheit» vor allem eines unter Beweis: ihre hilflose Entschlossenheit. Während gegen Gewalttäter die herkömmlichen Mittel von Polizei und Justiz nicht ausgeschöpft werden, ersinnen Politiker eine Gesetzesverschärfung nach der anderen und fordern Schnellgerichte, Vorbeugehaft oder den großen Lauschangriff. Ein Sammelsurium unterschiedlichster Maßnahmen zur Bekämpfung sowohl glatzköpfiger Totschläger und agitierender Neonazis als auch der «organisierten Kriminalität» wird unter dem Allerweltsbegriff «Verbrechensbekämpfungsgesetz» von einer faktischen Großen Koalition im Bundestag verabschiedet. Man betreibt eine Vergeheimdienstlichung der Polizei, während andererseits die Geheimdienste polizeiliche Befugnisse bekommen: Der Wildwuchs eines kaum mehr zu durchschauenden Kompetenzgewirrs breitet sich aus.

In der Stunde der frei flottierenden Bedrohungsgefühle bieten Sicherheitsapostel aller Disziplinen ihre Rezepte feil; so gut wie nichts wird da ausgelassen – wenn es sich nur mit dem Versprechen «innerer» Sicherheit verknüpfen läßt. In der «Zivilgesellschaft» indes verbindet sich der Wunsch nach hartem Durchgreifen mit einer merkwürdig schwankenden Ratlosigkeit. Zum Beispiel in Sachen Strafjustiz: Fällt ein Gericht ein mildes Urteil, wird es als «auf dem rechten Auge blind» kritisiert; hohen Strafen wird der ganze Kanon sozialpädagogischer Bedenken entgegengehalten.

Unterdessen greift die Exekutive wahllos zu den rostigen Schwertern der «streitbaren Demokratie». Da werden Neonazisekten illegalisiert und einzelne Grundrechteverwirkungen beim Verfassungsgericht beantragt; da wird eine fruchtlose Debatte um die nachrichtendienstliche Ausforschung der REPs geführt (hier und da gerät auch die PDS ins Visier). Doch sollen Stammtisch-Republikaner oder neonazistische Sekten verboten werden? Soll man einzelnen Personen bestimmte Grundrechte aberkennen? Soll man die Strafgesetze gegen die Neonazipropaganda von der «Auschwitzlüge» verschärfen?

Die Beantwortung solcher Fragen fällt bekanntlich sehr unterschiedlich aus – je nach politischem Hintergrund und Temperament. Eines aber haben fast alle Antworten gemeinsam: Ihnen liegen bestimmte Kriterien zugrunde, die zumeist unreflektiert bleiben. Über rationale Maßstäbe, nach denen die Demokratie zu verteidigen wäre, wird jedenfalls selten offen debattiert; vorherrschend und alle Fraktionen übergreifend ist ein tagespolitisch orientierter Opportunismus, der sich bald diesem, bald jenem Skandal zuwendet. Derweil gefällt sich die große, recht überbevölkerte Mitte in freiheitlicher demokratischer Pose und wähnt sich ausgewogen wie eh und je. Dabei wissen alle, daß manche eben vorzugsweise linke, andere lieber rechte «Extremisten» bekämpft sehen wollen.

Adressat aller Repressionswünsche bleibt indessen der Staat. Allein deshalb sollten Demokraten äußerst mißtrauisch werden: Gegen wen auch immer der gewünschte Eingriff erfolgen mag – stets geht damit ein nicht ungefährlicher Machtzuwachs der Bürokratie gegen potentiell alle Bürgerinnen und Bürger einher.

Wo der Staat auf den Plan gerufen wird, mündet der Streit um diese oder jene Maßnahme sowie um die gesetzlichen

Eingriffsgrundlagen seinerseits in die entscheidende Frage nach den Maßstäben. Im Mittelpunkt unserer Überlegungen stehen daher nicht der übliche Kanon «innerer Sicherheit» und dessen spiegelbildliche Antirepressionskritik, also nicht die Probleme der Kriminalpolitik, die Tendenz hin zur buchstäblich sinnlosen Gewaltbereitschaft (wie sie etwa in den verstörten Attentaten auf Oskar Lafontaine und Wolfgang Schäuble sichtbar wurde), nicht Bürgerwehren und private Sicherheitsdienste oder Korruptionsaffären in der Verwaltung von Großstädten; unser primäres Interesse gilt auch nicht den kläglichen Häuflein von «Extremisten» und Sektierern, auf die wir fallweise zu sprechen kommen. Im Mittelpunkt unserer Überlegungen steht vielmehr das Selbstverständnis jener, welche die Verteidigung der Demokratie als ihre Sache reklamieren. Die Kritik an staatlicher «Repression» verdeckt nur allzuoft, daß sie selbst nicht zu sagen weiß, wie denn ein allgemeines Gesetz staatlichen Handelns lauten sollte.

Konkret gefragt: Kann das Berufsverbot gegen einen kommunistischen Briefträger falsch, dasjenige gegen den NPD-Mann und ehemaligen Oberstudienrat Günter Deckert aber richtig sein? Oder wie verhält es sich zum Beispiel mit dem Parteiverbot? Gilt uns dasjenige gegen die KPD des Jahres 1956 nach wie vor als schändlicher Eingriff in die politische Freiheit, während der jüngste Verbotsantrag des Jahres 1993 gegen die «Freiheitliche Deutsche Arbeiterpartei» (FAP) unseren Beifall verdient?

Wie also wird das Maß geeicht? Vor allem dieser Frage werden wir nachgehen und dabei die verschiedenen Vorstellungen mit den Standards des demokratischen Verfassungsstaats konfrontieren. Und das ist alles andere als eine nur akademisch-theoretische Beschäftigung. Denn die «Landkarte der Zensur» (Ronald Dworkin) weist neuerdings Eintragungen auf, die nicht so sehr auf das Konto finsterer Reaktionäre oder eifernder Bürokraten gehen, sondern zunehmend auf dasjenige gutmeinender Menschen, die «Rassisten und Ausländerfeinde» in Schach halten wollen. Auch wenn dem durchaus sympathische Motive zugrunde liegen, die aus einem geschärften, wachen Bewußtsein gespeist werden, bleiben solche Repressionsbegehren allzuoft von Affekten und den kurzsichtigen Bedürfnissen der Tages- oder Parteipolitik bestimmt. Der nach jedem Attentat, nach jeder spektakulären Aktion öffentlich aufgebauschte Handlungsdruck ist ein denkbar schlechter Ratgeber.

Solange demokratische Spielregeln bei jeder Belastungsprobe leichtfertig zur Disposition gestellt werden, bleibt, paradox genug, die Demokratie auch durch jene gefährdet, die sich kopflos zu ihrer Verteidigung aufschwingen. Wir möchten daher die häufig anzutreffenden Forderungen nach staatlicher Unterdrückung dieser oder jener Aktivitäten einer kritischen Revision unterziehen. Anhand aktueller, teils zyklisch wiederkehrender Problemfälle läßt sich zeigen, daß symbolisch-rituelle Politik niemanden schützt und obendrein die Freiheit potentiell aller gefährdet.

Leitmotiv ist die unseres Erachtens entscheidende Frage, *wie die Republik verteidigt werden kann, ohne zu ihrer Freiheitsidee in Widerspruch zu geraten, ohne also die Grundrechte zu suspendieren:* Liberalität und Effizienz müssen demokratieverträglich austariert werden. Die Verteidigung der Freiheit ist eine voraussetzungsvolle Sache, deren Schicksal sich schon bei der Wahl der Mittel entscheidet; diese muß ausgesprochen skrupulös getroffen werden.

Wer die «demokratische Frage» so formuliert, stößt alsbald auf die «freiheitliche demokratische Grundordnung» und ihre Gralshüter. Im Zuge einer grundlegenden Kritik des verkürzten Freiheitsverständnisses der «streitbaren Demokratie», die seit den Tagen der westdeutschen Staatsgründung auf ideologische Abgrenzungsrituale fixiert ist, plädieren wir für eine Abwicklung des Inlandsgeheimdienstes «Verfassungsschutz» sowie für eine rechtsstaatliche Domestizierung der Polizeigewalt, insbesondere der «Politischen Polizei». Daß letztere, hierzulande eher als «Staatsschutz» bekannt, eine rechtsstaatliche Alternative zu jeglicher Art des «Verfassungsschutzes» sein könnte, ist selbst unter Kritikern der Schnüffelpraxis dieses sonderbaren Geheimdienstes noch nicht geläufig.

Jenseits des ideologischen Verfassungsschutzes erschließt sich die Notwendigkeit, rationale «Maßstäbe für die Verteidigung der Demokratie» zu entwickeln. Wer die Republik verteidigen will, muß sich darauf besinnen, was es da überhaupt zu bewahren gälte: eben weil die Art und Weise, das «Wie» demokratischer Selbstverteidigung stets zugleich die praktische Probe auf das demokratische Exempel ist.

Wir knüpfen an den aus der Weimarer Republik überlieferten Begriff des *Republikschutzes* an, ohne die damit verbundene historische Praxis in allen ihren Ausprägungen zu rechtfertigen. Der Begriff «Republikschutz» ist zwar nicht geläufig, bietet aber, gerade weil er antiquiert scheint, den Vorteil, jenseits überkommenen Verfassungsschutzes ein radikaldemokratisches, offenes Demokratieverständnis sprachlich zu markieren (vgl. Langewiesche 1993).

Die Berliner Republik braucht keine innerstaatliche Feinderklärung. Sie braucht ein neues Sicherheitskonzept, das sich strikt auf die Abwehr konkreter Gefahren bezieht. Dies schließt die Kritik eines Präventionsdenkens ein, das vorgibt, aus der Geschichte der Weimarer Republik gelernt zu haben: Der hehren Absicht der «Gefahren*vorsorge*» sind nennenswerte Bedenken fremd, wenn es gilt, die politische Freiheit von «Extremisten« vorbeugend zu unterdrücken. Gewiß, auch Hitler und die Seinen fingen dereinst klein an. Muß man da nicht durchgreifen, bevor es zu spät ist und antidemokratische Kräfte womöglich nicht mehr zu stoppen sind? Keineswegs. Wer den landesüblichen Weimar-Legenden nicht aufsitzt, erkennt, daß dem Republikschutz, wäre er denn nur politisch gewollt gewesen, sehr wohl Instrumente zu Gebote standen. Wo sich aber nicht genügend Kräfte sammeln, die Demokratie zu verteidigen, sind alle juristischen Zwirnsfäden vergeblich gesponnen.

Der politische Meinungskampf endet dort, wo Gewalt zum Zuge kommt (vgl. Arendt 1965 und 1970). Indem wir klar zwischen Form und Inhalt der Politik unterscheiden, schlagen wir mit dem Gewaltkriterium eine politisch neutrale, das heißt unideologische Grenze des politischen Kampfes vor. Sie befreit davon, im freiheitlichen demokratischen Nebel «verfassungswidriger», «verfassungsfeindlicher» Ziele und Gesinnungen herumzustochern. Unser Kriterium ist bewußt weit gefaßt – um der Freiheit und Gleichheit willen –, zugleich aber ist sie strikt und berechenbar. Wer immer diese Grenze überschreitet und Gewalt gegen politisch Andersdenkende organisiert, gehört rigoros und kunstgerecht unterdrückt. Ein radikales Verständnis der Bürgerrechte und ein aufgeklärtes, wenn man so will, entspanntes Verhältnis zum Einsatz des staatlichen Gewaltmonopols gehen besser zusammen als gemeinhin angenommen. Erst wenn deren unverkrampfte Verbindung endlich gelänge, hätten wir jene «politische Kultur», die bislang lediglich beschworen wird. Zwischen autoritärem Etatismus und zivilgesellschaftlicher Idylle gibt es ein Drittes: die Staatsräson der demokratisch verfaßten Republik.

Eine eng verstandene Ausnahme des gefahrenorientierten Republikschutzes diskutieren wir mit Blick auf den organisierten Antisemitismus und den Wiederaufbau der NSDAP.

Die von uns vorgeschlagene «antinazistische Grundordnung» gilt allerdings allein dem harten Kern erklärter Neonazis, nicht etwa Stammtisch-Republikanern, DVU oder NPD.

Regeln werden hierzulande gern verächtlich als «bloß formal» abgetan. Wer aber das Bewußtsein für die Unverbrüchlichkeit demokratischer Spielregeln schärft, betreibt keine Glasperlenspielerei, sondern nimmt die freiheitssichernde Funktion dieser Regeln ernst – sie dienen der friedlichen Konfliktaustragung und der politischen Neutralität des Staats. Man mag diesen Ansatz radikaldemokratisch, republikanisch, linksliberal oder wie auch immer nennen – politische Freiheit und Gleichheit sind jedenfalls nur so weit unteilbar, wie sie als formale Rechte verstanden werden. Sobald es irgendeiner Gruppe gelingt, ihre Politik in Gestalt «freiheitlicher demokratischer» Staatsziele zu monopolisieren, kommt Gesinnungszwang ins Spiel. Daß ein radikales Verständnis der Grundrechte stets auch den «falschen» Leuten zugute kommt, sollten Demokraten nicht verklemmt bedauern, sondern gelassen zur Kenntnis nehmen und prinzipienfest gegen die Anmaßungen «politischer Korrektheit» verteidigen.

Wer in schwierigen Zeiten Demokratie wagen möchte, findet, so hoffen wir, in diesem Buch nützliche Wegmarkierungen: Denn aufgeklärter Republikschutz ist nicht allein Sache von Sicherheitsbehörden. Seine schärfsten Waffen sind der Stimmzettel und die ungehemmte öffentliche Debatte, die sich die Bürgerinnen und Bürger einer freien Gesellschaft selbstbewußt zumuten können. Wir sind jedenfalls nicht so pessimistisch zu glauben, daß politische Freiheit nur durch ihre vorbeugende Rücknahme zu verteidigen ist.

Die «ungelernte Republik», die der Kabarettist Wolfgang Neuss «nach dem verlorenen Krieg» karikierte, diese Republik ist seitdem ein gutes Stück vorangekommen, hat aber noch keineswegs ausgelernt. Ein wenig mehr Liberalität darf sie sich allerdings zutrauen. Vierzig Jahre westdeutscher und fünf Jahre gesamtdeutscher Tradition geben kein felsenfestes Fundament ab. Doch sie sind keine schlechte Ausgangsbasis, um die von den einstigen westalliierten Kriegsgegnern sanft verordnete Demokratie, die es als «streitbare» bislang nur zur halben Reife brachte, endlich voll auszubilden und zur eigenen Sache, zur «nationalen» Angelegenheit der Deutschen zu machen.

Wer über aufgeklärten Republikschutz nachdenkt, reflektiert die Bedingungen, unter denen sich freie und gleiche Bürgerinnen und Bürger selbst regieren können. Die Idee der Selbstregierung findet im demokratischen Verfassungsstaat eine Form, mittels derer die nicht aufzuhebende Spannung zwischen Ordnung und Freiheit auf produktive Weise institutionalisiert wird.

Gleichwohl bleibt der Widerspruch unauflösbar. Sollte er trotz aller «Bändigung» manifest werden, geben wir der Offenheit des politischen Diskurses den Vorrang: Eine demokratische Gesellschaft ohne Betriebsrisiko gibt es nicht. Dieses Risiko, das wohlkalkuliert sein will, kann nicht kurzerhand beseitigt, sondern nur begrenzt werden. Die staatlich nicht gezügelte Konkurrenz politischer Ideen ist das Lebenselixier der Demokratie, sie allein ermöglicht die freie gesellschaftliche Debatte aller um das Wie und Wohin. Gegen die zaghafte Ängstlichkeit des hierzulande endemischen Sicherheitsdenkens wäre die befreiende Radikalität des Wettbewerbs erst noch zu entdecken.

Kapitel 1

Ratlosigkeit im Innern der Sicherheit: Rechtliche Instrumente und politische Praxis

1.1. Samthandschuh und Eisenfaust: der Schlingerkurs der Strafjustiz

In manchem gutgemeinten Report über den Vormarsch der «braunen Horden» oder auch die Unterwanderer auf «roten Socken» entsteht der Eindruck, daß es um die Berliner Republik schon geschehen ist, bevor sie, nach ihrer überstürzten Niederkunft 1990, überhaupt richtig aus dem Ei kriechen konnte. «Nationalistische Front» und «Kommunistische Plattform», rechtsradikale Skinheads und linksautonome Antifas – das ganze «Weimarer Bestiarium» ist aufgeboten, und täglich wird eine neue extremistische Sau durchs (Medien-)Dorf getrieben.

Aber auch ohne Dramatisierung muß man nüchtern feststellen, daß seit der deutschen Vereinigung, vor allem seit dem ersten Jahrestag dieses denkwürdigen Ereignisses 1991, eine tatsächliche Gefahr für die deutsche Demokratie besteht. Sie geht nicht von «extremistischen» Gesinnungen aus, sondern von so rubrizierten «fremdenfeindlichen Ausschreitungen und Straftaten», deren Zahl seit 1990 schlagartig angestiegen ist. Aus vereinzelten Angriffen auf Ausländer wurde ein Massenphänomen, das nicht an Zahl, aber an Qualität in anderen westlichen Demokratien keine Entsprechung findet. Die Mordanschläge von Hünxe, Solingen und Mölln, auch die pogromartigen Ausschreitungen in Hoyerswerda und Rostock sind in ihrer Form singulär, eine deutsche Pathologie. Es schien, als sei das neue Deutschland außer Rand und Band geraten, und man muß befürchten, daß sich

«Fremde» hierzulande nicht mehr sicher und kaum noch wohl fühlen. Neu und besonders gravierend ist, daß als Täter und Wortführer vor allem Jugendliche und selbst Kinder auftraten, in vielen Fällen mit offener oder klammheimlicher Zustimmung von Älteren.

Versuchen wir zunächst, die in Rede stehenden, im offiziellen Sprachgebrauch als «fremdenfeindlich» und «rechtsextremistisch» definierten Tatbestände näher zu qualifizieren. Als «fremdenfeindlich» bezeichnet das Bundeskriminalamt Delikte,

> «die in der Zielrichtung gegen Personen begangen werden, denen die Täter (aus intoleranter Haltung heraus) aufgrund ihrer Nationalität, Volkszugehörigkeit, Rasse, Hautfarbe, Religion, Weltanschauung, Herkunft oder aufgrund ihres äußeren Erscheinungsbildes oder aufgrund ihrer tatsächlichen oder vermeintlichen Herkunft ein Bleibe- oder Aufenthaltsrecht in ihrer Wohnumgebung oder in der gesamten BRD bestreiten» (BKA-Bundeslagebild 1993, 3).

(Rechts)extremistische Bestrebungen sind laut Bundesverfassungsschutz «Aktivitäten mit der Zielrichtung, die Grundwerte der freiheitlichen Demokratie zu beseitigen. Dazu gehören Vorbereitungshandlungen, Agitation und Gewaltakte», die von den Verfassungsschutzbehörden auch beobachtet werden, wenn sie noch «außerhalb strafrechtlicher Relevanz» liegen (BfV 1992, 19).

«Fremdenfeindlichkeit» und «Rechtsextremismus» sind nicht identisch, Aversion und Aggressivität gegen Fremde kommen in sämtlichen politischen Lagern vor, und nicht alle, die sich im politischen Spektrum selbst rechtsaußen einstufen, neigen auch automatisch zur Ablehnung von Fremden. Aber in der heutigen Wirklichkeit überschneiden sich die beiden Dispositionen häufig; die ablehnende Haltung gegen

«Ausländer» ist für die extreme Rechte ein Hauptthema geworden. Beides verbindet sich – das ist ein Novum in der Geschichte der Bundesrepublik – immer stärker mit Gewaltbereitschaft, und gewaltbereite Personen überschreiten auch öfter die Schwelle zur aktiven Gewaltausübung. Das bedeutet: Rechtsextrem gesonnene «Ausländerfeinde» geben ihre Zurückhaltung auf und werden – im Blick auf die vermeintliche Untätigkeit resp. Unfähigkeit des Staatsapparates, das «Ausländerproblem» zu lösen – in eigener Regie tätig. Ihr Ziel ist, mehr oder weniger weitreichend und systematisch, ein «ausländerfreies Deutschland», also in letzter Konsequenz eine Art ethnische Säuberung der Bundesrepublik, an deren staatlicher, sozialer und wirtschaftlicher Ordnung sie ansonsten nicht viel auszusetzen haben.

Erklärte «Neonazis» gehen noch einen Schritt weiter: Ihr Ziel ist die Beseitigung der Bundesrepublik selbst, also die Zerschlagung der Demokratie in Deutschland und die Errichtung einer anderen, an den Nationalsozialismus angelehnten oder ihm entsprechenden politischen und gesellschaftlichen Ordnung. Sie wollen damit praktisch die militärische Niederlage und moralische Katastrophe des Dritten Reiches revidieren. Die vom Verfassungsschutz beobachteten rechtsextremistischen Organisationen teilen diese Position mehr oder weniger, sie befürworten vor allem eine revisionistische Bewertung des Nationalsozialismus.

Handlungen und Gewaltakte, die der Restauration des Dritten Reiches oder einer ethnischen Purifizierung dienen, haben seit den achtziger Jahren erheblich zugenommen, so daß manche schon die ganze Republik für «leicht entflammbar» (Prantl, 1994) erklären. Zu keiner Phase der «alten» Bundesrepublik hat es so viele (Gewalt-)Aktionen gegeben, die Leib und Leben, Ehre und Menschenwürde von Fremden beeinträchtigen, wie seit 1990. Auch der Antisemitismus, der sich im Staat Israel, in der «Wiedergutmachung» und im «Zionismus» neue Feindbilder konstelliert hat, ist wieder aus der Latenz herausgetreten. Nur zögernd wird von Repräsentanten der Bundesrepublik und in der öffentlichen Meinung (an)erkannt, daß diese Vorgänge immer auch einen Anschlag auf den «Nerv der Republik» darstellen, selbst wenn sie das «Herz des Staates» verschonen (oder es gar zu reanimieren meinen). Diskriminierung von Fremden und Rassenhaß, Brandanschläge und Mordaktionen verletzen einzelne Personen, stellen aber aufs Ganze gesehen immer auch eine radikale Infragestellung der Demokratie dar.

Wie soll man darauf reagieren? Öffentliche Ächtung der Gewalt, Lichterketten, Protestdemonstrationen und private Wachsamkeit konnten weder die Gewalttäter nachhaltig zurückdrängen noch die bedrohten Gruppen schützen. Zwar ist die Zahl der Gewalttaten seit 1993 wieder rückläufig, aber sie bleibt auf hohem Niveau, weit über den zwischen 1987 und 1991 durchschnittlich gemeldeten Straftaten (etwa 250 jährlich). Gleichzeitig haben sich Brutalität und Tragweite der Aktionen noch gesteigert. Bis zum Oktober 1994 wurden immer noch 1102 «Gewalttaten mit erwiesener oder zu vermutender *rechtsextremistischer* Motivation registriert, ein Drittel weniger als im Vergleichszeitraum 1993. Darunter waren acht versuchte Tötungsdelikte, 75 Brand- und Sprengstoffanschläge, 33 Landfriedensbrüche, 441 Körperverletzungen und 545 Sachbeschädigungen mit erheblicher Gewaltanwendung (BKA 1994, vgl. Willems u. a. 1993 / 1994). Mit erwiesener oder zu vermutender *fremdenfeindlicher* Motivation wurden fünf versuchte Tötungsdelikte, 61 Brand- und Sprengstoffanschläge, 10 Landfriedensbrüche, 344 Körperverletzungen und 191 Sachbeschädigungen verzeichnet. Die höchste absolute Zahl von Gewalttaten wurde in Nordrhein-Westfalen und anderen westdeutschen Flächenstaaten verübt, die höchste Zahl pro Kopf der Landesbevölkerung in den ostdeutschen Ländern Brandenburg, Mecklenburg-Vorpommern und Sachsen-Anhalt. Verunsichert steht die Zivilgesellschaft vor den abgebrannten Ruinen und zerstörten Biographien. Sie ahnt, daß rassistisch motivierte Gewalt durch symbolische «Bürgerwehr» nicht zu parieren ist.

Auch ansonsten staatskritische Personen und Gruppen riefen deshalb nach einer harten Reaktion der Exekutive und nach repressiver Politik. Doch das staatliche Gewaltmonopol versagte. Trotz einigem Aktionismus gelang es nicht, der Täter habhaft zu werden, ihre Übergriffe zu sanktionieren und potentielle Nachahmer und Wiederholungstäter von ähnlichen und schlimmeren Vorhaben abzubringen. Es ist noch in frischer Erinnerung, wie im August 1992 im Rostocker Vorort Lichtenhagen eine wildgewordene Nachbarschaft den Ordnungskräften auf der Nase herumtanzte und unter ihren Augen ein Asylbewerberheim in Flammen setzte. Danach entsprachen die politischen Spitzen Mecklenburg-Vorpommerns dem Wunsch der Anwohner, die unliebsamen «Zigeuner» zu entfernen; eine Große Koalition in Bonn schritt bald darauf zur Beschneidung des Asylrechts (Leggewie 1993a). Äußerungen der politischen Eliten, über den offenen Gräbern der Ermordeten und an geschändeten jüdischen Friedhöfen und Gedenkstätten, wirkten oft peinlich und verlogen. Schutzsuchende konnten sie nicht beruhigen, Zweifelnde nicht überzeugen. Auch den Übersprung ausländerfeindlicher Gewaltakte auf Behinderte, Obdachlose und andere exponiert «Schwache» konnte staatliche Repressionsandrohung nicht verhindern.

Wenn soziale Kontrolle und politische Repression derart versagen, ertönt regelmäßig der Ruf nach dem Recht, insbesondere nach der Strafjustiz. Mit strenger Verfolgung, also mit scharfen Urteilen und schärferen Gesetzen, soll dem sich ausbreitenden Übel Einhalt geboten werden. Die Sicherheitskräfte sollen die Opfer vor weiteren Beeinträchtigungen schützen, die Täter zur Räson und die Gesellschaft unter Kontrolle bringen. Was Zivilgesellschaft und Politik nicht vermögen, soll die Institution des Strafrechts als Ultima ratio in den Griff bekommen. Damit werden aus sozialen und politischen Problemen justitiell zu sichernde Rechtsgüter. Fremdenfeindliche Aktionen – von der Diskriminierung an der Diskotür bis zum Pogrom – werden als strafwürdige Delikte «recodiert».

Polizei, Staatsanwälte und Richter geraten dabei in ein Dilemma: Sie können die erwähnten Delikte nicht ignorieren und als «soziale Phänomene» an Gesellschaft und Politik zurückverweisen. Zugleich müssen sie sich hüten, unter dem Druck der Öffentlichkeit zu Instrumenten politischer Gesinnungsjustiz zu werden und dabei Grundprinzipien des Straf(prozeß)rechts zu mißachten. Denn während die öffentliche Meinung die Ereignisse vielstimmig und strittig bereden kann und die Sozialwissenschaften sich für die Erforschung der Ursachen Zeit nehmen können, müssen die Organe der Inneren Sicherheit ad hoc und fallweise adäquate Entscheidungen und Urteile fällen. Was kann diese Verrechtlichung gegen Rassismus und Rechtsradikalismus ausrichten, welche Form der Strafjustiz ist der politisch motivierten Kriminalität angemessen?

Um diese Fragen beantworten zu können, ist zunächst ein Exkurs in die Grundlagen der Strafrechtstheorie notwendig. Sie besagt, daß der Staat befugt ist, Handlungen, die einem gesicherten und freien Zusammenleben der Bürger entgegenstehen, zu verbieten und Zuwiderhandlungen zu bestrafen. Wo eine *Sozialschädlichkeit* des Verhaltens vorliegt, übernimmt der Staat den *Rechtsgüterschutz*. Bei den in Rede stehenden Fällen (exemplarisch: die Brandanschläge) sind elementare Voraussetzungen des Zusammenlebens in Frage gestellt: Die gewaltsame Bestreitung der Lebens- und Menschenrechte einer Gruppe der Bevölkerung durch eine andere ist nicht nur sozial-, sondern demokratieschädlich. Der Gesellschaftsvertrag selbst wird gekündigt, Rechtsgüter der Allgemeinheit sind im besonderen Umfang tangiert. In einem solchen Fall greift das Strafrecht als Ultima ratio ein, weil andere und mildere Sanktionsmittel, die nach dem Subsidiaritätsprinzip zunächst in Betracht zu ziehen sind (wie Bußen, Maßregeln, Verwarnungen etc.), unangebracht scheinen.

Strafe muß (gelegentlich) sein. Aber nach liberaler Auffassung muß sich die Justiz vorsehen, dabei nicht in die Rolle des Tugend- und Sittenwächters zurückzufallen, die sie sich in anderen Fällen aus guten Gründen abgewöhnt hat, indem sie etwa von der Garantin der «Sittlichkeit» zur Beschützerin der «sexuellen Selbstbestimmung» wurde. Strafbegründung und Strafmaß müssen also angemessen sein. Gerade bei so spektakulären Verstößen gegen private und öffentliche Rechtsgüter, die auch die besondere Aufmerksamkeit der Medien genießen, ertönt der Ruf nach *Vergeltung*. Namens der Opfer schert man sich nicht lange um die Täter und läßt damit die Nebenfolgen außer acht, die eine (harte) Strafe vor allem auf jugendliche Gewalttäter erfahrungsgemäß hat. Strafrichter (vor allem die Jugendgerichte) müssen jedoch vornehmlich den oder die Täter im Blick halten *(Spezialprävention)*, das heißt im je besonderen Fall die Gesellschaft schützen, weitere Straftaten verhindern und langfristige Besserung herbeiführen. Zugleich soll aber bei «gemeingefährlichen» Delikten auch die Allgemeinheit zu rechtstreuem Verhalten angehalten werden, das die Täter so eklatant vermissen ließen. Wird ihre Tat nicht (oder zu schwach) geahndet, könnten sich andere zu ähnlichen Handlungen geradezu animiert fühlen. Diese allgemeine Funktion des Strafrechts wird als *General-*

prävention bezeichnet, wobei heute die positiv integrierende gegenüber der abschreckenden Wirkung in den Vordergrund tritt (vgl. zusammenfassend Roxin/Arzt/Tiedemann 1994 sowie Hassemer 1990).

So weit die Theorie. Am heiklen Beispiel der NS-Prozesse nach 1945 (Jäger 1989) läßt sich das komplizierte Spannungsverhältnis von tatangemessener Vergeltung, besonderer, täterorientierter Vorbeugung und sozialer Integration aufzeigen: Erstens mußten die abscheulichen Taten angemessen gesühnt werden (daß das lange und in prominenten Fällen, auch im Justizapparat, nicht der Fall war, mobilisierte den Vorwurf der «ungesühnten Nazi-Justiz»). Zweitens mußte aber die individuelle Schuld der NS-Täter ermessen und beurteilt werden, und drittens war, obwohl in der Regel subjektiv und objektiv keine Wiederholungsgefahr bestand und die Angeklagten im hohen Alter und haftunfähig waren, das Interesse der Allgemeinheit an einer angemessenen Bewertung der Tat zu berücksichtigen. An diesem Fall sieht man, wie schwer Schuldausgleich, Resozialisierung und Generalprävention in Einklang zu bringen sind.

Auch wenn NS-Verbrechen als politische «Makrokriminalität» in einem anderen Kontext stehen und ganz besondere Qualität besaßen, weisen sie in ihrer rassistischen Grundmotivation Affinitäten auf zu den Vorfällen, die in den letzten Jahren als neuartige Fälle politischer (Gewalt-)Kriminalität fast schon an der Tagesordnung sind. Im Dispositiv des Strafrechts und in die Sprache des Rechtssystems übersetzt (bzw. in die Abteilungen des Strafgesetzbuches) lassen sich dabei folgende Tathandlungsgruppen unterscheiden: Delikte gegen Personenwerte (Leben, Freiheit und Ehre), gegen Religion und Weltanschauung von Gruppen (öffentlicher Friede) und gegen die Allgemeinheit, am Rande auch gegen Sachwerte und den Staat bzw. die Verfassungsordnung, wobei sich diese Rechtsgüter in den meisten Fällen überschneiden (vgl. Übersicht auf S. 32).

An dieses justitielle Repertoire, das zur Ahndung rechtsextremistischer und fremdenfeindlicher Delikte zur Verfügung steht, müssen wir nun adäquate Maßstäbe für Schuldausgleich, Resozialisierung und Generalprävention anlegen: Worin besteht das Spezifikum fremdenfeindlicher Handlungen und «Haßverbrechen» im Unterschied zu normalen Nachbarschaftskonflikten, üblichen sozialen Auseinandersetzungen und anders motivierten Gewaltdelikten? Wo gerät zum Beispiel die strafrechtliche Verfolgung rassistischer Äußerungen oder extrem «revisionistischer» Geschichtsschreibung in Konflikt mit Grundrechten, vor allem der Meinungs- und Wissenschaftsfreiheit, so daß gegebenenfalls die Grenze zur Gesinnungsjustiz überschritten wird? Wie stark müssen spezielle Merkmale der Täter (wie jugendliche Unreife, aggressives Jungmännergebaren etc.), Besonderheiten ihrer familiären oder sozialen Lage und psychische, auch allgemeinpolitische Dispositionen berücksichtigt werden? Welche Rolle spielt die normative Positionierung der Bundesrepublik gegenüber dem Dritten Reich und die «Lehre» nationalsozialistischer Gewaltverbrechen?

Die genannten Maßstäbe gelten grundsätzlich für alle Deliktgruppen. Exemplarisch möchten wir uns zunächst besonders schweren Fällen fremdenfeindlicher Straftaten zuwenden, in denen eine regelrechte Hatz auf Ausländer und Angriffe auf von ihnen bewohnte Unterkünfte veranstaltet worden sind, zumeist in Form von Brandanschlägen, die an einigen Stellen bekanntlich zu Schwerverletzten und Toten geführt haben. Während man sich dazu im öffentlichen Sprachgebrauch angewöhnt hat, von Mordbrennerei zu sprechen, sind viele Täter nur als (schwere) Brandstifter verurteilt worden. Die Urteile sind in der Fachöffentlichkeit, in der

Übersicht: Fremdenfeindliche und rechtsextremistische Straftaten im System des Strafrechts

Delikte gegen

- **Sachwerte** (Eigentum)
  - Sachbeschädigung (§ 303, 305)
- **Personenwerte** (Leben, Freiheit, Ehre)
  - Mord (§ 211)
  - Totschlag (§ 212)
  - Körperverletzung (§ 223 ff.)
  - Beleidigung (§ 185 ff.)
  - Verunglimpfung des Ansehens Verstorbener (§ 189), in Verbindung mit Strafantrag (§ 194)
- **Religion und Weltanschauung von Gruppen** (öffentlicher Friede)
  - Beschimpfung von Bekenntnissen, Religionsgesellschaften und Weltanschauungsvereinigungen (§ 166)
  - Störung der Totenruhe (§ 168)
- **die Allgemeinheit** (Fundamentalnormen)
  - *gemeingefährliche D.*
    - Brandstiftung (§ 306 ff.)
    - Unterlassene Hilfeleistung (§ 323c)
  - *D. gegen die öffentliche Ordnung*
    - Aufforderung zu Straftaten (§ 111)
    - Landfriedensbruch (§ 125, 125a)
    - Bildung
      - bewaffneter Haufen (§ 127)
      - krimineller Vereinigungen (§ 129)
      - terroristischer Vereinigungen (§ 129a)
    - Volksverhetzung (§ 130)
    - Anleitung zu Straftaten (§ 130a)
    - Aufstachelung zum Rassenhaß (§ 131)
- **den Staat** (Rechtsstaat, Verfassung)
  - Fortführung einer für verfassungswidrig erklärten Partei (§ 84)
  - Verstoß gegen ein Vereinigungsverbot (§ 86)
  - Verbreiten von Propagandamittel verf.widr. Organisationen (§ 86)
  - Verwendung von Kennzeichen verf.widr. Org. (§ 86a)
  - Verunglimpfung von Verfassungsorganen (§ 90b)

Tatbestandsgruppen (nach StGB)

Presse und in der öffentlichen Meinung teils als zu lasch, teils aber auch als überzogen kritisiert worden. Zwischen 1991 und 1994 haben die ausgesprochenen Strafmaße angezogen. Beklagen die einen also, die Strafjustiz gehe zu nachsichtig, ja verständnisvoll mit den Tätern ins Gericht, bemängeln andere, es würden «Probleme der Gesellschaft» in das Rechtssystem delegiert und, im Hinblick auf das schlechte «Ansehen Deutschlands in der Welt», Exempel an den Sündenböcken statuiert. Sie machen sich Sorgen über die Zukunft des liberalen Strafvollzugs und sehen das Gelingen der Resozialisierung in Frage gestellt. «Verstehen» oder «Durchgreifen» – die Be- und Verurteilung fremdenfeindlicher Gewalttaten ist zur Gretchenfrage eines rechtspolitischen Grundsatzstreits geworden.

Die genauere Analyse der Gerichtsentscheidungen steht noch aus, in der juristischen Spezialliteratur ist das Thema bislang kaum präsent. Aber schon auf den ersten Blick läßt sich der Schlingerkurs der Rechtspflege erkennen. Der Juristenstand weiß die neuen Sachverhalte schwer einzuordnen, Polizisten, Staatsanwälte und Richter, auch die Strafverteidiger sind unsicher, wie sie mit ihrer ungewohnten «Kundschaft» verfahren sollen. Manche wollen «Flagge zeigen» und streben harte Urteile an, von denen eine abschreckende und erzieherische Wirkung auf die Täter ausgehen soll (so Pfeiffer 1992 und 1993). Ein engagierter Strafrechtsreformer, der ehemalige Braunschweiger Oberlandesgerichtspräsident Rudolf Wassermann, legte die Samthandschuhe weg und zog die Eisenfaust über. Mit einem exemplarischen Bekenntnis leitete er sein Plädoyer für schärferes Durchgreifen und einen Paradigmenwechsel in der Rechtspolitik ein:

> «In den 70er Jahren hätte ich mir nicht träumen lassen, daß es einmal notwendig sein würde, einer schärferen Gangart im Straf-

recht das Wort zu reden. Aber die Verhältnisse haben sich geändert, weil die Entwicklung anders als vorgestellt verlaufen ist. Standen die 60er und 70er Jahre im Zeichen des Schutzes des einzelnen vor dem Staat, so tritt jetzt an die Kriminalpolitik vordringlich die Aufgabe heran, mit Hilfe der staatlichen Gewalt die Deutschen wie die Ausländer vor dem Verbrechen zu schützen. Der Rechtsextremismus ist keine ungefährliche Randerscheinung mehr. Es bedarf des Zusammengehens von Prävention und Repression, um des Aufflammens politisch motivierter Gewaltkriminalität Herr zu werden» (Wassermann 1993, 188, ähnlich 1994).

Ist das der Alterskonservatismus eines gewendeten Liberalen, oder ist in der Tat eine Kurskorrektur fällig? Auch Linke entdeckten in der Gestalt der «Glatzköpfe» die durch gute Worte und milde Strafe nicht bezähmbare Wolfsnatur des Menschen (Schneider 1993). Das rief die Gralshüter des liberalen Strafvollzugs auf den Plan, zumal die unbestreitbare Zunahme fremdenfeindlicher Gewalt leichtfertig mit den Komplexen Ausländerkriminalität, organisiertes Verbrechen und allen möglichen sonstigen Erscheinungen von Anomie zum Paket einer allgemeinen Strafrechtsverschärfung verschnürt wurde (Brumlik 1993).

Davon zeigten sich die meisten Richter, Staatsanwälte und Strafverteidiger unbeeindruckt. Sie verboten sich an den jugendlichen Einzeltätern oder Jungmännerbanden, mit denen sie es zu tun bekamen, jedwede generalpräventive Anwandlung, die gerade an Jugendgerichten nichts zu suchen hat. «Mit Strafrecht lassen sich soziale Probleme nicht lösen», lautete die Parole eines Standardvortrages, mit dem der Schleswiger Generalstaatsanwalt Heribert Ostendorf vor diversen Fachforen der Jugend- und Bewährungshilfe, in der Richterfortbildung und in der Öffentlichkeit Alarm schlug (Ostendorf 1993a/b). Auch der Magdeburger Oberstaatsanwalt und Jugendstrafrechtler Klaus Breymann wies die Richterschelte zurück: Wo junge Männer gewalttätig würden, könne die Justiz «eine Begleitfunktion» bei ihrer Wiedereingliederung übernehmen, mehr nicht (Breymann 1993).

Die Befürworter der «weichen Linie» sperrten sich entschieden dagegen, den Justizapparat für den Kampf gegen rechts zu instrumentalisieren, was übrigens oft mit Argumenten gefordert wurde, die geradewegs der politischen Justiz gegen Linke entnommen sein könnten (Tolmein 1992). Auch wenn man ihnen unterstellte, «auf dem rechten Auge (wieder mal) blind zu sein», zogen sie, gerade in Ostdeutschland, der geforderten politischen Justiz eine einfühlsame Kasuistik vor, die Motive, soziale Hintergründe und familiäre Milieus der Täter geradezu naturalistisch nachvollzog. Sie schrieben ihnen «jugendlichen Erlebnishunger» gut, im übrigen auch, daß sie oft nur auszuführen meinten, was Erwachsene ihnen im privaten Kreis angedeutet oder Politiker und Presse mit der üblen Rede von den «Asylschmarotzern» und der Dramatisierung der Situation («Asylantenflut» als «nationaler Notstand») nahegelegt hatten. Als mildernde Umstände kamen zerbrochene Familien, von Alkohol und Gewalt zerstörte häusliche Verhältnisse, Wohlstandsverwahrlosung und Abstiegsängste, auch die alltäglichen Reibereien mit jungen Einwanderern in Betracht, in der ehemaligen DDR, deren Institutionen fast völlig und ersatzlos zusammengebrochen waren, auch die Folgen des politischen Umbruchs seit 1989. Manche Urteilsbegründungen lagen damit nah am jugendsoziologischen Schrifttum – der Verrechtlichung fremdenfeindlicher Ausschreitungen folgte die Soziologisierung und Psychologisierung der Täter und die Politisierung der Tatumstände. Strafrechtliche und sozialpädagogische Intervention sind, bis in den Jargon hinein, zur

Deckung gekommen. Auf der Anklagebank saß eher «die (gute) Gesellschaft», und die Anklage zielte, mehr oder weniger direkt, auf das Versagen der politischen Klasse.

Die einfühlsame Würdigung der Delikte als Protest-, Konflikt- und Affekthandlungen beeinflußte Urteilsbegründungen und Strafmaß. Breymanns Argumentation steht hier für viele:

> «Für die Mehrzahl der Fälle wird gelten: Integration statt Ausgrenzung, d. h. psychische und soziale Ressourcen schaffen, statt Selbstwertgefühle neu zu verletzen und rigide Verhaltensmuster zu bestätigen und zu verstärken. Inhaltlich muß das heißen:
> – soziale Chancen im Bereich Ausbildung, Arbeit und Wohnen schaffen und eigene Zukunftsperspektiven erlebbar machen, statt zu kriminalisieren und Bedrohungsängste zu steigern,
> – soziale Teilhabemöglichkeiten aufzeigen und dadurch die Szene desorganisieren, statt durch Außendruck die Gruppen zusammenzuschweißen,
> – Modelle des Ausstiegs aus der Gewaltszene entwickeln, statt durch Bestrafung Helden und Märtyrer der ‹Bewegung› zu schaffen» (1993, 70).

Die Justiz spielte damit den schwarzen Peter an die Politik zurück. So riet Breymann davon ab, «mit Hilfsmaßnahmen bis zur Straffälligkeit zu warten», und schlug speziell für Ostdeutschland ein «Netz ambulanter Hilfseinrichtungen» vor. Das Auftauchen der «Glatzen» brachte die Jugendgerichtshilfe nicht von ihrem Leitmotiv ab: Helfen und Vorbeugen statt Strafen (Hamm 1993 und BMSJ 1994). Doch die praktischen Vorschläge, wie die straffällig gewordenen jungen Männer auf den rechten Weg zurückzubringen seien, klangen oft gestelzt und waren, auch wo sie akzeptable Ziele setzten, von einiger Ahnungslosigkeit über das betreffende Milieu und damit von reinem Wunschdenken geprägt, wie man wiederum exemplarisch bei Breymann nachlesen kann:

> «In örtlichen handlungs- und erlebnisorientierten Projekten (z. B. Motorrad-, Kanu-, Football- und Karategruppen), deren attraktiver Freizeitwert die Teilnahmemotivation fördert, lassen sich spezifische Defizite sozialpädagogisch bearbeiten. Für die Gewalttäter, die zunächst zwangsweise aus der Szene ausgegliedert werden müssen, bieten sich Gruppenmaßnahmen außerhalb der Region an (Ernteeinsätze in Griechenland, Arbeitsprojekte in den Pyrenäen oder sozialpädagogische Segelprojekte auf hoher See). Der Erfahrungswert solcher Maßnahmen liegt auf der Hand. Die Szenenintegration wird unterbrochen. Man lernt andere Jugendliche kennen und erfährt, wie diese mit ihren Problemen umgehen und welche Möglichkeiten sich einem selbst dazu bieten. Man kann Ausländer ablehnen, auf hoher See aber auch die Erfahrung machen, daß es letztlich nur gemeinsam geht. Man erlebt sich nicht in ständigen Versagenssituationen, sondern schafft sich mit der Bewältigung neuer Aufgaben neues Selbstvertrauen» (1993, 70).

Jeder in Magdeburg (oder Mannheim oder anderswo) muß wissen, wie weit die praktische Jugendpflege von solchen Anforderungen entfernt ist – bisweilen hat sich das, was als begleitende Maßnahme propagiert wird, geradezu zum Kristallisationspunkt einer fremdenfeindlichen Jugendkultur pervertiert (diverse Beiträge in Otto/Merten 1993). Die von vielen Richtern gewählte Situationsbeschreibung: soziale, berufliche oder psychische Desintegration, entspricht in den meisten Fällen nicht dem tatsächlichen Täterprofil. Fremdenfeindliche «Action» ist keineswegs ein danebengeratener, nur akzidentiell über die Stränge geschlagener Jugendprotest gegen eine unerträgliche Lebenslage; die Auswertung der Verurteiltenstatistik (Kalinowsky 1993, Eckert u. a. 1993) sowie Langzeit- und Fallstudien (Heitmeyer 1992, Bergmann/Leggewie 1993) zeigen, daß die meisten straffällig gewordenen Jugendlichen, trotz ihres Outfits, einigermaßen gut in die Schule, die Arbeitswelt, die Familien und in die

Dorfgemeinschaft oder Nachbarschaft integriert waren bzw. daß sie ihre Desintegration mit Tausenden anderer Jugendlicher teilen, die zu ähnlichen Taten kaum fähig wären. Zu leicht führt der Verweis auf gesellschaftliche Umstände dazu, daß die individuelle Verantwortlichkeit der Täter verschwindet. Mögen Ältere, Nachbarn oder Politiker implizit zum Sturm von Asylbewerberheimen aufrufen oder selbst, wie in Rostock nachweislich geschehen, Polizeiführer mit Randalierern, die öffentlich angekündigt hatten, eine Unterkunft «plattzumachen», ein Stillhalteabkommen geschlossen haben – die Schwere der Tat kann das nicht entscheidend mildern.

Polizei und Justiz müssen also in beide Richtungen – spezial- und generalpräventiv – «Klartext» reden. Damit ist nicht die mögliche Milde des Strafmaßes zu kritisieren, sondern die darin zum Ausdruck kommende ausschließliche Täterorientierung. Sie läßt außer acht, daß die hier in Rede stehenden Taten Fundamentalnormen des Zusammenlebens verletzen. Während bei Bagatelldelikten (neuerdings wieder am Beispiel der Straffreiheit des einfachen Ladendiebstahls diskutiert) und sozialen Turbulenzen im Nahbereich andere Regelwerke das Verhalten umsteuern können, muß hier das Strafrecht zur Geltung kommen. Zu Recht monierte Monika Frommel (1994) am exemplarischen Fall Hünxe, daß das Gericht zwar Motiven und Lebensumständen der jungen Täter nachgespürt, ihre Taten – schwere Verstöße gegen Grundnormen des Zusammenlebens mit verheerenden Folgen für die Opfer – aber nicht adäquat beschrieben und gewürdigt habe.

Damit hat sich die Strafjustiz nicht als «auf dem rechten Auge blind» erwiesen, sondern «als Institution unangemessen reagiert» (Frommel), indem sie die gemeingefährlichen und menschenverachtenden Handlungen der Angeklagten zu Protesttaten stilisierte, zu Konflikttaten aufwertete und zu Affekttaten verharmloste. So kamen sie als kleine Brandstifter davon, obwohl sie als potentielle Mörder angetreten waren. Auch unreife und im normalen Maß alkoholisierte Leute lassen, indem sie Brandsätze auf bewohnte Asylbewerberheime schleudern, einen mindestens bedingten Tötungsvorsatz erkennen. Erst recht nach der «Initialzündung» von Hoyerswerda und Hünxe konnte niemand mehr ernsthaft behaupten, im Affekt gehandelt zu haben und sich über mögliche Folgen jedes weiteren Fanals nicht im klaren gewesen zu sein. Denn die Täter *wissen* konkret um die Möglichkeit des tödlichen Ausgangs ihrer Tat und *wollen*, trotz der Spontaneität und Improvisation der Ausführung des Anschlags, die Angegriffenen nachhaltig schädigen.

Der Vierte Strafsenat des Bundesgerichtshofs (BGH) hat mittlerweile klargestellt, daß ein Gericht die Annahme, die Angreifer hätten willentlich und wissentlich gehandelt, bei der Beweisaufnahme nicht mehr a priori ausschließen und durch Hinweis auf besondere Tätermerkmale umgehen kann. Hier hat nicht nur eine Oberinstanz für Rechtsbelehrung gesorgt. Auch in den neueren Urteilen in ähnlich gelagerten Fällen sind aus Brandstiftern mittlerweile Totschläger und Mörder geworden.

Damit ist, noch fast beiläufig, ein fremdenfeindlicher Übergriff zu einem Gegenstand geworden, der «juristisch etwas zu bieten» hat und das fachliche Interesse der Zunft erweckt. Viele Juristen haben noch nicht erkannt, welchen neuralgischen Punkt die Welle der Brandanschläge berührt hat – und darin werden sie durch Politiker noch übertroffen: In einer kulturell differenzierten Einwanderungsgesellschaft sind Versuche ethnischer Säuberung eindeutig gravierender als Fälle, in denen sich Querulanten über ihre Nachbarn ärgern und ihnen aus Wut das Haus über dem Kopf anzünden oder gar den Schädel einschlagen. Gegenüber gewöhnlichen Konflikten besteht das Spezifikum eben darin, daß die Täter ihre Opfer in der Regel *nicht* kennen, sie aber doch als Objekt der Verfolgung sehr genau *meinen*. Damit leugnen sie das Existenzrecht der angegriffenen Fremden in Deutschland, vielleicht auch auf der ganzen Welt. Mit improvisierten Mitteln betreiben aggressive Fremdenfeinde nichts *wesentlich* anderes als die Milizionäre im ehemaligen Jugoslawien, die ebenfalls ohne Ansehen der von ihnen vertriebenen, verletzten oder getöteten Personen diese einzig und allein aufgrund zugeschriebener Merkmale der Abstammung und Volkszugehörigkeit nicht länger in ihrer Nachbarschaft duldeten.

Ein anderer Verlust der Proportionen muß korrigiert werden: Die Generalbundesanwaltschaft zog die genannten Fälle in der Regel deswegen nicht an sich, weil sie weder eine terroristische Vereinigung (nach § 129a) am Werke noch die innere Sicherheit der Bundesrepublik Deutschland durch die Mordanschläge bedroht sah (s. Kap. 1.7). Ungeachtet der Frage, ob man sich die Einschaltung des Bundesanwalts wünscht: Wenn eine selbstgebastelte Rakete auf die Bundesanwaltschaft, die nicht gezündet hat, als Mordversuch gewertet wird, wieso gilt das dann nicht für vollendete Brandstiftungen mit Todesfolge? Es ist offenbar so, daß ein Anschlag auf Staatsorgane als höheres Risiko angesehen wird als ein Ansatz zur ethnischen Säuberung.

Wer nach Tausenden versuchter, Hunderten vollendeter und Dutzenden «erfolgreicher» Brandanschläge eine weitere Behausung mit Brandsätzen angreift, dessen Tat zielt eher in Richtung Mord, als daß sie im Umkreis schwerer Brandstiftung zu verorten wäre. Und wer angesichts dessen in der Strafverfolgung den Hintersinn einer solchen Tat ignoriert, verfehlt die Aufgabe der Strafjustiz, bei besonders schweren Verstößen gegen private und öffentliche Rechtsgüter die effektive Geltung fundamentaler Normen zu bekräftigen und sie wieder verbindlich zu machen – mehr noch: der trägt sogar ungewollt dazu bei, ihre Geltung abzuschwächen und sie außer Kraft zu setzen.

Eine strengere tatbestandliche Bewertung der Delikte erfordert nicht notwendig einen rechtspolitischen «Paradigmenwechsel» in dem Sinne, daß Richter besonders drakonische Strafen verhängen, Justizminister einen «Zuschlag» fordern und der Bundestag zu Gesetzesverschärfungen übergeht. Der Bremer Strafrechtler Karl F. Schumann empfiehlt vielmehr

> «eine Strategie der Intensivierung von Tataufdeckung und Aufklärung bei Milde der Sanktionierung. (...) Das konfrontative Element muß in der Überführung und Verurteilung selbst, nicht in der Rechtsfolge liegen. Die Unrechtmäßigkeit des Handelns muß überdeutlich gemacht werden, durch Polizei und Justiz, doch darf die Sanktion nicht durch Härte die Täter in die Karriere des rechtsradikalen Gewalttäters abschieben.» (1993, 328)

Durch eine öffentliche Charakterisierung der Taten könnte man nicht bloß symbolisch «positive Generalprävention» leisten, ohne an den Tätern ungerechtfertigte Exempel statuieren und Resozialisierung hintanstellen zu müssen (vgl. auch Prittwitz 1994, Frehsee 1993). Eine klare Sprache des Gerichts zielt nicht allein auf die Täter, denen die ganze Tragweite ihres Tuns vorgehalten werden muß, sie dient indirekt und auf längere Frist auch der Selbstaufklärung der Strafverfolger. Es sind ja Polizei und Staatsanwaltschaft, die den Einsatz und die Verhältnismäßigkeit der Mittel bestimmen, die zur Verfügung gestellt werden, wenn etwa ein Bundesligaspiel oder auch ein Aschermittwoch der DVU üppig mit mehreren Hundertschaften und in genauer Kenntnis der Rechtslage gegen Hooligans und Proteste geschützt werden, während sie bei hochakuter Gefährdung von Asylbewerberheimen Personalmangel und Rechtsunsicherheit geltend machen. Der Diensteifer, den die Strafverfolgung bei ausländischen Autoknackerbanden und kleinen Drogendealern entwickelt, steht in keiner Relation zur Unwilligkeit, die ein sprachunkundiger oder selbst ein schutzsuchender Fremder auf einer Polizeiwache kennenlernt. Auch übertreffen die Kosten für den Personenschutz eines mit anonymen Anrufen überzogenen Tennisstars bei weitem die Mittel, die zur Bewachung einer gefürchteten S-Bahn-Strecke aufzubringen sind – und so fort. Eine neue Gewichtung der schützenswerten Rechtsgüter – ein Desiderat der Rechtspolitik auch in anderen Feldern – betrifft übrigens auch, in welchen Fällen U-Haft angeordnet werden kann und wie das Verhalten von Personen bewertet wird, die bei fremdenfeindlichen Taten beifällig-tatenlos herumstehen und sich damit unterlassener Hilfeleistung oder der Beihilfe zu einer Straftat schuldig machen.

Im fatalen, ethnisch begründeten «Inländerprimat» der Bundesrepublik und in der mangelnden «Farbenblindheit» von Ermittlern und Strafverfolgern ist übrigens die Grenze zum offenen oder institutionellen Rassismus längst überschritten. Der «Größte Anzunehmende Unfall» für einen Rechtsstaat ist nämlich, wenn Opfer krimineller Delikte dort, wo sie üblicherweise Schutz suchen, selbst in die Hände von Gewalttätern geraten. Dieser GAU ist in Deutschland eingetreten. Daß Ausländer auf Polizeiwachen körperlich mißhandelt, ja geradezu gefoltert worden sind, ist leider kein seltener Einzelfall mehr. Die Dunkelziffer solcher Haßverbrechen im Amt liegt aufgrund des Korpsgeistes der Polizei- und Aufsichtsbehörden besonders hoch.

Aber auch unterhalb dieser Schwelle werden Fremde, als potentielle Opfer politischer Gewalt, vor Gerichten häufig als Anhörige einer vermeintlichen Tätergruppe etikettiert. In dieser prinzipiellen Verdachtshaltung sind untadelige Ausländer vom Odium der «Ausländerkriminalität» oder des «Asylmißbrauchs» affiziert. Wider besseres Wissen wird in der öffentlichen Diskussion die überdurchschnittlich hohe Kriminalität eines Randsegments der ausländischen Bevölkerung auf die gesamte Gruppe übertragen. Auch wenn der notorische Hinweis auf den Mißbrauch des Asylrechts mittlerweile seltener zu hören ist, blieb zum Beispiel die fatale Milchmädchenrechnung des Bundeskanzlers unwidersprochen, der im Bundestagswahlkampf den Anstieg der Sozialhilfeleistungen ohne weitere Erläuterung der Umstände den «Zuwanderern» in die Schuhe schob. Der Kreis von dieser subtilen Stigmatisierung zu den Mordanschlägen schließt sich dann, wenn ein diensteifriger Amtsleiter ohne jedes Pietäts- oder Schuldgefühl die Rückzahlung unrechtmäßig angenommener Sozialleistungen einklagt – von den Hinterbliebenen einer asiatischen Familie, die einem Brandanschlag in Lampertsheim zum Opfer gefallen war.

Hans Magnus Enzensberger

Privilegierte Tatbestände

Es ist verboten, Personen in Brand zu stecken.

Es ist verboten, Personen in Brand zu stecken, die im Besitz einer gültigen Aufenthaltsgenehmigung sind.

Es ist verboten, Personen in Brand zu stecken, die sich an die gesetzlichen Bestimmungen halten und im Besitz einer gültigen Aufenthaltsgenehmigung sind.

Es ist verboten, Personen in Brand zu stecken, von denen nicht zu erwarten ist, daß sie den Bestand und die Sicherheit der Bundesrepublik Deutschland gefährden.

Es ist verboten, Personen in Brand zu stecken, soweit sie nicht durch ihr Verhalten dazu Anlaß geben.

Es ist insbesondere auch Jugendlichen, die angesichts mangelnder Freizeitangebote und in Unkenntnis der einschlägigen Bestimmungen sowie aufgrund von Orientierungsschwierigkeiten psychisch gefährdet sind, nicht gestattet, Personen ohne Ansehen der Person in Brand zu stecken.

Es ist mit Rücksicht auf das Ansehen der Bundesrepublik Deutschland im Ausland dringend davon abzuraten.

Es gehört sich nicht.

Es ist nicht üblich.

Es sollte nicht zur Regel werden.

Es muß nicht sein.

Niemand ist dazu verpflichtet.

Es darf niemandem zum Vorwurf gemacht werden, wenn er es unterläßt, Personen in Brand zu stecken.

Jedermann genießt ein Grundrecht auf Verweigerung.

Entsprechende Anträge sind an das zuständige Ordnungsamt zu richten.

Quelle: Hans Magnus Enzensberger, Kiosk. Gedichte, Frankfurt/M. 1995 (Copyright Suhrkamp Verlag)

1.2. Exkurs: Schmitteinander – V-Mann und Verfassungsschutz im Falle Solingen

*Von Wolfgang Stenke**

Ein Rechtsanwalt, ein Leitender Ministerialrat des nordrhein-westfälischen Innenministeriums, zwei kräftige Bodyguards: kein kleiner Aufwand, um einen nicht eben schmächtigen Mann, Lehrer asiatischer Kampfsportkünste und Träger des 9. Dan, in den Zeugenstand des Düsseldorfer Oberlandesgerichts (OLG) zu begleiten. Doch Bernd Arthur Günther Schmitt ist ein Zeuge der besonderen Art. Nicht nur wegen der 17 Vorstrafen, die sein Strafregisterauszug ausweist. Schmitt gehört zu einer Gattung freischaffender Staatsdiener, um deren filmischer Portraits willen selbst in Ehren ergraute öffentlich-rechtliche Kameraleute noch einen Sprint riskieren. Seltenes Wild, das aus guten Gründen die Öffentlichkeit scheut, belebt den professionellen Ehrgeiz.

Schmitt, so lehrt die Staatsschutz-Inszenierung vor dem Hochsicherheitstrakt des Gerichts, ist ein V-Mann, dem sein Dienstherr nach der Enttarnung mit fach- und milieugerechter Bedeckung die gebührende Fürsorge angedeihen läßt. Der zuständige Innenminister Herbert Schnoor (SPD) war

* Wolfgang Stenke, geb. 1947, lebt in 38173 Evessen. Studium der Geschichte und Soziologie in Köln. Arbeitet als freier Journalist für Redaktionen des WDR und anderer ARD-Anstalten, Schwerpunkt: Radio-Features und Dokumentationen zur deutschen, österreichischen und französischen Zeitgeschichte.

mit der Untergrundarbeit des Sportpädagogen, den der Verfassungsschutz des Landes Nordrhein-Westfalen 1992/93 auf die rechtsradikale «Nationalistische Front» (NF) und deren «Nationale Einsatzkommandos» (NEK) angesetzt hatte, stets «sehr zufrieden». «Nachrichtenehrlichkeit» und «nachrichtendienstliche Zuverlässigkeit» dieses «wichtigen Informanten» stehen für Schnoor «auch im nachhinein» außer Zweifel.

Das Outing des Bernd Schmitt, das den verantwortlichen Minister Schnoor gewaltig in die Bredouille brachte, hängt mit einem der schwersten Kapitaldelikte in der Geschichte der Bundesrepublik zusammen: dem Solinger Brandanschlag, bei dem in der Nacht vom 28. auf den 29. Mai 1993, unmittelbar vor Pfingsten, fünf türkische Frauen und Mädchen ermordet wurden. Über dieses rassistische Verbrechen sitzt der 6. Senat des OLG Düsseldorf seit dem 13. April 1994 zu Gericht. Unter der Anklage des gemeinschaftlich begangenen Mordes und der Brandstiftung stehen vier junge Männer aus Solingen: Christian R. (Alter zur Tatzeit: 16), Christian B. (20), Markus Gartmann (23) und Felix K. (16). Gartmann ist der einzige unter den Angeklagten, der nach Erwachsenenstrafrecht zu beurteilen ist. Drei von ihnen – Christian B., Markus Gartmann, Felix K. – trainierten in dem von Schmitt geleiteten Kampfsportverein Hak Pao.

Auf objektive Sachbeweise kann das Gericht sich bei der Aufklärung des Geschehens nicht stützen. Ihm liegen aber Geständnisse von Christian R. und Markus Gartmann vor. Beide Geständnisse sind reich an abweichenden Varianten und wurden im Laufe der Ermittlungen widerrufen. Christian R., der sich in der Hauptverhandlung zur Sache noch nicht geäußert hat, erklärte lediglich zu Prozeßbeginn, Christian B., Markus Gartmann und Felix K. seien an der Tat nicht beteiligt gewesen. Dagegen hat Gartmann, der vor dem

Haftrichter sein Geständnis zurückgezogen hatte, dem Gericht erklärt, alle vier Angeklagten hätten das Verbrechen begangen, sie säßen zu Recht in Haft. Christian B. und Felix K. hingegen haben vom Tage ihrer ersten polizeilichen Vernehmung an ihre Unschuld beteuert. Dabei sind sie auch vor Gericht geblieben. Eine Analyse der Wegstrecke, die sie in der Tatnacht gemeinsam mit Gartmann zurücklegten, wirft die Frage auf, ob diese drei Angeklagten überhaupt die Möglichkeit hatten, den Tatort vor 1.38 Uhr, dem von der Anklage angenommenen Zeitpunkt der Brandlegung, zu erreichen. Der Alibi-Zeuge, dessen Wohnung sie laut Anklageschrift um 0.40 Uhr verlassen haben sollen, hat freilich von Vernehmung zu Vernehmung stark abweichende Angaben zu Protokoll gegeben und auch in der Hauptverhandlung zu dieser Terminfrage nur Widersprüchliches geäußert. Gegen ihn wird unter anderem wegen Strafvereitelung und Beihilfe ermittelt.

Das Düsseldorfer Verfahren, an dem Mitglieder der Familie Genç und gleichfalls betroffene Verwandte als Nebenkläger teilnehmen, ist eine Tortur für die Überlebenden des Anschlags. Die Prozedur der Wahrheitsfindung, die die Ereignisse der Brandnacht in allen quälenden Einzelheiten in Erinnerung ruft, wird kompliziert durch Ermittlungsfehler des Bundeskriminalamtes und einen Wust von Gerüchten und Spekulationen. War das rassistisch motivierte Verbrechen von Solingen die Spontantat einer Clique orientierungsloser Jugendlicher, oder geht die Brandstiftung allein zu Lasten eines in seiner Sozialisation zutiefst gestörten Einzelgängers? Sind Spuren, die in die Skin- und Hooliganszene führen könnten, übersehen worden? Gibt es Verbindungen zwischen der Tat und den Milieus organisierter Rechtsradikaler?

Angesichts dieser unübersichtlichen Gemengelage ist die

Existenz eines V-Mannes im sozialen Umfeld der Angeklagten mehr als eine forensische Komplikation. Zumal drei von ihnen dem «Vertrauens-Mann» in einem Milieu begegnet sind, das die Orientierungsprobleme und diffusen Rechtstendenzen der jungen Leute potenziert hat. Der skeptischen Mutter des damals 15jährigen Felix K., der in einer schweren Pubertätskrise steckte, hat der Sportpädagoge Bernd Schmitt in einer längeren Zweifelzerstreuungsrede nahegebracht, das Training asiatischer Kampfsportdisziplinen könne für ihren Sohn eine heilsame Therapie sein. Schmitt hat dabei Charme und Charisma entwickelt – ein Charisma, auf das auch die jugendlichen Loser abfuhren, die im Kampfring des Solinger Karate-Gurus Frustrationen ab- und Selbstbewußtsein aufbauen sollten. Felix' Eltern haben schließlich dem Club-Beitritt ihres Sohnes zugestimmt – in Unkenntnis des Milieus, in dem da bei Hak Pao trainiert wurde.

Das Übungslokal des Vereins, mitten in der Fachwerk-Idylle des Stadtteils Gräfrath gelegen, war Kennern der Solinger Szene nicht allein als Ort körperlicher Ertüchtigung im Geiste asiatischer Weisheitslehren bekannt. Es galt als Treffpunkt brauner Socken aus dem gesamten rheinisch-bergischen Raum. Hier stählten sich neben ganz normalen Sportlern (ein GSG-9-Mann inklusive) knallharte Jungs aus den Neonazi-Sekten «Nationalistische Front» NF, «Deutsche Liga» DL und «Freiheitliche Deutsche Arbeiterpartei» FAP mit Karate- und Thai-Box-Exerzitien für den Kampf um vaterländische Interessen. Dem Chef der mittlerweile verbotenen NF, Meinolf Schönborn, überließ Schmitt den Saal des Hak Pao für eine Politveranstaltung – aus «sportkameradschaftlichen Gründen», wie Schmitt vor Gericht versicherte. Zum freitäglichen Stammtisch, zeitgleich abgehalten mit einem Training handverlesener (fast ausschließlich deutscher) Vereinsmitglieder in «Special Forces Combat Karate», rückten rüstige Altnazis an, um bei Bier und Mariacron den Gedankenaustausch mit der jungen Generation zu pflegen. Gerne gesellten sich zu dieser Runde die ebenso stadtbekannten wie trinkfesten Neonazis Wolfgang Schlösser und Bernd Koch. Letzterer spickte den Angeklagten Felix K., damals 15 Jahre alt, im Hak Pao mit Propagandamaterial von DL und NF.

Mit Schlösser und anderen Rechtsextremisten, denen der «Ausländeranteil» in anderen Clubs («über 80 Prozent») «zu denken» gab, organisierte Schmitt einen «Deutschen Hochleistungs-Kampfkunstverband» (DHKKV). Als Ehrenmitglied warb der nach eigenem Bekunden nur sportlich interessierte Pädagoge ein Fossil aus Führers Wachbataillon «Großdeutschland»: den Uraltnazi Otto-Ernst Remer, dereinst wegen vorbildlicher Pflichterfüllung bei der Niederschlagung des Staatsstreichs vom 20. Juli 1944 außerplanmäßig zum Generalmajor befördert. Schmitt und seine Freunde vom DHKKV stellten den Saalschutz für das Bundestreffen der NF (1992), eine Versammlung der DL im Kölner Senatshotel (1992) und den Landesparteitag der Republikaner (1993). Auch der Auschwitz-Leugner Ernst Zündel und Kirk Lyons, Ku-Klux-Klan-Mitglied und Anwalt des «revisionistischen» Gaskammer–Experten Fred Leuchter, wurden von Schmitt bei ihren Auftritten in Bonn und Hennef beschirmt. René Mauritz, «NF-Stützpunktleiter Rhein-Sieg», sprach den Kämpfern des DHKKV dafür «ein dickes Dankeschön» aus: «Jeder (...) ist ein Meister seines Faches. Ihr diszipliniertes, nicht alkoholisiertes Auftreten imponierte so manchem.»

Nicht alle aus dieser imponierenden Riege von Kampfsportlern beließen es bei «Security»-Aktivitäten in und vor Versammlungslokalen der extremen Rechten. Das Solinger DHKKV-Mitglied Lars Schoof etwa wurde rechtskräftig verurteilt wegen seiner Beteiligung an einer Auto-Jagd auf Ausländer, die am 27. Dezember 1992 auf der A 57 bei Neuss stattfand. Ein 20jähriger Türke, dessen Fiat von Schoof und seinem Mittäter an die Leitplanken gedrängt worden war, wurde dabei überfahren und tödlich verletzt. Schmitt selbst, der sich zwar «milieugerecht» und «szenetypisch» verhalten haben will («Man kann sich ohne Wasser nicht naß machen.»), hielt sich in seiner Zeugenaussage zugute, er habe auf jugendliche Heißsporne stets mäßigend eingewirkt und nie den «Agent provocateur» gespielt. Auftritte in uniformähnlicher Kleidung habe er bei Hak Pao unterbunden, desgleichen die Verteilung rechten Propagandamaterials in den Clubräumen. So viel «political correctness» mochte ihm der ehemalige Kamerad Bernd Koch vor Gericht nicht bescheinigen. Während der Rückkehr vom Gründungstreffen des hessischen Landesverbandes der Deutschen Alternative in Bad Schwalbach (1992) habe Schmitt vorgeschlagen, eines der türkischen Lokale auf der Solinger Konrad-Adenauer-Straße mit einem Rollkommando zu überfallen und zu demolieren.

Die Vermutung, daß der chronisch finanzschwache Sportlehrer Schmitt neben rechtsradikalen Sektierern auch dem Verfassungsschutz zu Diensten sein könnte, kursierte in Solingen schon bald nach dem Brandanschlag. Sie wurde genährt durch eine Verkettung recht merkwürdiger Umstände: Während die in Solingen ermittelnde Sonderkommission des Bundeskriminalamtes («Soko Sole») die Jugendszene der Stadt gewissermaßen nach dem Schneeballsystem durchforschte und später ganze Schulklassen zum Verhalten der vier unter Tatverdacht Verhafteten befragte, trat sie im Hak-Pao-Komplex einigermaßen dezent auf. Schmitt selbst tauchte unmittelbar nach dem Anschlag unter, ohne daß er oder die Räume seiner Sportschule erkennbar von der Polizei behelligt worden wären. Nach Zeugenaussagen schafften schon am 28. Mai 1993, wenige Stunden vor dem Anschlag, damals nicht näher identifizierte Personen Kisten aus der Schule und verstauten sie in einem grünen 7er BMW mit Düsseldorfer Kennzeichen. Eine Woche später, die vier tatverdächtigen jungen Solinger waren bereits in Haft, wurden wieder Kisten abtransportiert. Aufgrund eines Zeugenhinweises überprüften Polizeibeamte den Transport. Da sie nur nach Waffen suchten, aber keine fanden, ließen sie die Transporteure unbehelligt ziehen. Die Identität der Beamten, wahrscheinlich Mitglieder einer zur Verstärkung nach Solingen beorderten Polizeieinheit aus Sachsen-Anhalt, ist nachträglich nicht mehr zu klären – ebensowenig der Inhalt der Funksprüche, die mit der Einsatzleitung gewechselt wurden.

Erst Ende 1993 suchte die Kripo gezielt nach Hak-Pao-Interna. Im Keller des Vaters von Schmitts Lebensgefährtin wurde sie fündig. Schmitt hatte dort rund 45000 Seiten Material rechtsradikalen Ursprungs deponiert, darunter Bauanleitungen für Molotowcocktails, eine Lageskizze des Autonomen Zentrums Wuppertal und Personalunterlagen des DHKKV. Der Fragebogen, den Aspiranten auf die Verbandsmitgliedschaft auszufüllen hatten, ist deckungsgleich mit dem entsprechenden Formular der NF. Zur Kategorisierung der Mitglieder benutzte Schmitt ein Codierungssystem. Es gab Aufschluß über Nationalität, politische Einstellung, Militärausbildung und «Einsatzfähigkeit für Aktionen». Mit der Zahlenkombination 111 wurden Deutsche gekennzeichnet, 121 stand für «Mischlinge mit deutschem Paß», ein A für «rechtsextrem. Parteimitgliedschaft».

Im Solingen-Prozeß sollte Schmitt am 3. Juni 1994 vernommen werden. Da gegen ihn wegen seiner Aktivitäten für die verbotene NF ein Ermittlungsverfahren der Staatsanwaltschaft Düsseldorf anhängig ist, glaubte Schmitt sich durch sein Zeugnisverweigerungsrecht vor peinlichen Fragen geschützt. Der Senatsvorsitzende konfrontierte den Zeugen freilich mit einem anderen Sachverhalt: Ob er nach dem «Gesetz über die förmliche Verpflichtung nichtbeamteter Personen» zur Verschwiegenheit verpflichtet sei und mithin für seine Aussage vor Gericht eine behördliche Genehmigung brauche? Schmitt bejahte wahrheitsgemäß – und enttarnte sich damit als V-Mann. Die Bombe, von deren Brisanz Innenminister Schnoor seit langem Kenntnis hatte, war geplatzt: Ein Agent des Landesamtes für Verfassungsschutz stand dicht an einem Tatkomplex, dessen Aufklärung für das öffentliche Vertrauen in die Qualität der bundesdeutschen Justiz von eminenter Bedeutung war. Meisterleistung des Verfassungsschutzes oder nachrichtendienstlicher Skandal schwersten Kalibers? Bis zu Schmitts Enttarnung hatte der Innenminister weder die Parlamentarische Kontrollkommission noch den Innenausschuß über Existenz und Aktivitäten des V-Manns unterrichtet.

Mit einer Erklärung zum Fall Schmitt, vorgelegt am 9. Juni 1994 in einer gemeinsamen Sitzung von Haupt-, Innen- und Rechtsausschuß des Düsseldorfer Landtages, versuchte Schnoor, den Kritikern der Hak-Pao-Connection den Wind aus den Segeln zu nehmen:

> «Alle Vorwürfe, Unterstellungen und Mutmaßungen, der Verfassungsschutz habe eine rechtsextremistisch orientierte Institution gegründet, betrieben oder gefördert oder sonstwie unterstützt, um Rechtsextremisten besser im Blick zu haben, und er habe dabei billigend in Kauf genommen, daß rechtsextremistische Bestrebungen und Gedanken fokussiert, verstärkt worden seien oder sich infizierend auf nur den Sport suchende Jugendliche ausgewirkt haben, sind haltlos.»

Ohne Vorbehalte stellte der Innenminister sich vor die Beamten seines Nachrichtendienstes und nahm auch den spähenden Kampfsportkünstler in Schutz:

> «Die gesamte öffentliche Diskussion hat viel Schaden angerichtet, Schaden für den Verfassungsschutz, aber auch für Herrn Schmitt (...). Herr Schmitt muß mit Angriffen auf Leib und Leben aus der rechtsextremistischen Szene rechnen. Auch in anderer Weise werden die Rechtsextremisten gegen ihn und – indirekt – gegen den Verfassungsschutz vorgehen: Es gibt konkrete Erkenntnisse darüber, daß geplant wird, den V-Mann Schmitt nachträglich zum Initiator und Anleiter zahlreicher rechtsextremistischer Aktivitäten in Solingen zu erklären. Gegenüber dem Gericht und insbesondere gegenüber den Medien soll behauptet werden, der V-Mann habe den DHKKV zu einer ‹politischen Kaderschmiede› ausbauen wollen.»

Ein ordentliches Stück Immunisierungsstrategie, das bei der Opposition im Landtag auf Widerspruch stieß.

Immerhin erteilte der Innenminister Schmitt eine Aussagegenehmigung für den Solingen-Prozeß – eingeschränkt durch die Vorgabe, der V-Mann dürfe weder die Identität seiner Führungsbeamten preisgeben noch Operationsstrukturen des Verfassungsschutzes offenlegen. Mit den Fraktionen des Düsseldorfer Landtags einigte Schnoor sich auf einen neutralen Gutachter, der mit der Überprüfung des V-Mann-Einsatzes beauftragt wurde. Hans Neusel (CDU), von 1985 bis 1992 Staatssekretär im Bundesinnenministerium und dort mit «innerer Sicherheit» befaßt, recherchierte vier Wochen lang und kam am 15. August 1994 in seinem Bericht zu dem Ergebnis, daß Schmitt «sich bei seinen vielfältigen Kontakten und Aktivitäten in den rechtsextremistischen Bereich hinein zwar ‹milieugerecht› und ‹szenetypisch› verhalten» habe, «nicht aber selbst als Rechtsextremist» tätig geworden sei. Einschränkung: «Es gibt allerdings auch einzelne Quellenmeldungen, wonach Bernd Schmitt ‹den Rechten zumindest nahesteht›.» Der Raum Solingen sei «für die Informationsgewinnung von Herrn Schmitt» nur von zweitrangiger Bedeutung gewesen. «Wichtiger waren Treffen mit Funktionären der NF oder anderer rechtsextremistischer Organisationen.»

Damit kam Schnoor aus der Schußlinie. Neusels Bericht «zu den Fragen des Landtags in Zusammenhang mit dem Einsatz des V-Mannes Bernd Schmitt» war freilich ein reiner Gegencheck der ministeriellen Darstellung, gestützt auf die Durchsicht der einschlägigen Akten und Aussagen von Mitarbeitern des Verfassungsschutzes. Recherchen, die diesen Rahmen überschreiten, hat der Gutachter nicht angestellt. Das Ergebnis seiner Expertise steht ausdrücklich unter der Einschränkung, daß Ergebnisse des Solingen-Prozesses oder des Ermittlungsverfahrens der Staatsanwaltschaft Düsseldorf gegen Schmitt neue Tatsachen zutage fördern könnten, «die nicht (...) mit den Darstellungen und Wertungen des Berichts übereinstimmen».

Was den V-Mann betrifft, so dürfen der Minister und die für den Verfassungsschutz zuständige Abteilung VI seines Hauses alles Weitere gelassen abwarten. Spektakuläre Enthüllungen sind kaum zu befürchten. Schmitts Aussageverhalten im Solingen-Prozeß vor dem Düsseldorfer OLG war wenig geeignet, seine Aktivitäten im Umfeld des Solinger Brandanschlages zu erhellen. Bei jedem der drei Termine, an denen er in den Zeugenstand trat, offenbarte Schnoors «nachrichtenehrlicher» Topagent eine bemerkenswerte Gedächtnisschwäche. So bemerkenswert, daß die Frage sich stellt, ob eine solide Amnesie im nordrhein-westfälischen Verfassungsschutz als Eingangsqualifikation für V-Leute betrachtet wird. Neben klaffenden Erinnerungslücken offerierte der Zeuge, der weiterhin aus Mitteln des Verfassungsschutzes alimentiert wird, dem Gericht eine Mixtur aus Ausflüchten, Halbwahrheiten und Spekulationen. Wann immer er von seinen «Recherchen» sprach, lag der Eindruck nahe, daß der V-Mann diesen Begriff als Synonym für die nachrichtendienstliche Verwertung von Gerüchten verstand. Vom Vorsitzenden befragt, wieso er gegenüber einem Journalisten geäußert habe, der «Verdacht» richte sich «auf Düsseldorf» – es gebe also eine Verbindung zwischen dem Brandanschlag und Rechtsradikalen aus der Landeshauptstadt –, zog Schmitt sich darauf zurück, er habe davon «aus den Medien» erfahren. Im Gespräch mit dem Journalisten sei es ihm nur um einen «Gedankenaustausch» gegangen über die Möglichkeit, neue «Erkenntnisse» zu gewinnen. Und so weiter und so fort. Selbst über die Meriten, die das Innenministerium dem Agenten bescheinigt hat, schwieg der sich aus. Zweimal, so Schnoor in der Stellungnahme vom 9. Juni 1994, habe der V-Mann Hinweise auf geplante Angriffe gegen Asylbewerberheime gegeben und damit konkret zur Verhinderung von Straftaten beigetragen. Nicht einmal daran mochte Schmitt sich erinnern. Ein Zeuge, wie ihn jedes Gericht liebt.

Mit viel Umsicht verlöteten die nordrhein-westfälischen Verfassungsschützer eine potentielle Leckstelle, aus der Informationen über die Solinger Aktivitäten des V-Mannes hätten dringen können. Schmitts Freundin Sabine Pfitzer, die dem Agenten ganz privat den Schreibkram besorgte, mußte als Zeugin vor Gericht erklären, daß auch sie eine Aussagegenehmigung benötige, obwohl sie selbst nie Mitarbeiterin des Verfassungsschutzes war. Die Behörde hatte die schreibkundige Lebensgefährtin, die bei Hak Pao im Vorstand saß und wie Schmitt ein Ermittlungsverfahren wegen Fortsetzung der verbotenen NF am Halse hat, mit Hilfe des Verpflichtungsgesetzes vertraglich zur Verschwiegenheit über dienstliche Angelegenheiten des Verfassungsschutzes verdonnert. Ob für die Bereitschaft zur Mitwirkung an dieser ingeniösen juristischen Konstruktion, mit der sich mühelos ein Zeugnisverweigerungsrecht *neben* der Strafprozeßordnung etablieren läßt, Zahlungen an Frau Pfitzer geleistet wurden, darüber mochte das Innenministerium sich nicht äußern. Der anfragende Journalist wurde von der Pressestelle mit einem Diktum von allerschönster Absurdität abgebügelt: «Wer alles ganz genau wissen will, muß sich eben damit zufriedengeben, daß er keine Auskunft bekommt.» – Journalisten fragen, Politiker lassen antworten.

Aus dem Prozeßgeschehen läßt sich bei einiger Anstrengung folgendes Bild von den Aktivitäten des V-Mannes in Sachen Brandanschlag Solingen gewinnen: Am Tage nach dem Verbrechen – es war Pfingstsamstag, der 29. Mai 1993 – erhielt Schmitt den Auftrag, sich in Solingen nach potentiell Tatverdächtigen umzuhören. Auf einer Wanderung mit Hak-Pao-Mitgliedern, die für den Vormittag angesetzt war, zapfte der V-Mann den Jugendlichen Jörn P. an. Wie P. als Zeuge vor Gericht aussagte, meldete er sich am Nachmittag telefonisch bei Schmitt und gab zwei Hinweise: 1. «Felix (K.) und solche Leute» hätten mit dem Brandanschlag nichts zu tun, die seien auf einem Polterabend gewesen. 2. Christian R., der später von der Polizei als erster Tatverdächtiger festgenommen wurde, habe wenige Stunden vor dem Anschlag auf das Haus der Familie Genç in Gegenwart zweier Freunde angekündigt: «Morgen in 14 Tagen wird das Türkenhaus brennen!» Ob er seinen Führungsbeamten auf diese Spur, die alle Antennen des nachrichtenhungrigen V-Mannes hätte aktivieren müssen, aufmerksam gemacht hat, daran konnte Schmitt sich nicht erinnern: «Ich bin da überfordert.» Nach den Feststellungen des Gerichts ist der Name des Christian R., der am 30. Mai 1993 aufgrund der Aussage eines Freundes festgenommen wurde, in den Akten des Verfassungsschutzes nicht zu finden. Ein plausible Erklärung, warum er den eminent wichtigen Hinweis auf Christian R. offenbar ignoriert hat, blieb V-Mann Schmitt dem Gericht schuldig. Bewußt war ihm nur, daß er noch am Samstag abend dem Verfassungsschutz rund 20 Namen von Leuten aus dem «rechten Spektrum» und der «alkoholisierten Jugendszene» übermittelt hat. Erinnern konnte er sich nur an einen einzigen: den des ältesten Angeklagten Markus Gartmann, der mit Felix K. und Christian B. auf bewußtem Polterabend gewesen war. Wieso er das DVU-Mitglied Gartmann benannte, das sporadisch im Hak Pao trainiert hatte, vermochte der V-Mann stichhaltig nicht zu begründen: «Ich konnte ihn nicht einordnen.» Eine Begründung hatte Schmitt nur für die Warnung, die er an Jörn P. und andere Jugendliche aus dem Hak-Pao-Club richtete: Man müsse nach dem Brandanschlag mit Hausdurchsuchungen rechnen – «Achtung vor schwerem Material!» Diese Bemerkung, so der fürsorgliche Sportpädagoge, sei dem «Clubgedanken» entsprungen. Sie habe allein dazu gedient, Jugendliche, die ja auch Kassetten mit Musik rechter Bands wie «Störkraft» oder «Böhse Onkelz» besäßen, vor Unannehmlichkeiten zu bewahren.

Nimmt man seine Aussagen zum Nennwert, so hat der «Vertrauens-Mann» im Solingen-Komplex nichts aufgeklärt, aber durch sein Verhalten und durch seine bloße Existenz einen ohnehin schon schwierigen Fall noch verwickelter gemacht. Um ihn herum entstand ein Ermittlungsvakuum. Daß der Hak-Pao-Chef auf der Honorarliste des Verfassungsschutzes stand, hatte sich unter den Mitgliedern der BKA-Sonderkommission schon nach kurzer Zeit per Buschtelegraf verbreitet. Die heißeste Information, die er bekam, hat er allem Anschein nach nicht weitergegeben. Statt dessen trug er zumindest dazu bei, den Fokus des Ermittlungsinteresses auf Markus Gartmann zu lenken – aus Gründen, die er vor dem Düsseldorfer OLG nicht plausibel erklärt hat. Schmitts Hinweis auf Gartmann, so scheint es, hat den Anfangsverdacht der «Soko Sole» gegen die Dreiergruppe

(Gartmann, Christian B., Felix K.), der schon von einem anderen Zeugen gespeist worden war, weiter erhärtet. Neben dem Erfolgszwang, unter dem die Ermittler damals standen, könnte das ein weiterer Grund gewesen sein, den labilen Gartmann zu einem Geständnis zu bringen, das bis heute Rätsel aufgibt. – Das sind Spekulationen. Sie bekämen freilich keine Nahrung, wenn Nordrhein-Westfalens Verfassungsschutz seine Informationen aus klareren Quellen geschöpft hätte.

1.3. Aktion Wasserschlag: Organisationsverbote gegen Politsekten

Politisch unruhige Zeiten, in denen die Gesellschaft etwa durch spektakuläre Attentate aufgewühlt wird, bringen des öfteren Organisationsverbote hervor; diese sind meist nicht effizient, sondern haben vor allem propagandistischen Charakter. Das gilt besonders dann, wenn nicht Verantwortliche in einem direkten Sinne, sondern «politisch Verantwortliche» dingfest gemacht werden. Während manche womöglich in der Regierung selbst «Skins in Nadelstreifen» am Werke sehen, ist von Regierungswarte aus betrachtet «der Extremismus» das Übel, das «unsere innere Sicherheit» gefährdet. So kann es dahin kommen, daß unversehens das Verbot von solchen Organisationen angestrengt wird, die zuvor jahrelang geduldet oder ignoriert worden sind – wenn nur die Umstände dies opportun erscheinen lassen.

Eben dieses Strickmuster war im Gefolge des Aufschäumens fremdenfeindlicher Gewalt zu beobachten, wenn auch nicht unmittelbar nach Hoyerswerda, Hünxe und Rostock-Lichtenhagen. Seit dem mörderischen Brandanschlag von Mölln im November 1992 setzte sich jedoch das Getriebe der administrativen Repression knirschend in Gang. Der Handlungsdruck hatte nicht zuletzt durch außenpolitische Überlegungen zugenommen: Denn was sollte «das Ausland» (Kinkel) vom vereinigten Deutschland denken? Es dauerte in der Tat elendig lange, bis sich Polizei und Justiz auf ihre Zwangsmittel besannen. Eine Regierung kann zwar nicht Strafrichtern, die sich gegen rechts als sanftmütig erweisen, auf die Sprünge helfen (und darf das aus gutem Grund auch nicht!). Sie kann aber, öffentlichkeitswirksam und in eigener Kompetenz, eine Handvoll Neonazis in die Illegalität schicken.

Vereinigungsverbote nach Art. 9. Abs. 2 des Grundgesetzes

So ging man nach Mölln daran, wahllos die rostigen Schwerter der streitbaren Demokratie aufzupolieren. Zunächst wurden Verbote nach Artikel 9 Abs. 2 des Grundgesetzes verhängt.

> «Vereinigungen, deren Zwecke oder deren Tätigkeit den Strafgesetzen zuwiderlaufen oder die sich gegen die verfassungsmäßige Ordnung oder gegen den Gedanken der Völkerverständigung richten, sind verboten.»

Auf dieser Rechtsgrundlage wurden in Verbindung mit § 3 des Vereinsgesetzes die Nationalistische Front (50–80 Mitglieder), die Deutsche Alternative (350 Mitglieder) und die Nationale Offensive (140 Mitglieder) vom Bundesinnenminister mit sofortiger Wirkung aufgelöst. Die Verbote wurden bezeichnenderweise nicht etwa mit Verstößen gegen Strafgesetze begründet – dem klassischen Grund für Vereinigungsverbote –, sondern mit verfassungswidrigen Zielsetzungen. Straftaten einzelner Mitglieder spielten in den Verbotsverfügungen nur am Rande eine Rolle. Allein die Nationalistische Front ließ erste Ansätze zu organisierter Gewaltvorbereitung erkennen: Ihr Vorsitzender Meinolf Schönborn rief zur Gründung eines «Nationalen Einsatzkommandos (NEK)» auf, das gegen «Ausländerverbrecher», «Linke» und die «Staatsgewalt» vorgehen sollte (wobei allerdings, wie sich herausstellte, Verbalradikalismus dominierte; ein Ermittlungsverfahren des Generalbundesanwalts wegen der «Verabredung zur Gründung einer terroristischen Vereinigung» wurde inzwischen eingestellt).

Im Vordergrund aller Verbotsverfügungen standen die verfassungswidrigen Ziele. Auf die Deutsche Alternative gemünzt, war in der Tagespresse der charakteristische Satz zu lesen: «Die Sicherheitsbehörden sammelten eine Fülle von Zitaten, die die neonazistische Programmatik der Organisation belegen» (*FAZ*, 11. 12. 1992).

Die Polizei konnte diesen Miniatursekten in der Tat keinen einzigen Anschlag zurechnen; verfassungswidrige Ziele aber hätte man ihnen schon vor Jahr und Tag übelnehmen können. So sprach denn der damalige Innenminister Seiters ungewollt treffend davon, er habe ein «politisches *Signal*» setzen wollen. Für wen? Und was für ein Signal? Die propagandistische Wirkung jener Maßnahmen, die gegen Ende des Jahres 1992 einer Stimmung entgegenkamen, ist längst verpufft. Wozu sich heute an vollmundige Namen wie Nationalistische Front oder Nationale Offensive erinnern? Es ist sicherheitspolitisch ohne jede Bedeutung, ob diese Gruppen eine legale Existenz fristen oder nicht.

Was sicherheitspolitisch ohne Belang ist, kann freilich für die Theorie und Praxis der Grundrechte einen ganz anderen Stellenwert haben. Das Verbot einer politischen Organisation tangiert als Schranke der Vereinigungsfreiheit ein zentrales politisches Grundrecht: das Recht, sich gemeinsam mit anderen zusammenzuschließen, um bestimmte politische Zwecke zu verfolgen. Jeder Staatseingriff in diesem Bereich betrifft potentiell eine Vielzahl von Bürgerinnen und Bürgern und greift über die Illegalisierung einer Organisation auch direkt in den Konkurrenzkampf um politische Macht und Einfluß ein.

Im Grundgesetz wurde das Recht der politischen Organisationen nicht nur als Vereinigungsfreiheit nach Art. 9 Abs. 1 statuiert, sondern auch als Parteienfreiheit nach Art. 21 Abs. 1. Parteien gelten als besondere Form der politischen Vereinigungen (die sich insbesondere durch die Teilnahme an Wahlen auszeichnen, vgl. die Legaldefinition in § 2 Abs. 1 des Parteiengesetzes). Im Gegensatz zu herkömmlichen Vereinigungen können Parteien nur vom Bundesverfassungsgericht verboten werden (sogenanntes Parteienprivileg, vgl. Art. 21 Abs. 2).

Das Verbot einer Organisation indiziert regelmäßig eine bestimmte politische Konfliktlage, in die es als staatliche Maßnahme regelnd eingreift: Recht und Politik gehen hier eine brisante Mischung ein; man denke nur an die naheliegende Möglichkeit, daß die Regierung eine ihr mißliebige radikale Oppositionspartei ausschalten oder wenigstens behindern will. Ein politischer Konflikt liegt zwar auch im Fall ausgesprochen krimineller Politik im engeren strafrechtlichen Sinne vor, typischerweise dann, wenn eine politische Organisation sich zur Bürgerkriegspartei erklärt und den bewaffneten Kampf gegen das «System» aufnimmt. Dieser besondere Fall berührt indes nicht die politische Vereinigungsfreiheit: Denn nirgendwo wird das Recht garantiert, die jeweilige Regierung durch Gewalt zu beseitigen; das hier einschlägige klassische Delikt ist die Vorbereitung eines hochverräterischen Unternehmens (§ 81 StGB). Zudem sind kriminelle Vereinigungen seit jeher verboten (§ 129 StGB, seit kürzerem auch in der besonderen Variante der terroristischen Vereinigung nach § 129a StGB, vgl. Cobler 1984). Kriminelle Politik in diesem Sinne fällt also erst gar nicht in den Schutzbereich der Vereinigungsfreiheit. Aus demokratischer Sicht sind daher solche Verbote unproblematisch, die sich ausdrücklich und ausschließlich gegen gewaltförmige

Politik richten; sie sind freilich in der Praxis selten notwendig. Dagegen werfen alle anderen Varianten des Organisationsverbots die demokratische Frage auf: Mit welchem «Recht», mit welcher Rechtfertigung, nach welchen Maßstäben darf der Staat die kollektive Ausübung der politischen Freiheit beschneiden?

Zur Geschichte des Parteiverbots

Ob REPs, NPD, DVU, neonazistische Miniparteien oder PDS – einerlei, welche Gruppierung gerade ins Gerede kommt –, kennzeichnend für das Niveau der von Fall zu Fall wiederbelebten Parteiverbotsdiskussion ist, daß vordergründig über die Erfolgsaussichten spekuliert wird, die einer Anrufung des Karlsruher Orakels beschieden sein könnten. Der weitere Verlauf solcher Verbotsdebatten ist bekannt: Es melden sich Gelegenheits-Liberale und geben mit dem Märtyrer-Untergrund-Argument zu bedenken, man dürfe keine politisch Verfolgten schaffen, die überdies im Trüben der Illegalität schlecht zu überwachen seien. An solcher Fixierung auf taktische Scheinfragen krankte bereits die Debatte um die Illegalisierung der NPD, wie sie in der zweiten Hälfte der sechziger Jahre geführt wurde. Es wird höchste Zeit, sich im fünften Jahrzehnt des Grundgesetzes auf dessen «streitbare» Ungereimtheiten zu besinnen. Art. 21 Abs. 2 birgt ein verfassungsrichterlich aufbereitetes Instrumentarium, mit dem jede Art politischer Opposition illegalisiert werden kann. Das Parteiverbot selbst, nicht seine Anwendung in diesem oder jenem Falle, ist daher ein Problem der (west)deutschen Demokratie.

Art. 21 Abs. 2 des Grundgesetzes besagt seinem wesentlichen Inhalt nach:

> «Parteien, die nach ihren Zielen oder nach dem Verhalten ihrer Anhänger darauf ausgehen, die freiheitliche demokratische Grundordnung zu beeinträchtigen oder zu beseitigen (...), sind verfassungswidrig. Über die Frage der Verfassungswidrigkeit entscheidet das Bundesverfassungsgericht.»

Man lese sehr genau: «Nach ihren Zielen»? «Dem Verhalten ihrer Anhänger»? Und was macht das «freiheitliche Demokratische» jener «Grundordnung» aus? Und was heißt es, diese «zu beeinträchtigen» oder «zu beseitigen»? Ist es Zufall, daß keine andere westliche Demokratie einen solchen Verfassungsartikel kennt (Tsatsos u.a. 1990, 826)?

Das Parteiverbot, 1948/49 zur Zeit der Berlin-Blockade im Parlamentarischen Rat beraten, ist eine einzigartige Schöpfung nachkriegsdeutschen Verfassungsgeistes, in der Kalter Krieg und hilfloser Antifaschismus eine vordemokratische Symbiose eingegangen sind. Gewiß, die Parteien, denen nach der Phase alliierter Lizenzierung nunmehr Gründungsfreiheit garantiert wurde, sollten «bei der politischen Willensbildung des Volkes mitwirken», wie es in Art. 21 Abs. 1 heißt. Da jedoch mit jedweder Garantie politischer Freiheiten in Deutschland regelmäßig die bange Frage einhergeht, ob denn Freiheit «grenzenlos» sein dürfe, wurde dem in der «Antithese» des Absatzes 2 eine notständische Rücknahmedrohung in Form des Parteiverbotes nachgestellt. Der Sache nach handelt es sich dabei um nichts anderes als eine Verfassungstreuepflicht für «die Parteien dieser Staatsordnung», wie es später im KPD-Urteil heißen sollte.

Die einzelnen Tatbestandselemente des Parteiverbots lassen erkennen, daß hier im überschießenden Läuterungseifer eine wahrhaft synkretistische, hochbrisante Mischung in die Form des Verfassungsgesetzes gegossen wurde. Während etwa mit dem «Verhalten der Parteianhänger» noch so etwas wie der Gefahrenbegriff des traditionellen Hochverrats, also des gewaltsamen Umsturzes, assoziiert werden kann, kündigt sich bereits mit der außerordentlich vagen und «entkörperlichten» Formulierung, Parteien könnten «nach ihren Zielen darauf ausgehen», die fdGO «zu beeinträchtigen», jenes ideologisch aufgeladene Staatsschutzdenken an, das die Bundesrepublik der fünfziger Jahre prägen sollte.

Es mag sein, daß unter Sozialdemokraten und auch bürgerlichen Politikern, insbesondere wenn sie Erfahrungen aus Widerstand und Exil besaßen, mancher im Parteiverbot ein Bollwerk gegen das Aufkommen einer neuen nationalsozialistischen Massenpartei gesehen hat. Viele andere aber – und mit ihnen Adenauer, wie sich an den inzwischen veröffentlichten Beratungsprotokollen der CDU/CSU-Fraktion im Parlamentarischen Rat zeigen läßt – hatten dagegen deren «totalitäres» Pendant ins Auge gefaßt: die Partei der deutschen Kommunisten. Diese stellte zwar nur zwei Abgeordnete des Parlamentarischen Rates, war jedoch in der «Ostzone» erfolgreich darangegangen, als SED die Staatsmacht zu monopolisieren.

Die Verbotsurteile der fünfziger Jahre

In der Geschichte Westdeutschlands gab es bislang zwei Verfahren nach Art. 21 Abs. 2: 1951/52 gegen die Sozialistische Reichspartei (SRP), die als Nachfolgeorganisation der NSDAP verboten wurde, und 1951/56 gegen die Kommunistische Partei Deutschlands, KPD (Meier 1993a, 22ff). Beide Verbotsanträge wurden von der christlich-liberalen Regierung im November 1951 in die Wege geleitet. Die Analyse der am Ende ergangenen Entscheidungen zeigt, daß in den Parteiverbotsurteilen des Bundesverfassungsgerichts keine überzeugenden Maßstäbe entwickelt wurden.

Die SRP wurde im Zuge einer plausiblen Beweisführung als Nachfolgeorganisation der NSDAP eingestuft. Weil die NSDAP die verfassungswidrige Partei par excellence ist, ist das *SRP-Urteil* vom 23. Oktober 1952* *im Ergebnis* akzeptabel – sowohl verfassungsrechtlich als auch politisch. Aus der Begründung des SRP-Urteils geht klar hervor, daß das Gericht seine Argumentation eng an der historischen Vorlage NSDAP orientierte: Die SRP wurde im Hinblick auf Führungsschicht, innere Organisationsstruktur, Programm und das öffentliche Auftreten ihrer Parteianhänger mit der Nazi-Partei verglichen. Dabei spielten die NS-Vergangenheit zahlreicher Führungskader sowie der kaum verhüllte Antisemitismus der SRP-Agitation eine zentrale Rolle. Nicht überzeugen kann dagegen die Herausarbeitung der normativen Maßstäbe, also der juristischen Entscheidungsgrundlagen. Diese Passagen der Urteilsbegründung sind nicht nur vom abstrakten Antitotalitarismus und der Zersetzungsmetaphorik der fünfziger Jahre affiziert, sondern entbehren auch weitgehend der verfassungsjuristischen Feinarbeit.

Im *KPD-Urteil* vom 17. August 1956 (BVerfGE 5, 85 ff) hat der Erste Senat das ideologische Staatsschutzdenken des Kalten Krieges ebenso wortreich wie konsequent auf seinen höchstrichterlichen Begriff gebracht. Dabei wurde der in Art. 21 Abs. 2 bereits angelegte Präventionsgedanke unter den Vorzeichen umfassender Gefahren«vorsorge» radikalisiert. Auf diese Weise hat das Gericht die bloße Propagierung «verfassungsfeindlicher Absichten» zum ideologischen Hochverrat an der freiheitlichen demokratischen Grundordnung stilisiert. Die KPD konnte daher schon wegen ihres «Bekenntnisses» zu einigen revolutionären Vagheiten, die

* Entscheidungssammlung des Bundesverfassungsgerichts, Band 2, 1 ff (BVerfGE 2, 1 ff).

das Gericht als «Fernziele» mit den deutschlandpolitischen «Nahzielen» der Partei zu einem «einheitlichen Gesamtplan» verschmolz, für verfassungswidrig erklärt werden. Zudem wurde das Mehrparteienprinzip als parlamentarische Komponente der freiheitlichen demokratischen Grundordnung weiterentwickelt – womit das mangelnde Bekenntnis zum Parteienpluralismus als Argument herangezogen werden konnte, um eben diesen Pluralismus zu verkürzen. Das Urteil gegen die KPD ist verfassungsrechtlich außerordentlich fragwürdig und in seinen politischen Folgen kaum zu überschätzen: Seitdem muß jede Opposition, die sich aus der «Zone der gemäßigten Kritik» (Kirchheimer 1961, 78) hinauswagt, das schwer kalkulierbare Risiko tragen, mit dem – hierzulande inflationären – Extremismusverdacht überzogen zu werden.

Beide Anwendungsfälle des Art. 21 Abs. 2 GG waren *keiner Gefahrenlage* geschuldet, sondern in erster Linie Ausdruck eines für die Gründungsphase der Bundesrepublik charakteristischen Bedürfnisses nach symbolischer demokratischer Selbstvergewisserung. Ist aber ein gefahrenunabhängiger «ideologischer Exorzismus» mit den Prinzipien des demokratischen Verfassungsstaates zu vereinbaren? Während es beim Verbot der SRP nur hier und da Irritationen gab, so zeigte sich im beinahe fünfjährigen Verfahren gegen die KPD, daß mit Art. 21 Abs. 2 ein Sonderrecht gegen Parteien in die Verfassung aufgenommen worden war, das die Freiheit des politischen Kampfes unter die Drohung eines brisanten Ausnahmerechts stellt.

Art. 21 Abs. 2 wird leicht mit einer vernünftigen Grenze der verfassungsrechtlich verbrieften Parteienfreiheit verwechselt. Tatsächlich liegt darin aber eine grundstürzende Rücknahme rechtsstaatlich-demokratischer Legalitätsgarantien, weil die ungeschmälerte Ausübung politischer Rechte an die Gewähr verfassungstreuer Gesinnung geknüpft wird.

Der kurze Rückblick auf die Verbotspolitik der fünfziger Jahre zeigt, daß diese weder theoretisch noch praktisch überzeugt. Es sollten mehr als vier Jahrzehnte vergehen, bis sich im September 1993 eine Bundesregierung erneut auf ihr Antragsrecht besann.

Der Verbotsantrag gegen die «Freiheitliche Deutsche Arbeiterpartei» (FAP)

Wenige Monate nach dem Brandanschlag von Solingen, der sich im Mai 1993 ereignete, wurde das Kabinett aktiv und strengte ein Verbotsverfahren gegen die «Freiheitliche Deutsche Arbeiterpartei» (FAP) an. Der sozialdemokratisch dominierte Bundesrat schloß sich dem kurz darauf an. Dieser Verbotsantrag unterstreicht einmal mehr die ganze Problematik der gegenwärtigen Grundgesetzregelung.

> «Das Bundeskabinett hat am Donnerstag beschlossen, einen Antrag beim Bundesverfassungsgericht gegen die rechtsextremistische ‹Freiheitliche Arbeiterpartei› FAP vorzubereiten. Bundeskanzler Kohl äußerte dazu, die Zunahme rechtsextremistisch motivierter Anschläge und Gewalttaten würde zu einer ‹ernsthaften Bedrohung unserer inneren Sicherheit›. Sie seien ein Anschlag auf die Demokratie – ebenso ‹wie linksextremistischer Terror›. (...) Der Staat müsse sich zur Wehr setzen. ‹Dazu gehört auch, daß durch weitere Verbote rechtsextremistischer Organisationen deren Strukturen zerschlagen werden und daß deren verfassungsfeindliche Gesinnung öffentlich geächtet wird›» (*FAZ*, 3.9.1993).

Wer heute gegen rechte Parteien von Amts wegen zu Felde ziehen wollte, könnte sich zum Beispiel an die NPD halten – sie hat derzeit 5000 Mitglieder. Oder an die Deutsche Volksunion, sie zählt ungefähr 26000. Oder an jene vorgeblichen

Republikaner, die rund 23000 Gefolgsleute haben. Diese Organisationen sind mit Abstand die mitgliederstärksten Gruppen rechts von der CSU. NPD und DVU gelten seit langem schon als «rechtsextrem»; die «Republikaner» werden seit Dezember 1992 bundesweit durch den Verfassungsschutz überwacht (daß ihnen im Verfassungsschutzbericht 1993 lediglich «rechtsextremistische Tendenzen» zugeschrieben, sie aber nicht als «rechtsextremistische» Partei geführt werden, ist eine politische Entscheidung der derzeitigen Bundesregierung und Ausdruck des Parteienstreits um den schwammigen Begriff des Extremismus).

Es ist bezeichnend, daß der seit 42 Jahren erste Verbotsantrag gegen eine politische Partei ausgerechnet einer völlig unbedeutenden Sekte gilt. Zum Kabinettsbeschluß vom 2. September 1993 verlautbarte das federführende Innenministerium noch am selben Tag:

> «Der heutige Beschluß ist ein deutliches Zeichen dafür, daß unsere wehrhafte Demokratie es nicht zuläßt und zulassen wird, daß ihre Grundpfeiler – Recht und Freiheit – durch Extremisten Schaden nehmen...»

So hieß es in der Presseerklärung von Innenminister Manfred Kanther, als gelte es, den Schicksalskampf um die Republik zu gewinnen. Dabei ist der Verbotsantrag gegen die 1979 gegründete FAP praktisch bedeutungslos. Gewiß, es gab einzelne Straftaten im Umfeld der FAP – doch der Organisation lassen sie sich bisher nicht zurechnen. Ganz abgesehen davon ist es mit der politischen Schlagkraft dieser Truppe nicht allzu weit her.

Ganze 220 «freiheitliche deutsche Arbeiter» soll die Partei 1992 in ihren Reihen organisiert haben. 220 von 80 Millionen: eine Relation, die nicht gerade auf eine «faschistische Gefahr» hindeutet. Das hat sich sogar bis zu unseren Verfassungsschützern herumgesprochen. 1990 konstatierten sie unter Hinweis auf vereinsinterne Querelen einen «gravierenden Abwärtstrend»; die Mitgliederzahl schmolz von 330 auf 200. 1991 war ohne Umschweife vom «Niedergang» der Partei die Rede:

> «Die FAP befindet sich seit 1990 in einem maßgeblich durch Führungsschwächen bedingten Niedergang; die Mitgliederzahl sank weiter auf rund 150 (...). Viele Orts- und Landesverbände wurden inaktiv und aufgelöst. Nur noch der Landesverband Nordrhein-Westfalen (...) hielt 1991 regelmäßige Treffen ab. Die Aktivitäten der Gesamtpartei beschränkten sich auf die gelegentliche Herausgabe ihrer Publikation ‹Neue Nation›, auf interne Zusammenkünfte und die Durchführung einiger Kundgebungen.»

Dann aber, 1992, vermeldete der Verfassungsschutz die Wende:

> «Die FAP konnte ihren jahrelangen Niedergang stoppen. In den neuen Ländern (...) konnte die Vereinigung neue Mitglieder werben und regionale Strukturen aufbauen. Nicht zuletzt dadurch stieg die Mitgliederzahl auf rund 220.»

Der Verfassungsschutzbericht des Jahres 1993 wußte schließlich mit einer kleinen Sensation aufzuwarten: die Zahl der FAP-Leute hatte sich ein weiteres Mal von 220 auf sage und schreibe 430 erhöht (wobei wohlweislich verschwiegen wird, daß der jüngste Mitgliederzuwachs vor allem mit einer Wanderbewegung zu tun haben dürfte: die Getreuen der Ende 1992 verbotenen Vereinigungen suchten bei der FAP eine neue Heimat). Daß die Personaldecke der Neonazis so kurz ist, gibt den Magiern der inneren Sicherheit eine flexible Argumentation an die Hand: Hier können sie mit dem Verbot der einen Sekte Erfolg verbuchen, dort mit dem Anwachsen der anderen Sekte Alarm schlagen.

Rekapitulieren wir die wechselvolle Entwicklung der Jahre

zwischen 1989 und 1993: Da wurden 330, 200, 150, 220 und 430 Sektierer gezählt (die übrigens oft zu Mitgliedern avancieren, indem sie «an Zusammenkünften der FAP» teilnehmen, wie uns der Bericht des Jahres 1985 verrät). Solche Zahlen kann man interpretieren, wie es gerade paßt: Niedergang gestoppt? Niedergang stabilisiert? Oder lieber: deutlicher Mitgliederzuwachs um fast 100 Prozent? Auch die Bedeutungslosigkeit kennt eben viele Graustufen. Sie zu würdigen, darin ist unser Verfassungsschutz nicht zu übertreffen. Denn wo immer zwei im Namen der Verfassungsfeindschaft versammelt sind, da ist er mitten unter ihnen. Vermutlich dürfte der Zuwachs der beiden letzten Jahre, mit dem die FAP übrigens gerade wieder ihren Mitgliederstand von 1986 erreichte (Verfassungsschutzbericht 1986, 161), den Betreibern des Verbotsantrags gar nicht so unlieb sein. Es sähe auch wirklich nicht gut aus, wenn man ein Verbot gegen eine Minipartei anstrengte, deren Niedergang gar kein Ende finden will.

Die 1979 gegründete FAP darf getrost zur schillernden Neonaziszene der alten Bundesrepublik gezählt werden. Sie hat nie verhehlt, daß sie von Hitler fasziniert ist. 1983 verbot der damalige CSU-Innenminister Zimmermann die von Michael Kühnen geführte Aktionsfront Nationaler Sozialisten/Nationale Aktivisten (ANS/NA) – und zwar als verfassungswidrige Vereinigung nach Art. 9 Abs. 2 des Grundgesetzes. Danach fanden sich etliche jener Kameraden, die den Wiederaufbau der NSDAP auf ihre Fahne geschrieben hatten, in den Reihen der FAP wieder. Das übliche Spiel beim Verbot politischer Organisationen. Man kann zwar bestimmte Kollektive illegalisieren. Da man aber Menschen nicht verbieten kann, brechen sich deren politische Leidenschaften stets aufs neue und listig Bahn.

Wie die Mitgliedszahlen belegen, geht der Verbotsantrag

gegen die FAP buchstäblich ins Leere. 430 von 80 Millionen – das sind gerade genug, damit amtliche Sektenforschung ihre jämmerlichen Dossiers füllen kann.* Nein, da hilft auch kein Rudolf-Heß-Gedenkmarsch, kein Fuldaer Polizeidebakel, bei dem das Häuflein sich im August 1993 medienwirksam in Szene setzen konnte: Die Getreuen der FAP sind, wenn man das so sagen darf, reichs- und weltweit isoliert.

Warum also will man eine Partei, die von einer Bedeutungslosigkeit in die andere stürzt, nach nunmehr 14 Jahren verbieten? Bisher hält der Innenminister seinen Verbotsantrag unter Verschluß und schiebt den Datenschutz vor. So viel aber ist den spärlichen Presseerklärungen zu entnehmen: Der FAP werden nicht nur dem Nationalsozialismus «wesensverwandte», also verfassungswidrige Ziele nachgesagt, sondern auch ganz handfeste Unternehmungen angelastet: «In Äußerungen führender Funktionäre wird dem Sprachgebrauch der Nationalsozialisten entsprechend eine ‹Machtübernahme› angekündigt», kolportiert der Innenminister das größenwahnsinnige Geschwafel einiger Wirrköpfe (Presseerklärung vom 15.9.1993). Ob diese Machtergreifung dem Stammtisch einer Ratsstube in Köpenick gilt oder dem Reichstag in Berlin – Herr Kanther wird es wissen.

Seitdem der Verbotsantrag am 16. September 1993 in Karlsruhe einging, ist kaum etwas geschehen. Der für Parteiverbote zuständige zweite Senat gab der FAP Gelegenheit, zum Antrag der Bundesregierung Stellung zu nehmen. Seitdem tritt das Verfahren praktisch auf der Stelle. Vor den Bundestagswahlen wollten offenbar weder die Bundesregierung noch das Gericht irgendwelche verfahrensfördernden Maßnahmen in die Wege leiten: Man weiß, daß solche Ver-

* Gleiches gilt für die Dossiers der militanten Antifaszene, beispielhaft für deren Enthüllungsliteratur «Kampf der FAP!», 1994.

botsprozesse von vielerlei politischen Rahmenbedingungen abhängig sind. Der Fortgang der Sache ist ungewiß.

Wir wissen nicht, wie in Karlsruhe entschieden wird, aber wir hoffen, daß das Verfassungsgericht den propagandistisch-instrumentellen Verbotsantrag der Bundesregierung zurückweist. Gegen eine Partei, die praktisch nicht existiert, führt man keine umständlichen Verbotsprozesse vor dem höchsten deutschen Gericht. In § 45 des Gesetzes über das Bundesverfassungsgericht heißt es im Abschnitt über das «Vorverfahren»: Man solle der betreffenden Partei Gelegenheit zur Stellungnahme geben und sodann beschließen, «ob der Antrag als (...) nicht hinreichend begründet zurückzuweisen oder ob die Verhandlung durchzuführen ist». Ein Gericht, das sich von einer Bundesregierung, die läppische, fadenscheinige Verbotsanträge stellt, weder die Zeit stehlen noch zum Narren halten lassen will, findet hier eine kluge und gesetzestreue Antwort: Wie sollte der Antrag gegen eine Kleinstpartei jemals «hinreichend begründet» sein? Einerlei, ob wir es mit 150 oder mit 430 FAP-Leuten zu tun haben – sie sind eine Quantité négligeable, es sei denn, sie transformierten ihre «freiheitliche» in eine *«bewaffnete»* Arbeiterpartei (wofür es freilich keine Anzeichen gibt).

Es ist auch gut möglich, daß das Gericht die offene Brüskierung der Bundesregierung scheut und sich mit einer unverfänglicheren Begründung aus der Affäre zieht: So könnte es den Antrag auch als *unzulässig* zurückweisen, weil der FAP angesichts ihres dürftigen personellen und organisatorischen Erscheinungsbildes die Parteieigenschaft fehle. In diesem Fall wäre das Verfassungsgericht für das Verfahren nicht zuständig, das «Parteienprivileg» griffe nicht. Der Bundesinnenminister selbst könnte dann die FAP als Vereinigung nach Art. 9 Abs. 2 verbieten; diese Maßnahme unterläge der Rechtskontrolle durch die Verwaltungsgerichte.

Der Verbotsantrag sollte vom Verfassungsgericht besser ohne Strapazierung des (in erster Linie formalen, nicht quantitativen) Parteibegriffs zurückgewiesen werden: Eine Verhandlung nach Art. 21 Abs. 2 kommt nur dann in Betracht, wenn die angeklagte Partei ein Mindestmaß an politischer Bedeutung erreicht. Der Antrag gegen die FAP unterstreicht dagegen ein Maximum an Irrelevanz. Ihre «Machtübernahme» gehört offenkundig ins Reich der politischen Fiktion; Gefahren gehen von solchen Plänen nicht aus. Auf den womöglich neonazistischen Gehalt der FAP-Ziele kommt es im übrigen nicht an. Eine Partei, die praktisch nicht existiert, ist außerstande, solcher Propaganda, die zweifelsohne verfassungswidrig ist, öffentliche Resonanz zu verschaffen. Es ist jedenfalls abwegig, daß in Karlsruhe «extremistische» Mikroorganisationen mit der Lupe erlegt werden.

Der Verbotsantrag gegen die Nationale Liste (NL)

Im Zusammenhang mit der jüngsten Welle fremdenfeindlicher Gewalt ist es zu einem zweiten Verbotsantrag gegen eine politische Partei gekommen, von dem kaum jemand Notiz nahm. Die Rede ist vom Antrag des Hamburger Senats gegen die «Nationale Liste» (NL), der am 17. August beschlossen wurde und am 6. September 1993 beim Verfassungsgericht in Karlsruhe einging (womit man der Bundesregierung, die in Sachen FAP aktiv wurde, um einige Tage zuvorkam). Gegen Parteien, die nur im Gebiet eines Bundeslandes agieren, ist die betreffende Landesregierung antragsberechtigt (ansonsten sind dies Bundestag, Bundesregierung oder Bundesrat, vgl. § 43 des Gesetzes über das Bundesverfassungsgericht).

Die NL, eine neonazistische Sekte, die 1989 von Anhängern Michael Kühnens gegründet wurde und aus dem Hamburger Landesverband der FAP hervorging, nahm als Partei bisher an zwei Bürgerschaftswahlen teil. Sie zählt in Hamburg ungefähr 30 (in Worten: dreißig) Mitglieder und hatte ein denkbar niederschmetterndes Votum der Wählerinnen und Wähler zu verbuchen: 1991 brachte sie es auf 431 (in Worten: vierhunderteinunddreißig) und 1993 auf 384 (in Worten: dreihundertvierundachtzig) Stimmen.

Wie man sieht, wissen auch Sozialdemokraten auf der Klaviatur der symbolischen Politik gegen rechts zu spielen. Auch der Verbotsantrag gegen die NL geht ins Leere und hat mit irgendeiner Gefahrenlage nicht das mindeste zu tun – hier ist, ähnlich wie im Fall der Bundesregierung, eher Selbstbeweihräucherung und Populismus im Spiel. Henning Voscherau, Hamburgs SPD-Bürgermeister, brachte diese Tendenz in wünschenswerter Klarheit zum Ausdruck. Wenige Tage vor der Bürgerschaftswahl vom 19. September 1993 gab er der *Zeit* (17.9.1993) ein kurzes Interview. Auf die Frage, wie denn der rechten Gefahr (gemeint war der Einzug von sogenannten Republikanern oder der «Deutschen Volksunion» ins Parlament) zu begegnen sei, antwortete er, sichtlich geschockt über die Stimmung auf seinen Wahlkampfveranstaltungen:

> «Es gibt einen Volkszorn, gegen den ganz dringend etwas getan werden muß, möglichst noch vor der nächsten Bundestagswahl. Wir brauchen mehr soziale Gerechtigkeit und das, was der Bundespräsident zu den Parteien sagt, Geradlinigkeit und Moralität und Anstand. Und wenn ich etwas scheinbar ganz Unsozialdemokratisches sagen darf: (Wir brauchen) Mut zum Durchgreifen im Alltag zum Schutz von Leib, Leben, Eigentum und Gefühlsleben der kleinen Leute bei Ihnen um die Ecke.»

Leib, Leben und Eigentum – das sind klassische Schutzgüter und aus dem polizeilichen Alltag wohlbekannt. Doch das «Gefühlsleben der kleinen Leute», mit welch merkwürdigem Rechtsgut haben wir es da zu tun? Ob «unsozialdemokratisch» oder nicht: Der Schutz des «Gefühlslebens der kleinen Leute» ist im demokratischen Rechtsstaat keine Aufgabe der Gefahrenabwehr, und er darf kein hinzugedachter Bestandteil der polizeilichen Generalklausel werden. Wer sich auf dieses Niveau begibt, betreibt das Geschäft mit der Angst – aus durchsichtigen wahltaktischen Gründen.

Die Übergänge zwischen Rechtsextremismus und wohlanständiger gesellschaftlicher Mitte sind bekanntlich fließend: Die neue Diskussion um einen Extremismus der Mitte (Lipset 1965, Kraushaar 1994) hat, soweit der Begriff nicht bloß als wohlfeiles Schlagwort abgenutzt wird, auf ein Problem aufmerksam gemacht, das im Land der notorisch überbevölkerten Mitte nicht gern gesehen wird. Ein markantes Beispiel lieferte wiederum der Hamburger Bürgermeister Henning Voscherau. Er dachte am 13. Dezember 1993 im Interview der *Bild*-Zeitung über eine Änderung des Grundgesetzes nach, um eine zwangsweise Quotierung des Ausländeranteils in bestimmten Hamburger Stadtteilen durchsetzen zu können: Das Boot in Wilhelmsburg sei voll, so die Tageslosung des Stadtoberhaupts. Das Entsetzen vieler war groß. Und prompt reklamierte eben jene Nationale Liste, die der Senat verbieten lassen will, ihr politisches Urheberrecht: Genau das habe sie bereits im Wahlkampf gefordert. Leider war die Bürgerschaftsrede zum Thema «Bevölkerungsmischung in sozialen Brennpunkten», in der Voscherau zwei Tage später die Kürzung des Interviews beklagte, nicht geeignet, den bösen Anschein zu beseitigen – schließlich hatte er diese Kürzung autorisiert.

Keine legale Politik rechts von der CSU?

Neben der skizzierten Verbotspolitik wurde nach dem Brandanschlag auf die Lübecker Synagoge vom 25. März 1994 einmal mehr ein Verbot der REPs diskutiert. Die Wellen der Empörung schlugen hoch, als Schönhuber mit antisemitisch eingefärbten Attacken gegen Ignatz Bubis von sich reden machte. Diese Verbotsdebatte blieb indes, ebenso wie ihre Vorläufer, ohne praktische Bedeutung. Bezeichnenderweise wurde statt dessen der seit Jahren schwelende Parteienstreit um die Einstufung der REPS als «bloß radikal» oder «schon extrem» (vgl. Kapitel 1.6) erneut virulent: anläßlich der Vorlage des Verfassungsschutzberichts der Bundesregierung. Während von der SPD regierte Bundesländer wie Hamburg oder Nordrhein-Westfalen in ihrem Extremistenjahrbuch das Prädikat «rechtsextremistisch» verliehen, erklärte der Innenminister der von der CDU geführten Bundesregierung, man habe lediglich «Anhaltspunkte für rechtsextremistische Bestrebungen».

Die seit 1989 immer wieder einmal kurzzeitig aufflakkernde Debatte über ein Verbot der REPs wirkt ausgesprochen fahrig und konfus. Zuweilen konnte man den Eindruck gewinnen, es solle und dürfe in diesem Land rechts von der CSU schlechterdings keine legale Politik geduldet werden – eine Vorstellung, der weder politisches Selbstbewußtsein noch gar Sinn für demokratische Spielregeln zugrunde liegt. Kaum hat eine neue rechte Gruppierung die politische Bühne betreten, schon grassiert unter Demokraten und Antifaschisten die erschreckend eintönige Besorgnis, ob gerade solchen Leuten die Wohltaten der Legalität gewährt werden müßten. Dabei kann jeder, der es nur zur Kenntnis nehmen will, wissen: Das Material für ein Verbotsverfahren gegen die REPs ist ausgesprochen dünn – selbst nach den luftigen Kriterien hiesigen Verfassungsschutzes. Im Gegensatz zu alledem gab es 1994 bei verschiedenen Landtagswahlen und der Bundestagswahl ein erfreulich klares und folgenreiches Wählervotum: Die REPs blieben deutlich unter der Fünfprozentmarke und wurden in vielen Wahlgängen in die politische Bedeutungslosigkeit geschickt – vorläufig jedenfalls. Daß auch hier und dort über ein Verbot der PDS sinniert wurde, sei am Rande notiert und jenen «Antifaschisten» ins Gedächtnis gerufen, denen seit eh und je fast jedes Mittel recht ist – wenn es nur gegen die «wirklichen Feinde» der Demokratie geht.

Es ist ein untrügliches Zeichen dafür, wie wenig selbstverständliche demokratische Spielregeln bis heute verinnerlicht sind, wenn Tagesmeldungen wie zum Beispiel jene vom 12. September 1994 keine Fragen provozieren: Als in Bonn eine NPD-Demonstration verboten wurde, war vom örtlichen Polizeipräsidenten zu hören, es sei damit zu rechnen, daß «die ganze Palette ausländerfeindlicher und rassistischer Parolen» skandiert werde.

Man war's zufrieden und hatte andere Sorgen. Eine demokratisch gestimmte Öffentlichkeit dagegen würde solche Verbote nicht beiläufig zur Kenntnis nehmen, nur weil kurz zuvor ein Deckert-Urteil des Landgerichts Mannheim die NPD ins Gespräch gebracht hatte. Eine demokratisch gestimmte Öffentlichkeit würde sich vielmehr fragen, seit wann die Polizei überwache, was öffentlich gesagt werden darf. Daß nichts dergleichen geschieht, ist bemerkenswert für ein Land, das sich seit Jahrzehnten der «freiheitlichsten» Verfassung seiner Geschichte rühmt.

Sollen also keinerlei rechtsradikale Organisationen verboten werden? Die Antwort auf diese Frage fällt uns nicht schwer: Nein, derzeit nicht – weil von den in Betracht kommenden Organisationen keine Gefahren ausgehen, die ihre Illegalisierung rechtfertigen könnten. Ein vernünftiger Grund für Organisationsverbote wäre allein die Anwendung von Gewalt (oder wenigstens die systematische Aufstachelung dazu).* Verbotsanträge wie jene gegen FAP und NL sind dagegen Musterbeispiele hilfloser, symbolisch-ritueller Politik gegen rechts. Mit dem Schutz der Fremden haben sie nichts zu tun. Eine organisationsbezogene, systematische Steuerung fremdenfeindlicher Gewalt konnte nirgendwo auch nur in Ansätzen nachgewiesen werden. Die hier und da bekannt gewordenen Straftaten einzelner, zum Beispiel einiger nordrhein-westfälischer Republikaner, die nach dem Brandanschlag auf die Lübecker Synagoge publizistisch ausgeschlachtet wurden, waren jedenfalls nicht der politischen Organisation als Urheberin zuzurechnen. Die betreffenden Mitglieder wurden zum Teil sogar aus der Partei ausgeschlossen (auch wenn es nach außen hin natürlich politische Vertuschungsversuche gab).

Als der nordrhein-westfälische Innenminister Herbert Schnoor Mitte September 1994 den Verfassungsschutzbericht seines Landes vorlegte und erklärte, die REPs seien nach wie vor «die gefährlichste der rechtsextremistischen Parteien», blieb er der Öffentlichkeit überzeugende Belege für seine Behauptung schuldig (Verfassungsschutzbericht NRW 1993, 70). Auch anderenorts wurde ein entsprechender Nachweis nicht geführt, es blieb bei der allgemein gehaltenen Beschwörung der «geistigen Brandstifter».

Anstatt einer kopflosen Verbotspolitik zu applaudieren, wäre es nützlicher, die neue, anders konstellierte Gefahren-

* Ähnlich der ehemalige Vizepräsident des Bundesverfassungsgerichts Ernst Gottfried Mahrenholz in einem instruktiven Deutschlandfunk-Interview der Redakteurin Karin Beindorff («Interview der Woche» vom 24. April 1994, Abschrift, S. 6f).

lage nüchtern zur Kenntnis zu nehmen. Die wirklichen Gefahren gehen meist von lose strukturierten, informellen Gruppen und Cliquen aus. Gegen ihre militanten Aktionen muß der Rechtsstaat Zähne zeigen. Hier aber gibt es Defizite.

In dieser Situation täuschen demonstrative, propagandistisch motivierte Parteiverbote eine Entschlossenheit vor, die bei Politik und Justiz tatsächlich fehlt. Die Delegation von Politik an die Karlsruher Richter bleibt ein charakteristisches Merkmal der deutschen Republik: Was die «politische Klasse» nicht zu lösen versteht, läßt sie gern in verfassungsjuristische Prozeduren einkleiden und als höchstrichterliche Entscheidungen verkünden.

1.4. Das rostigste Schwert der «streitbaren Demokratie»: die Verwirkung von Grundrechten

Von der Öffentlichkeit seinerzeit nicht sonderlich beachtet und heute nahezu vergessen ist ein anderes rostiges Schwert, das die Bundesregierung aus der Rüstkammer der «streitbaren Demokratie» hervorzog: die Grundrechteverwirkung nach Art. 18 des Grundgesetzes. Die Verrenkungen des regierungsamtlichen Antiextremismus wirken zuweilen komisch. Wenn sich jedoch Helmut Kohl und die Seinen im antifaschistischen Kampf üben, gibt es nichts zu lachen. Schadenfreude wäre noch kurzsichtiger, schließlich gibt es Formen der staatlichen Unterdrückung, die Demokraten auch ihren ärgsten Gegnern nicht an den Hals wünschen sollten.

Die Anträge, die das Kabinett Kohl am 9. Dezember 1992 – ebenfalls kurz nach dem Möllner Attentat – gegen Thomas Dienel und Heinz Reisz beschloß, dürfen als Musterbeispiel symbolisch-ritueller Politik gelten.

> «Die beiden Rechtsextremisten haben nach den vorliegenden Erkenntnissen die Grundrechte (...) bei ihrem Treiben in rechtsextremistischen Organisationen, bei öffentlichen Auftritten, durch Verbreitung von Publikationen ständig zum Kampf gegen die freiheitliche demokratische Grundordnung mißbraucht. Sie stellen eine Gefahr dar, der mit allem Nachdruck begegnet werden muß. Mit ihrer aggressiv ausländerfeindlichen, antisemitischen und gegen die freiheitliche demokratische Grundordnung gerich-

> teten Agitation, die sie in letzter Zeit verstärkt haben, bereiten sie den Boden für extremistische Gewalttätigkeiten» (Presseerklärung des Bundesinnenministeriums vom 9. 12. 1992).

Den beiden Neonazis sollen vom Verfassungsgericht die Grundrechte der Meinungs-, Versammlungs- und Vereinigungsfreiheit aberkannt werden. Der Vorwurf lautet im Kern: ausländerfeindliche und antisemitische Propaganda. Die sei zwar in der Regel nicht strafbar, weil recht subtil, dafür aber um so verfassungsfeindlicher. So heißt es in der genannten Presseerklärung* über Reisz:

> «Zahlreiche strafrechtliche Ermittlungsverfahren, die allerdings überwiegend ohne Verurteilung blieben, haben bisher keinen Sinneswandel bewirken können.»

Abermals sprach der damalige Innenminister Seiters davon, man wolle ein «deutliches Zeichen» setzen: Die Bundesregierung sei «fest entschlossen, rechtsextremistische Agitation nicht zu dulden und mit allen Mitteln gegen Gewalt und Extremismus vorzugehen». Das ist bezeichnend: Zum konkreten Schutz der Menschen fällt dieser Regierung nicht viel ein, statt dessen stellt sie sich demonstrativ vor das Abstraktum «freiheitliche demokratische Grundordnung». Die propagandistische Absicht des Manövers ist durchsichtig.

«Führende» Leute vom Schlage Dienels oder Reisz' gibt es dutzendweise. In der bizarren Gestalt Thomas Dienels aus Weimar ist freilich geradezu die Inkarnation der westdeutschen Totalitarismusdoktrin erschienen: ein ehemaliger FDJ-Sekretär, der seinen antisemitischen Verschwörungswahn auf Karl Marx zu gründen sucht – so einer mimt gut den ideellen Gesamtextremisten des neuen Deutschland.

* Die Verwirkungsanträge selbst hält das Bundesinnenministerium – ebenso wie den Verbotsantrag gegen die FAP – unter Verschluß.

Dienel, 1990/91 zunächst in der NPD aktiv, wurde Vorsitzender der von ihm 1992 gegründeten, ein paar Dutzend Leute zählenden Neonazisekte «Deutsch Nationale Partei» (DNP) und profilierte sich durch überschäumenden Antisemitismus. So warf er Schweinskopfhälften in den Vorgarten der Jüdischen Gemeinde in Erfurt und gab per Beipackzettel seiner Genugtuung darüber Ausdruck, daß kurz zuvor der Vorsitzende des Zentralrats der Juden, Heinz Galinski, gestorben war – eine ans Pathologische grenzende Propagandaaktion (vgl. *FAZ*, 10.12.1992). Sie brachte Dienel wegen Volksverhetzung und Beleidigung eine Haftstrafe von zwei Jahren und acht Monaten ein.

Heinz Reisz aus dem hessischen Langen ist, wenn man so sagen darf, ein dienstalter Neonazi und war in diversen einschlägigen Sekten politisch aktiv, unter anderem in der 1989 verbotenen «Nationalen Sammlung» (NS) und der FAP. Auch er agiert als notorischer Antisemit und Fremdenhasser; eine seiner politischen Obsessionen gilt der Gründung eines «Vierten Reiches».

Diesen beiden traurigen Gestalten sollen also von den Karlsruher Verfassungsrichtern diverse Grundrechte aberkannt werden – weil sie diese Grundrechte im Dienste ihrer extremistischen Machenschaften mißbraucht haben und sie sich «von Maßnahmen der Strafverfolgung nicht beeindrukken lassen», so der Bundesinnenminister. «Mißbrauch» und «Verwirkung» von Grundrechten?! Wer darüber erstaunt ist, daß politische Freiheiten vom Staat bei ungehörigem Betragen kurzerhand entzogen werden können, sollte sich diese Unbefangenheit bewahren: Normalerweise ist ein solcher Lizenzentzug der Freiheit in demokratischen Verfassungsstaaten nicht bekannt. Jedoch: Die *«freiheitlichste Verfassung, die es je in Deutschland gab»*, macht es möglich:

Art. 18
«Wer die Freiheit der Meinungsäußerung, insbesondere die Pressefreiheit, die Lehrfreiheit, die Versammlungsfreiheit, die Vereinigungsfreiheit, das Brief-, Post- und Fernmeldegeheimnis, das Eigentum oder das Asylrecht zum Kampfe gegen die freiheitliche demokratische Grundordnung mißbraucht, verwirkt diese Grundrechte. Die Verwirkung und ihr Ausmaß werden durch das Bundesverfassungsgericht ausgesprochen.»

Art. 18 gehört neben den Artikeln 9 Abs. 2 (Vereinigungsverbot) und Art. 21 Abs. 2 (Parteiverbot) zum Kernbestand der vom Bundesverfassungsgericht erstmals im KPD-Verbotsurteil von 1956 so genannten «streitbaren Demokratie». Der Verfassungsgeber glaubte, die freiheitliche demokratische Grundordnung gegen politisch unerwünschte Aktivitäten von Individuen schützen zu müssen.

Bei den Vorarbeiten im Parlamentarischen Rat war Art. 18 nicht umstritten (vgl. Jahrbuch des öffentlichen Rechts, Neue Folge, Bd. 1, S. 171 ff). Einzig der Abgeordnete Seebohm (Deutsche Partei) machte in einem Streichungsantrag grundlegende rechtsstaatliche Bedenken geltend, «weil ein allgemein an eine solche Generalklausel geknüpfter Verwirkungstatbestand in einem Rechtsstaat nicht gut möglich erscheint. Die Schutzbestimmungen gegen den Mißbrauch der politischen Freiheit, die in das GG aufgenommen sind (gemeint u. a. das Parteiverbot – C. L. / H. M.), müssen genügen, um die verfassungsmäßige Ordnung gegen Umtriebe zu schützen». Weil sein Streichungsantrag abgelehnt wurde, schlug Seebohm in einem Änderungsantrag vor, als Verwirkungsalternative das Tatbestandsmerkmal «durch Gewaltanwendung« einzufügen. Auch dieser Antrag wurde abgelehnt.

Im Parlamentarischen Rat gab es allerdings eine ausgedehntere Kontroverse um das Entscheidungsmonopol des Bundesverfassungsgerichts. Im Laufe dieser Kontroverse wurde in einer sonst nicht anzutreffenden Schärfe die Bedeutung der Grundrechteverwirkung betont. Der Abgeordnete und spätere Bundesjustizminister Dehler (FDP), der das Entscheidungsmonopol des Bundesverfassungsgerichts für «unbedingt notwendig» hielt, führte dazu aus, daß «andernfalls die Tragweite dieser Bestimmung (...) gar nicht abzusehen» sei: «Das wäre die Statuierung des Polizeistaates. Die Polizei könnte jeden vogelfrei machen.» Ein «so weittragender Verlust von Grundrechten» dürfe daher «nur durch den Verfassungsgerichtshof ausgesprochen werden». Die Unionsfraktion des Parlamentarischen Rates konnte sich in diesem Punkt mit einem Beschluß, der sich gegen das Entscheidungsmonopol richtete und den Zugriff auf die Kommunistische Partei erleichtern sollte, nicht durchsetzen (Meier 1993, 166). Es blieb bei der alleinigen Zuständigkeit des Verfassungsgerichts.

Seit 1949 gab es zwei dürftige, sang- und klanglos gescheiterte Versuche, Art. 18 einzusetzen: Im April 1952 stellte die Regierung Adenauer einen Antrag gegen Otto Ernst Remer, den Vizevorsitzenden der «Sozialistischen Reichspartei» (SRP), und bezog sich dabei auf «Propagandareden». Im März 1969 setzte die Regierung Kiesinger/Brandt ein Verfahren gegen den heute in der DVU aktiven Verleger Gerhard Frey in Gang.

Beide Verfahren wurden aus politischen Gründen nicht weiter forciert und verliefen schließlich im Sande. Remer flüchtete damals für einige Zeit ins Ausland (derzeit Spanien) und wurde des öfteren mit Strafverfahren überzogen; im Oktober 1952 wurde die SRP als Nachfolgeorganisation der NSDAP illegalisiert. Das Interesse an Frey erlosch, als die Wahlerfolge der NPD abebbten. Aufforderungen des Gerichts, substantiiertes Beweismaterial vorzulegen, wurden von den jeweiligen Antragstellern ignoriert. Folgerichtig wiesen die Karlsruher Richter beide Anträge im Sommer 1960 beziehungsweise 1974 als nicht hinreichend begründet zurück; in der Sache selbst wurde nicht entschieden (vgl. BVerfGE 11, 282, und 38, 23).

1993, beinahe zwanzig Jahre später, wurde über das Verfahren gegen Frey eine bemerkenswerte Pointe bekannt. Wie Frey am 24.9.1993 in seinem Blatt mitteilte, erfreute er sich seit den Tagen des Verwirkungsantrags der Mitarbeit keines Geringeren als des Staatsrechtlers Theodor Maunz (vgl. Gerhard Mauz, *Spiegel*, Nr. 42/1993 vom 18.10.; Hanno Kühnert, *Die Zeit*, 11.2.1994). Theodor Maunz, emeritierter Professor für öffentliches Recht und ehemaliger Bayerischer Staatsminister für Unterricht und Kultus, der am 10. September 1993 im Alter von 92 Jahren verstarb, war jahrzehntelang führender Herausgeber des mit Abstand bekanntesten und einflußreichsten Kommentars zum Grundgesetz. Das mehrbändige Loseblattwerk ist unter den Namen seiner Herausgeber als «*Maunz-Dürig-Herzog-Scholz*» bekannt.

Herr Frey rühmt nunmehr diesen so über die Maßen staatstragenden Maunz, er sei «ein Vierteljahrhundert» sein «wunderbarer» und «treuer Wegbegleiter und maßgeblicher Berater» gewesen. Maunz war außerdem, so der Nachruf von Frey, eineinhalb Jahrzehnte lang beinahe wöchentlich mit nicht namentlich gezeichneten Beiträgen in der *National-Zeitung* vertreten. Im Zusammenhang mit dem Antrag nach Art. 18 lobt Frey: Als Ende der sechziger Jahre «versucht wurde, die *National-Zeitung* durch Aufhebung der Grundrechte ihres Herausgebers zu vernichten, trat Professor Maunz an die Seite des Verfolgten». So geht das: Der westdeutsche Grundgesetzpapst in trauter Einheit mit einem der dienstältesten, amtlich anerkannten Rechtsextremisten der DVU – diese überraschende Konstellation sollte jene nachdenklich stimmen, die da glauben, zwischen extremistischen

Verfassungsfeinden und wohltemperierten Verfassungsfreunden fein säuberlich unterscheiden zu können.

Doch zurück zu den neuesten Anträgen gegen Reisz und Dienel. Es ist unwahrscheinlich, daß diese Anträge die Totgeburt namens Grundrechteverwirkung reanimieren könnten. Art. 18 gilt selbst unter eingefleischten Sicherheitsexperten, die sich im Zweifel noch allemal zur Staatsseite neigen, als unbrauchbar. Das Verfahren ist schwerfällig, sein Aufwand steht in keinem Verhältnis zum praktischen Gebrauchswert.* Gegen jede einzelne Person muß vor dem allein zuständigen Verfassungsgericht verhandelt werden. Abgesehen davon ist die Kontrolle der politischen Betätigung einzelner extrem aufwendig. Wo immer diese ein Versammlungslokal anmieten, Flugblätter herstellen oder politische Leserbriefe schreiben, müßte die staatliche Überwachung einschreiten. Die «verwirkte» politische Betätigung von deutschen Neonazis unter Polizeiaufsicht: ein Propagandaschlager für Möchtegern-Führer.

In der tagespublizistischen Kritik wird geltend gemacht, daß die Karlsruher Residenz des Rechts ein gar zu nobles Forum für die Auftritte «extremistischer» Wirrköpfe darstelle und diese unnötig aufwerte. Zu den vordergründigen Einwänden zählt auch die Tatsache, daß Art. 18 politisch-instrumentell eingesetzt werden kann: Ebenso wie beim Parteiverbot unterliegt die Frage, ob ein Antrag gestellt wird, dem freien politischen Ermessen der Antragsberechtigten (bei Art. 18 sind das die Bundesregierung, der Bundestag oder eine Landesregierung, vgl. § 36 des Gesetzes über das Bundesverfassungsgericht).

* Die Hoffnungen, die in Art. 18 gesetzt werden (vgl. Interview mit Michel Friedman, Zentralrat der Juden und CDU-Bundesvorstand, *Spiegel*, Nr. 49, 1994), sind verständlich, aber sachlich nicht begründet.

Die Wiederbelebungsversuche an Art. 18 GG haben strategischen Charakter. Bis heute gibt es kein Präjudiz, was unter dem Mißbrauch etwa der Meinungsfreiheit «zum Kampfe gegen die freiheitliche demokratische Grundordnung» konkret zu verstehen sei. Dem Verfassungsgericht wird nunmehr die Gelegenheit zugespielt, einen antidemokratischen Sprengsatz im Wege der Interpretation normativ scharf zu machen. Das Weitere obläge sodann dem politischen Kalkül der jeweiligen Regierung. Es liegt auf der Hand, daß eine solche Waffe bei passender Gelegenheit gegen jedermann ausschlagen könnte.

All diese Einwände sind triftig. Entscheidend für die demokratische Frage ist aber die grundsätzliche Kritik. Art. 18 gehört als Bestandteil der «streitbaren Demokratie» zum vorbis antidemokratischen Bodensatz des Grundgesetzes. Das Schlagwort von der «streitbaren» oder «wehrhaften» Demokratie ist die verwitterte Metapher eines ideologischen Verfassungsschutzverständnisses, das präventive Eingriffe in den Bereich des politischen Meinungskampfes vorverlegt. Im Rahmen des demokratischen Verfassungsstaats ist jedoch die – in dieser Form weltweit einmalige – Grundrechteverwirkung ein notständischer Fremdkörper. Politische Betätigung, die dem Schutz der Grundrechte unterfällt, ist legal und bleibt das normalerweise auch. Mit dem «Verwirkungs»-instrument des Art. 18 läßt sich nun der «an sich» legale Grundrechtegebrauch in funktionswidrigen «Mißbrauch» uminterpretieren: Was *legal* ist, wird unter Berufung auf die fdGO im nachhinein für *illegitim* erklärt.

Die Kritik der Verwirkungskonstruktion im Verhältnis zwischen Bürgern und Staat erhellt eine unabdingbare Prämisse der «streitbaren Demokratie»: den eigentümlichen Gedanken der *Verfassungsstörung durch Grundrechtsgebrauch*, der in der deutschen Staatsrechtslehre von Günter

Dürig auf die ebenso griffige wie bezeichnende Formel vom «*Grundrechtsterror*» gebracht wurde. Die traditionellerweise zum Schutz vor staatlicher Gewalt und Willkür formulierten Grundrechte entpuppen sich aus der Perspektive ihres unterstellten Mißbrauchs als Störpotential in den Händen der Bürger – verkehrte Welt (Cobler 1979, Dürig 1964).

Art. 18 läuft der Sache nach darauf hinaus, eine *allgemeine politische Verfassungstreuepflicht* zu statuieren: Womit in den siebziger Jahren kommunistische Lokomotivführer und Lehrer traktiert wurden, läßt sich am Ende gegen sämtliche Bürgerinnen und Bürger wenden – wenn Politik und Verfassungsjustiz mit Art. 18 wirklich ernst machten. Wer in Kategorien der Grundrechteverwirkung denkt, gibt letzten Endes Staatsorganen die Macht, zwischen dem «richtigen», verantwortungsbewußten, staatstragenden Gebrauch der Grundrechte und ihrem «falschen», unverantwortlichen, staatsgefährdenden Mißbrauch zu unterscheiden. Da indes demokratische Freiheit ihre Zwecke und Beweggründe in souveräner Willkür, jedenfalls staatsfrei setzt, ist jede Form der hoheitlichen Politikkontrolle mit dieser unvereinbar. Die Inanspruchnahme der Grundrechte ist legal – und dabei muß es im demokratischen Verfassungsstaat bleiben! Öffentliche Meinungsäußerungen, die ja gerade unter dem besonderen Schutz der Verfassung stehen, dürfen nicht auf Grundlage derselben Verfassung zur politischen Entmündigung führen – nur weil die gerade an der Macht befindliche Regierung «Mißbrauch» wittert.

Was schließlich Dienel, Reisz und Konsorten anbelangt: Es gibt mehr als genug Strafgesetze, mit denen den übelsten Auswüchsen neonazistischer Propaganda ein Maulkorb verpaßt werden kann. So sind Volksverhetzung und die «Auschwitzlüge« (als besondere Variante der Kollektivbeleidigung und neuerdings als Volksverhetzung) strafbar. Diese und andere Tatbestände statuieren Kommunikationsunrecht, das aus der Perspektive radikaler Meinungsfreiheit nicht unproblematisch ist (vgl. Kapitel 1.8). Es gibt aber diese Strafgesetze nun einmal, und niemand kann daher plausibel behaupten, wir seien ausgerechnet auf die Verwirkung von Grundrechten angewiesen. So hat zum Beispiel Dienel just am Tage des Kabinettsbeschlusses zu Art. 18 eine harte Freiheitsstrafe von zwei Jahren und acht Monaten kassiert – unter anderem wegen Volksverhetzung; weitere Urteile folgten. Das dürfte ihn empfindlicher treffen als die Gelegenheit, vor dem Forum des Karlsruher Verfassungsgerichts den politisch Verfolgten zu spielen. Im Gegensatz zu herkömmlichen Strafprozessen ist das Verfahren der Grundrechteverwirkung geradezu eine politische Verfolgung erster Klasse. Wie die Verfassungsrichter in Sachen Dienel und Reisz entscheiden werden, ist derzeit nicht abzusehen.

Auch wenn neonazistische Agitation für zivilisierte Menschen eine nervenzehrende Provokation ist: Antinazismus, der kein radikales Verhältnis zur politischen Freiheit und Gleichheit entwickelt, bleibt selbst Teil der vordemokratischen Kontinuität in Deutschland. Man kann die Sache drehen und wenden wie man will: Art. 18 entspringt antiliberalem Denken, ist praktisch nicht zu gebrauchen und wird auch künftig keine praktische Bedeutung erlangen. Kurz gesagt: Das rostigste Schwert der «streitbaren Demokratie» ist ein klarer Fall für eine Verfassungsreform, die diesen Namen verdient.

Zusammenfassend läßt sich für die skizzierten Organisationsverbote und die Grundrechteverwirkung sagen: Mit der Bindung individueller und kollektiver politischer Aktivitäten an die Legitimität einer für sakrosankt erklärten «freiheitlichen demokratischen Grundordnung» wird die Lern- und

Innovationsfähigkeit der Gesellschaft potentiell stillgelegt. Eine für politische Evolutionsprozesse offene Verfassung, in deren Rahmen alle gesellschaftlichen Kräfte ungehemmt und im Medium freier Kommunikation darüber streiten, wohin sie wollen, kann dagegen nur als Inbegriff einer prozeduralen Ordnung der Freiheit gedacht werden. Sie allein könnte die Verfassung eines radikalen Reformismus, einer permanenten «legalen Revolution» sein, die den Namen kollektiver Selbstregierung, das heißt Volkssouveränität verdient.

Was auch immer ein so verstandenes Verhältnis von Verfassung und Politik im einzelnen beinhalten mag: Organisationsverbote und Grundrechteverwirkungen im Namen einer fdGO gehören gewiß nicht dazu. Diese ideologischen Waffen der «abwehrbereiten» Demokratie dienen, obgleich einst gegen «Verfassungsfeinde» geschmiedet, in erster Linie der Abwehr radikaler Demokratie. Hierin liegt die eigentliche Pointe bundesdeutscher Freiheitlichkeit.

1.5. Gesamtdeutscher Verfassungsschutz: Auf der Suche nach dem verlorenen Feind

Aufbau Ost statt Abwicklung West: Als am 28. September 1990, kurz vor dem (natürlich auch in dieser Behörde weder vorhergesehenen noch wenigstens erahnten) Ereignis der Vereinigung, das Bundesamt für Verfassungsschutz (BfV) seinen vierzigsten Geburtstag feierte, wäre das eigentlich Anlaß zu einer längst fälligen Midlife crisis gewesen. Doch Parteien, Experten der Inneren Sicherheit und befreundete Wissenschaftler bescheinigten unisono den Verfassungsschützern in Bund und Ländern, den «Verfassungsauftrag der wehrhaften Demokratie» zur vollen Zufriedenheit erfüllt zu haben. Und, beeilte sich der damalige Innenminister Wolfgang Schäuble hinzuzufügen, «sie bleiben auch in der größeren Bundesrepublik unverzichtbar». Der Inlandsgeheimdienst, ein Unikum in westlichen Demokratien, neben dem Bundesnachrichtendienst und dem Militärischen Abschirmdienst als besondere Inlandsaufklärung tätig, sollte das Ende des Kalten Krieges, dem er seine Existenz zu verdanken hat, unbeschadet überstehen und sich nun unverändert aufs einstige Feindgebiet, die fünf neuen Bundesländer, ausdehnen. Wo die «Stasi» abgewickelt wurde, sollten in Thüringen und Sachsen, in Mecklenburg-Vorpommern und Sachsen-Anhalt und auch im ampel-regierten Brandenburg Landesämter für Verfassungsschutz (LfV) aufmachen.

1990 stand der Verfassungsschutz wieder einmal unter Rechtfertigungsdruck. Eine endlose Kette von Pannen und

Skandalen hatte die Ämter in Verruf gebracht oder lächerlich gemacht. Im Westen fragten sich Kritiker, wozu nach ersatzlosem Wegfall des Hauptfeindes Sowjetkommunismus ein geheimes Amt für staatliche Gesinnungsvorprüfung noch gut sein sollte, und im Osten hatte man genug von jeder «Firma Horch, Guck & Greif», wie das Ministerium für Staatssicherheit im Volksmund bitter-scherzhaft genannt wurde. Schäuble versicherte deshalb im Vorwort der «Festschrift» zum 40. Jahr des Bestehens:

> «Befürchtungen und Vorwürfe gegen den rechtsstaatlichen Verfassungsschutz sind unberechtigt und werden oft wider besseres Wissen erhoben: Seine föderative Struktur, die parlamentarische Kontrolle, die Datenschutzkontrolle, die Fachaufsicht durch die Innenminister, die Kontrolle durch die Gerichte und nicht zuletzt durch die Öffentlichkeit und die Medien sorgen dafür, daß ein politischer Mißbrauch nicht möglich ist.» (BfV 1990, 5)

An Verfassungstreue wollte sich der Verfassungsschutz natürlich nicht überbieten lassen. Der damalige Präsident des Bundesamtes, Gerhard Boeden, ein gelernter Kripo-Mann, der bald darauf nach Erreichen der Altersgrenze durch den farb- und glücklosen Ministerialbeamten Eckart Werthebach abgelöst wurde, listete die Erfolgsbilanz seiner Behörde in 40 Jahren auf. Er hielt seinem Dienst erfolgreiche «geistig-politische Auseinandersetzung mit dem Links- und Rechtsextremismus» zugute, darunter die Beschaffung des Beweismaterials für die exemplarischen Parteiverbote gegen die Sozialistische Reichspartei (SRP) 1952 und die Kommunistische Partei (KPD) 1956, ferner für zahlreiche Organisationsverbote, darunter der «Freien Deutschen Jugend» 1954, der «Wehrsportgruppe Hoffmann» 1980 und der «Nationalen Sammlung» 1989 – ganz abgesehen von der Bewältigung der

Sicherheitsüberprüfung im personellen und materiellen Geheimschutz, der Prävention von Terrorakten durch Nazis, Rote-Armee-Fraktion und militante Ausländer sowie spektakulärer Erfolge in der Spionageabwehr.

Boeden wußte allerdings, daß alle diese Einträge auf der Haben-Seite schwer nachweisbar sind und die Pannen und Skandale auf dem Konto nicht ausradieren können. Beispielsweise die Telefonabhöraffäre von 1963 und der «Lauschangriff» auf den Atomphysiker Klaus Traube 1977, auch das berüchtigte, 1978 vom Verfassungsschutz selber geschlagene «Celler Loch» und nicht zuletzt die nie aufgeklärte Verstrickung von V-Leuten in die Ermordung des Berliners Ulrich Schmücker nährten den Verdacht, daß die Einrichtung, die zum Schutz der Verfassung eingerichtet worden war, eben diese massiv beschädigte. «Nicht rechtens» sei manches gewesen, konzedierte Boeden immerhin, aber er erwähnte «Berufsverbote» und mausige V-Leute-Affären mit keinem Wort, um dann auszurufen: «Nein – der Verfassungsschutz als Instrument der streitbaren Demokratie hat sich nicht überlebt.» Als Hausaufgabe gab er seinen Leuten auf den Weg, «noch entschiedener daran (zu arbeiten), dem Bürger die Angst vor diesem Machtmittel zu nehmen und ihm deutlich zu machen, daß der Verfassungsschutz stets in sorgfältiger Abwägung einerseits des Schutzanspruchs unseres Gemeinwesens und andererseits der Freiheitssphäre jedes einzelnen Bürgers handelt.»

In der nagelneuen, festungsartig ausgebauten und doch eher an einen Versicherungskonzern erinnernden Kölner Zentrale hatte man sich auf die von Boeden rhetorisch gestellte Frage «Wie lange noch?» eingestellt. Das skeptische Bürgerpublikum war mißtrauisch geworden, das Amt entfaltete eine regelrechte Offensive des Charmes per Öffentlichkeitsarbeit. Doch wenn dann tatsächlich Kritik geübt wird, reagiert es äußerst dünnhäutig und gereizt, zumal jetzt nicht nur die Grünen, die man lange aus der Parlamentarischen Kontrollkommission (PKK) heraushalten konnte (vgl. Meier 1993a, 233ff), sondern selbst Politiker der christlich-liberalen Koalition wie der CSU-General Erwin Huber das «Kind des Kalten Krieges» abschaffen oder erheblich verschlanken wollten (*BamS*, 20.10.1991). Die Implosion der Sowjetunion, der Niedergang des Weltkommunismus, das Abwinken der heimischen linksradikalen Opposition, auch der Niedergang der RAF hatten liebgewordene Feindbilder zerstört. Aus dem rechten Auge, das der Verfassungsschutz ohnehin nie so scharf eingestellt hatte wie das linke, war kein kompakter Ersatzfeind in Sicht. Die «Republikaner», die der Verfassungsschutz entgegen seinen eigenen Versicherungen *nicht* hatte kommen sehen, waren nach ihrem (jedenfalls für die staatlichen Observateure) sensationellen Durchbruch bei den Wahlen zum Abgeordnetenhaus in West-Berlin (und einer Bestätigung bei der Europawahl 1989) in den Turbulenzen der Vereinigung in der Versenkung verschwunden. Die jung-soziale Bewegung von rechts, die sich bald überall im Lande an Minderheiten austoben sollte und welche Bundes- und Landesämter *auch nicht* vorhergesehen hatten, war noch nicht deutlich hervorgetreten.

So drohte 1991 eine «Abwicklung West». Der Verfassungsschutz hatte sich, so obsolet er von vornherein war, überflüssig gemacht. Ein akademischer Fürsprecher der streitbaren Demokratie, Eckhard Jesse, sah bereits «wertrelativistische Demokratievorstellungen» eine «gewisse Rolle» spielen. Den von uns geforderten radikalen Pluralismus brandmarkte er als «Einfallstor für diejenige Variante des politischen Extremismus, die undemokratischer Methoden entsagt, gleichwohl den Pluralismus radikal abzuschaffen versucht» (Jesse 1994a, 23; außerdem Backes/Jesse 1993,

431). Rot-grüne Landesregierungen nahmen die Kritik an Effizienz und Legitimation des Amtes auf und begannen mit Personalabbau und Befugnisbeschränkungen. In Niedersachsen beschnitt die Regierung Schröder/Trittin die nachrichtendienstliche Komponente, also das A und O des Dienstes, auf ein Minimum; in Engholms Schleswig-Holstein legte man dem LfV parlamentarische Zügel an. Innere Reformer, zum Beispiel die ÖTV-Gruppe, die hauptsächlich an 2500 Kollegen allein auf Bundesebene dachte, malten sich den gesamtdeutschen Verfassungsschutz als harmloses Instrument der Politikberatung und Bürgeraufklärung aus. So mußte der neue Leiter des Bundesamtes, Eckart Werthebach, schon laut über alternative Aufgaben seiner Behörde nachdenken, etwa im Kampf gegen die organisierte Kriminalität.

Hätte es den Druck von rechts, die Stasi-Debatte und die Renaissance der PDS nicht gegeben – der Verfassungsschutz hätte sie erfinden müssen, um seine Legitimation zu behaupten, wenngleich seine Effizienz auch ihnen gegenüber – als das gern behauptete schlagkräftige «Frühwarnsystem» – Zweifel erregte. Die Welle fremdenfeindlicher Gewalttaten, ganz überwiegend von unorganisierten, spontan agierenden Jungmännern begangen, ist mit den üblichen Methoden der Observation und Infiltration gar nicht zu erfassen. Von der Metamorphose östlicher Geheimdienstler in Mafiabosse und Wirtschaftsspione erfuhr man auch in Köln aus Presseberichten, und von einer fundierten Spekulation des BfV, daß die PDS nach der 12. Legislaturperiode nicht verschwinden, sondern gestärkt in Landtage und Bundestag einziehen würde, ist auch nichts bekannt.

Doch all diese Ereignisse – ebenso wie die neuerliche Aktivität kurdischer Radikaler in Deutschland – ließen Befürchtungen über «extremistische Bestrebungen» gegen die Demokratie wieder wachsen. Nicht Abbau, sondern Verstärkung der Ämter war der Effekt. Die gesetzliche Grundlegung und der personelle und technische Aufbau der ostdeutschen Landesämter sind abgeschlossen, die Gesamtstärke liegt jetzt bei rund 4500 Verfassungsschützern, für die jährlich (offiziell) circa 220 Millionen DM im Bundesetat (hinzu kommt ein ähnlich hoher Posten in den 16 Länderhaushalten) bereitgestellt sind. Die «Pannen» und Skandale gehen munter weiter. Zwei Ex-Verfassungsschützer aus Berlin, Decknamen «Flach» und «Wien», die sich ins linksterroristische Milieu eingeschleust und eine dubiose Rolle in der unseligen Schmücker-Affäre gespielt hatten, machten gar mit Geldforderungen und Festanstellungsklagen an das Berliner Landesamt von sich reden (*taz*, 7.11.94), ganz abgesehen von den trüben Geschäften des V-Manns Schmitt im Zusammenhang mit den Solinger Morden (vgl. Kap. 1.2).

Wie lächerlich die Ausforschungsresultate der Schlapphüte sind, enthüllte kürzlich ein Bericht des niedersächsischen Datenschutzbeauftragten Gerhard Dronsch (CDU). In Akten routinemäßiger Sicherheitsüberprüfungen von Mitarbeitern des öffentlichen Dienstes, die mit Geheimvorgängen betraut sind, fand er so bemerkenswerte Feststellungen über die Betroffenen wie: «war früher ein Karl-May-Leser», «kleidet sich manchmal zu jung», «gibt das Geld mit vollen Händen aus – so hat sie eine Lederhose für 600 Mark», «raucht stark, sogar Tiparillos» usw. usf. Solche Einträge, die einen an die kuriose Schnüffelpraxis der Stasi erinnern *müssen*, wurden im Nachrichtendienstlichen Informationssystem (Nadis) gespeichert. Die Observationen waren nicht nur völlig deplaziert, in vielen Fällen war auch gar keine Sicherheitsüberprüfung erforderlich, wurden Akten widerrechtlich an andere Behörden weitergeleitet, den Betroffenen niemals zur Einsicht vorgelegt und nach dem Ausscheiden aus ihrer «sensiblen» Beschäftigung nicht aus dem Nadis-Register gelöscht (*FR*, 13.1.1995). An diesem Zufallsfund ist zu belegen, in welch unverschämter und ungesetzlicher Weise Verfassungsschützer Privatleben ausforschen.

Possen und Pleiten zuhauf. Aber nicht die Verletzungen rechtsstaatlicher Prinzipien und die Stümpereien der Geheimdienstler sind unser Thema. Wir blättern nicht lange in der Skandalchronik (Enthüllungsberichte liegen ausreichend vor), sondern kritisieren die alltägliche und geräuschlose Routine des Verfassungsschutzes und seine Anmaßung, das Hauptinstrument zur Verteidigung der Demokratie zu sein. Uns interessiert also der ganz gewöhnliche Skandal – die tadellose Erfüllung seiner gesetzlichen Aufgabe. Sie liegt in der «Beobachtung links- und rechtsextremistischer und terroristischer Bestrebungen» *im Vorfeld*. Das heißt: Der Schutz der Verfassung beginnt nicht erst, «wenn Extremisten gegen gesetzliche Bestimmungen verstoßen, vielmehr sollen sie bereits im Vorfeld der Strafbarkeit gestört werden» (BfV 1992, 10). In dieser Beackerung des «Vorfelds» liegt die ganze Problematik der Einrichtung, doch angesichts der «Gefahr von rechts» neigen auch linke Kritiker dazu, diese Vorverlagerung zu akzeptieren und den Verfassungsschutz «antifaschistisch» umzudeuten. Vergessen ist die Zeit der «Berufsverbote», als ein Verfassungsschützer ein «Gottseibeiuns» war und man sich im «Vorfeld» allseits abgehört und observiert fühlte. Doch taugen Prinzipien und Methoden, die man im Kampf gegen links zu Recht ablehnt, auch nicht im Kampf gegen rechts. Das geht auch an die Adresse von Bürgerrechtlern und Stasi-Abwicklern, die sich des Instrumentariums eines «demokratischen Verfassungsschutzes» im politischen Kampf gegen die PDS und die überlebenden Köpfe des alten Regimes bedienen möchten.

Der Verfassungsschutz, der 1990 im Zuge des Volkszählungsurteils des Bundesverfassungsgerichts eine neue, durch «informationelle Selbstbestimmung» gebotene Gesetzesgrundlage bekam, ist im Kern unverändert geblieben. Er erklärt sich keck zum Stützpfeiler der freiheitlichen demokratischen Grundordnung. Ebenso forsch nimmt er in Anspruch, die gültigen «Lehren aus der Geschichte» gezogen zu haben und das symmetrische Unterscheidungskriterium sowohl zur «wertneutralen und abwehrschwachen Weimarer Demokratie» wie auch zu den Geheimdiensten totalitärer Staaten zu verkörpern. So macht er sich als «Frühwarnsystem der Freiheit» wichtig.

Weimar-Syndrom und Antikommunismus beherrschten schon die Beratungen des Parlamentarischen Rates, die zur Einrichtung der «Zentralstelle zur Sammlung von Unterlagen für Zwecke des Verfassungsschutzes» im Mai 1949 führten, aus der sich 1950 das Bundesamt entwickelte. In der Frühzeit schienen Lebensdauer und Stabilität des westdeutschen Teilstaates ungewiß. Würde Stalin versuchen, das Sowjetimperium über die Blockgrenzen hinaus expandieren zu lassen? Könnte der proletarische Internationalismus der SED, in brüderlicher Solidarität mit der KPD verbunden, die Form einer fünften Kolonne Ulbrichts annehmen? Niemand konnte wissen, ob die frischgeborenen Bundesdeutschen die von den Alliierten sanft erzwungene Staatsform der Demokratie wirklich zu ihrer eigenen Sache machen oder ob sie nationalistischen Nostalgien nachhängen und eine Renaissance der NS-Volksgemeinschaft herbeiführen würden. Dermaßen eingeklemmt zwischen der Erfahrung der NS-Diktatur und dem putschistisch etablierten SED-Regime, hielten die Gründungsväter und -mütter den präventiven Schutz der Bonner Demokratie für unverzichtbar. Radikaler Kampf gegen die «freiheitliche demokratische Grundordnung» sollte die Verwirkung von Grundrechten nach sich ziehen, im

Grundgesetz war außerdem das Verbot «verfassungswidriger» Parteien vorgesehen. Alle Bürger der Bundesrepublik sollten per Grundgesetz auf die Idee der Demokratie verpflichtet werden, deren Wirklichkeit in ungewisser Ferne lag. Verfassungstreue wurde in der – später so getauften – «streitbaren Demokratie» zur ersten Bürgerpflicht, auch wenn der frühe Verfassungsschutz selbst mit Mitarbeitern durchsetzt war, die aus der NSDAP und sogar der SS kamen, und der Personalchef des Kanzleramtes, Staatssekretär Globke, der auf das BfV starken Einfluß nahm, als Kommentator der NS-Rassengesetze bekanntlich keine leuchtend reine Weste hatte.

Zum Schutz der Grundordnung mußte eine grundordentliche Behörde her, für die es kein organisatorisches Vorbild gab. Durch das Gesetz Nr. 31 des alliierten Kontrollrates von 1946 war jede geheime Überwachung und Kontrolle der politischen Betätigung durch Polizeistellen verboten worden – ein mit vollem Recht gegen die Übermacht der zerschlagenen Gestapo gerichtetes Trennungsgebot. Daraus schöpfen die Verfassungsschützer bis heute ideologisches Kapital, indem sie ihren aparten «nachrichtendienstlichen Verfassungsschutz» als zahnlosen Tiger preisen: Ohne Zwangsbefugnisse ausgestattet, darf er weder Personen festnehmen noch Hausdurchsuchungen durchführen, weder Gegenstände beschlagnahmen noch eng mit der Polizei zusammenarbeiten. Eine so harmlose Behörde – wer wird dagegen etwas einzuwenden haben?

Das Spezifikum, das den deutschen Verfassungsschutz von allen Geheimdiensten westlicher Demokratien unterscheidet, ist jedoch, daß der politische Meinungskampf und damit die freie Meinungsbildung selbst unter Verdacht gestellt wird. Politische Betätigung soll nicht nur *legal* sein, was selbstverständlich ist und die Anwendung von Gewalt (außer im Sinne eines eng definierten Widerstandsrechts) ausschließt; in der Bundesrepublik trat eine substantielle *Legitimität* hinzu, als deren operativer Hüter der Verfassungsschutz wirkt. Er soll die «Feinde dieser Grundordnung, auch wenn sie sich formal im Rahmen der Legalität bewegen, nicht tolerieren», wie es in einer Entscheidung des Bundesverfassungsgerichts heißt. Das bedeutet praktisch, daß man sich eine Störung der Verfassung durch den Gebrauch der Grundrechte vorstellt – ein eigentümlicher Gedanke, denn die Vorstellung suggeriert, daß die Ausübung eines Grundrechts selbst ein potentieller Gewaltakt sein könnte. Die zum Schutz vor staatlicher Willkür und Gewalt formulierten und befestigten Grundrechte, wie etwa die Meinungsfreiheit, stellen in dieser putativen Perspektive ein gefährliches Störpotential in den Händen der Bürger dar. Was die denken und sich alles ausdenken, tolerieren die Verfassungsschützer – oder auch nicht. Sie bestimmen, was noch radikal ist und durchgeht – und was «extremistisch» ist und – im Fall des Falles – beobachtet wird:

> «So sind z. B. Kapitalismuskritiker, die grundsätzliche Zweifel an der Struktur unserer Wirtschafts- und Gesellschaftsordnung äußern und sie von Grund auf verändern wollen, noch keine Extremisten. Radikale politische Auffassungen haben in unserer pluralistischen Gesellschaftsordnung ihren legitimen Platz. Auch wer seine radikalen Zielsetzungen realisieren will, muß nicht befürchten, daß er vom Verfassungsschutz beobachtet wird; jedenfalls nicht, solange er die Grundprinzipien unserer Verfassungsordnung anerkennt» (BfV 1992, 17).

Das heißt: Vorschläge zur Modifikation der Parteiendemokratie, wie sie konservative Staatstheoretiker (H. H. Arnim, Erwin K. Scheuch) formulieren, fallen theoretisch eher unter Extremismusverdacht als beispielsweise eine plakative Forderung der «Kommunistischen Plattform» nach Wiedereinführung der sozialistischen Planwirtschaft. Die spitzfindige Frage – noch radikal oder schon extremistisch? – wird nachrichtendienstlich geklärt, bevor sich mit dem Verbot verfassungswidriger Parteien oder der Verwirkung von Grundrechten das Bundesverfassungsgericht, mit dem Verbot verfassungswidriger Vereinigungen das Bundesinnenministerium und mit Straftaten gegen den Bestand des Staates oder gegen die Verfassung Polizei, Staatsanwaltschaft und Strafgerichte befassen. In diesem grauen Vorfeldbereich der staatlichen Meinungserforschung kann entweder nur ein aufwendiger Dienst zur Auswertung und Sammlung von Zeitschriftenausschnitten, Flugblättern und anderem «verfassungsfeindlichen» Material tätig werden. Oder aber es entwickelt sich ein Instrument der Gesinnungsschnüffelei, das sich parlamentarischer und öffentlicher Kontrolle weitgehend entzieht – immer mit Hinweis auf den Geheimnischarakter des gesammelten Materials aus den beobachteten «Personenzusammenschlüssen».

Aber können die Bürger der Bundesrepublik nicht selber lesen, bewerten und Schlüsse ziehen? Bedarf es einer Art «Stiftung Parteientest», die ihnen auf die Sprünge hilft? Wenn ja, sind dafür nicht die Bundes- und Landeszentralen für Politische Bildung, die Stiftungen der Parteien, die freie Presse und alle möglichen Bildungseinrichtungen vom Kindergarten bis zur Seniorenuniversität weit besser geeignet? Auf diese Abstrusitäten der «wehrhaften Demokratie» und ihres Grundbegriffs «Extremismus» kommen wir noch zurück (Kap. 3). Hier soll zunächst nur die Frage gestellt werden, warum zum Beispiel die beiden Parteiverbote gegen SRP und KPD, die der frühere BfV-Chef Günter Nollau als größte Erfolge seines Amtes verbuchte, ausgesprochen werden mußten, obwohl die indizierten Parteien von gewalttätigen

Aktionen und konkreten Umsturzplänen weit entfernt und längst dabei waren, sich parlamentarisch selbst zu verabschieden. Zugleich ist im Vollzug des KPD-Verbots, auch später im indirekten Kampf gegen die DKP-Mitglieder im öffentlichen Dienst, so viel demokratisches Porzellan zerschlagen und Mißtrauen in die Demokratie gesät worden, daß im Namen des Schutzes der Verfassung die Axt an ihre Wurzeln gelegt wurde. Der freie politische Meinungskampf, der «reichsparteiliche» oder sowjetkommunistische Aberrationen (und jede Menge weiteren politischen Blödsinn) einschließt, ist das konstituierende Wesensmerkmal der Demokratie, des Politischen überhaupt. Wo die Gedanken frei sind, muß auch der «böse» Gedanke frei sein, daß etwa ein Mehrparteiensystem mit Gewaltenteilung und Opposition *nicht* die erwünschte Form des gesellschaftlichen Zusammenlebens sein könnte.

Die Öffentlichkeitsarbeit der Ämter, nach der verheerenden Wirkung der «Berufsverbote» intensiviert und angesichts der gegenwärtigen Sinnkrise bei Freund & Feind zu einer wahren Goodwill-Kampagne ausgeweitet, unterstreicht gern, daß der Verfassungsschutz niemanden ausschnüffelt – «daß jemand mit Begeisterung kommunistische Literatur liest oder die Bundesregierung kritisiert, interessiert den Verfassungsschutz nicht». Das freut uns. Doch wie man an dem zitierten Beispiel aus Niedersachsen sieht, stellen bereits einfache Observationen, der Einsatz dubioser V-Leute und erst recht sogenannte G-10-Maßnahmen (zur Abwehr «drohender Gefahren für die fdGO oder die Sicherheit des Bundes oder eines Landes», etwa bei Hochverratsverdacht, Agententätigkeit oder Bildung einer Terrorgruppe) mit Bruch des Brief-, Post- und Fernmeldegeheimnisses (nach Art. 10 GG) natürlich Schnüffelei dar. Ansonsten bezieht sich der Verfassungsschutz zum größten Teil auf «offene Quellen», das heißt auf das Schrifttum der politischen Sektenpresse, auf mitgeschriebene oder mitgeschnittene Reden und Diskussionsbeiträge zu Versammlungen. Man darf den PR-Behauptungen der Ämter durchaus vertrauen und soll sich hüten, hinter den Zäunen und Gittern der Kölner Zentrale eine konspirativ tätige Krake des Überwachungsstaates zu vermuten – zum ganz überwiegenden Teil betreibt diese Superbehörde der Inneren Sicherheit nichts anderes als einen riesigen Zeitungsausschnittsdienst. In ihren Tresoren hütet sie ein Archiv der gesamten Flugblattliteratur und Pamphletistik seit den frühen Jahren der Bundesrepublik.

Würde man endlich professionelle Historiker an die Dossiers lassen, würde die Veröffentlichung der Varia et curiosa lunatischer Zirkel am Rande der Republik nüchternen Demokraten keinen Schauer über den Rücken laufen lassen, sondern schallendes Gelächter hervorlocken über diese laufende Sammlung blühenden Unsinns. Der größte Teil des ach so gefährlichen «Extremismus» besteht aus schlechter Weltverbesserungslyrik und miesem Querulantengezeter. Deren reale Bedeutung kann man seit 45 Jahren besser an den Wahlergebnissen der «Sonstigen» ablesen als aus den jährlichen, mit pompösem Ernst vorgestellten Verfassungsschutzberichten ableiten. Wo sich Politsekten zur Tat hinreißen lassen, nützt die freundliche «Beobachtung» durch den Inlandsgeheimdienst auch nichts. Der militante Rand ist nichts für eine geheimnistuerische Bürokratie, sondern – bei Gefahr im Verzuge – eine Aufgabe für Polizei, Staatsanwaltschaften und Strafjustiz (vgl. Kap. 4).

Die Aura des Verfassungsschutzes beruht auf seiner Geheimniskrämerei und der von seinen Gegnern mitbewirkten Unterstellung weitreichender Effizienz. Bisher weigert sich das Amt, auch weit zurückliegende Vorgänge zur Überprüfung preiszugeben. Dafür gibt es wohl zwei Gründe:

Zum einen würde der betriebsame Leerlauf der «wehrhaften» Behörde sichtbar, zum anderen käme die übereifrige Sammelwut ans Licht, die sich bei der Jagd auf Extremisten regelmäßig weit in die Gefilde demokratischer Parteien und Organisationen hineinverirrte. So dürften dort eine Menge Dossiers über Sozialdemokraten, pazifistische Gruppen und radikale Republikaner, erst recht über Jungsozialisten, Volkszählungsboykotteure und in irgendeiner, auch beiläufigen und zufälligen Beziehung zur DKP stehende Vereine lagern. Jaschke hat ein Dossier aus dem Jahr 1953/4 einsehen können und dort Berichte über die Arbeitsweise des Nachrichtenmagazins *Der Spiegel* und die *Frankfurter Allgemeine Zeitung* gefunden, ferner über die neutralistischen Politiker Gustav Heinemann (ein Mitglied des ersten Kabinetts Adenauer, späterer Bundespräsident) und Dieter Posser (späterer Justizminister des Landes Nordrhein-Westfalen) sowie über hochrangige Repräsentanten der Evangelischen Kirche, die in den 50er Jahren «Ostkontakte» pflegten (Jaschke 1991, 124). Die spezielle Sensibilität für potentielle linke Unterwanderer dürfte sich bis in die Gegenwart fortsetzen und steigern, wenn es politisch opportun erscheint, gegen die SED-PDS massiv zu werden. Der Übereifer der Datenkollekteure und der Mißbrauch kamen ein weiteres Mal ans Licht, als eine brandenburgische FDP-Abgeordnete Material des BfV-Präsidenten Werthebach benutzte, um einen unliebsamen Kandidaten für das Amt des Datenschutzbeauftragten ins linke Licht der Unzuverlässigkeit zu rücken – mit Erfolg. Übrigens hat diese eklatante Regel- und Gesetzesverletzung, die der BfV-Chef Werthebach höchstpersönlich einleitete, keine Konsequenzen für ihn gehabt (und nicht verhindert, daß er neuerdings als Kandidat für das Amt des BND-Chefs gehandelt wird, also noch befördert werden könnte).

Apropos Symmetrie der verfassungsschützerischen Optik: Was man in den Archiven vergeblich suchen dürfte (und worauf man auch bestens verzichten kann!), sind zum Beispiel Dossiers über antisemitische Entgleisungen von CDU/CSU-Politikern, die in den 70er und 80er Jahren zuhauf zu verzeichnen waren, oder die Phantasien des streitbaren Historikers Ernst Nolte über ein autoritäres Präsidialsystem und sein erklärtes Faible für revisionistische Auschwitz-Literatur. Wir erwähnen diese Asymmetrie nur, um die Heranziehung des Amtes für parteipolitische Machenschaften zu kritisieren und unter Beweis zu stellen, daß die Ämter sich in den 45 Jahren ihres Bestehens naturgemäß eher von christlich-liberal geführten Regierungen benutzen ließen. Uns stört also weniger, daß der Verfassungsschutz «auf dem rechten Auge blind» ist, sondern daß er überhaupt «hinschaut» (Werthebach), wo er eine extremistische Gefahr am Horizont der Meinungsfreiheit wittert.

Die Beispiele zeigen im übrigen, daß ein vor- und ausgeprägtes Feindbild, verbunden mit dem realitätsfernen und demokratisch ungelüfteten Korpsgeist der Verfassungsschützer, regelmäßig zu einer Gefährdungshysterie führt, die noch zunimmt, wenn die Existenzberechtigung der Ämter in Zweifel gezogen wird. Dies gilt nun auch für eine mögliche Umstellung der selektiven Wahrnehmung auf die «Gefahr von rechts», die die reale Gefährdung der Berliner Republik ebenso zwangsläufig übertreiben wird. Solche Hysterien sind in der Konstruktion eines staatlichen Gesinnungs-TÜV angelegt; sie entsprechen dem Interesse des Verfassungsschutzes an sich selbst. «Gefährliche» Gesinnungen und Meinungen müssen ja vorhanden sein, damit der Dienst weiterdienen kann; und fatalerweise führt dieser Interaktionsmechanismus zwischen Verfassungsschützern und Verfassungsfeinden zu mehr antidemokratischen Gesinnungen und Positionen. Der Verfassungsschutz vermehrt dank seiner eigenen Logik das Übel, das er zu beseitigen vorgibt.

Statt Abwicklung: Osterweiterung des symbolischen Verfassungsschutzes

Unter diesen Gesichtspunkten kann man nach der tatsächlichen Funktion dieser Einrichtung fragen. Wenn der Verfassungsschutz kein Hüter der Verfassung ist, als der er sich selbst gern präsentiert, und auch keine Zentrale des Überwachungsstaates, wie manche Kritiker insinuieren – wozu ist er dann da? Unseres Erachtens erfüllt er drei Funktionen: die symbolische Integration der Bundesrepublik als «wehrhafte oder streitbare Demokratie», die Abschreckung pseudodemokratischer Rechtsparteien wie der REPs (vgl. Kap. 1.6) und die Pflege eines für die zweite Republik konstitutiven und, wie es scheint, in die dritte Republik herübergeretteten antikommunistischen Feindbilds.

Die symbolische Bedeutung des Verfassungsschutzes erschließt sich aus den Berichten, die der Innenminister jährlich vor der Bundespressekonferenz vorstellt – ein politisches Ritual wie die Präsentation des Sachverständigenberichts der «Wirtschafts-Weisen», Neujahrsansprachen, Berichte zur Lage der Nation oder Haushaltsdebatten im parlamentarischen Alltagsbetrieb. Mit solchen Ritualen, die prima facie von niemandem recht ernst genommen werden, verständigt sich eine politische Gemeinschaft über sich selbst. Die Verfassungsschutzberichte definieren nämlich das jeweils gültige «Gefährdungsbild», das seit den frühen Tagen der Bundesrepublik asymmetrisch die «rote» und die «braune

Gefahr» aktualisiert und damit ihre antitotalitäre Identität erneuert. Wer «wir» sind oder sein sollen, ergibt sich bei dieser volkspädagogischen Maßnahme aus der Vorführung «unserer» Feinde, über deren Absichten und Verwerflichkeit weithin Einigkeit erzeugt werden soll. Fast alle Quellen – Presse, Parteien, Wissenschaft – berufen sich auf das autoritative Lagebild, das die Ämter des Verfassungsschutzes jährlich zeichnen. Es nennt (schon) Extremisten und (noch) Radikale beim Namen und leuchtet, fürsorglich für uns alle, die Wege aus, auf denen Subversive und Konspirative wandeln könnten. Penibel und detailverliebt werden Gruppen und Grüppchen aufgelistet, und das wirkt um so komischer, je unbedeutender die angeprangerten Gruppen sind, und um so peinlicher, je stärker sich militante Antidemokraten und gewalttätige Fremdenfeinde tatsächlich auf den Straßen austoben.

Die Jahresberichte des Bundesamtes sind bereits Medien eines modernisierten Feindbildes. Es gibt sie nämlich erst, seit die heiße Phase des Kalten Krieges zu Ende ist, in der Kommunisten noch schlicht gefeuert wurden oder ins Gefängnis wanderten (das ist eine Tatsachenbeschreibung und eine Bezeugung menschlichen Respekts, keine Sympathieerklärung für die unselige KPD). Seit Beginn der Entspannungspolitik und dem Einsetzen radikaldemokratischer Kritik gibt es den «Verfassungsschutz durch Aufklärung» und eine publizistische Offensive, die einen transparenten und «bürgernahen» Dienst suggeriert. Vor allem die sozial-liberalen Macher der Inneren Sicherheit bevorzugen diese symbolische Funktionsbestimmung des Verfassungsschutzes. Aber auch Hardliner Manfred Kanther stellte die Extremistenfibel 1992 so vor: «Der jährliche Verfassungsschutzbericht ist ein wichtiger Beitrag zur Information der Bürger und ein wesentlicher Bestandteil praktizierter wehrhafter

Demokratie.» In gewohnt martialischem Ton legte er den Finger auf die entblößte Stelle, wo der «Siegfried» Bundesrepublik tödlich von der Lanze getroffen werden kann: «Unser freiheitlicher Rechtsstaat verfügt über ein Instrumentarium, um die Wiederholung einer Entwicklung zu verhindern, in der Grundprinzipien der Verfassung von ihren Gegnern angegriffen und ausgehöhlt werden konnten.» Um dem «Hagen» Verfassungsfeind die Speerspitze abzubrechen, müssen aber «wir alle» mitmachen: «Die Erhaltung des demokratischen Rechtsstaates kann nicht allein von staatlichen Behörden geleistet werden. Sie ist vielmehr Aufgabe aller Bürger.»

Das stimmt. Aber informieren sollen sich die Bürger vorrangig aus staatlich-geheimdienstlicher Quelle. Ihr politisches Weltbild wird in das Korsett des viergliedrigen Schemas der Berichte gepreßt, das den Aufbau der Verfassungsschutzämter widerspiegelt: Linksextremismus, Rechtsextremismus, Ausländerüberwachung und Spionageabwehr, wobei letztere gar nicht zu den originären Aufgaben des Verfassungsschutzes gehören, sondern vornehmlich Staatsschutz und Bundesnachrichtendienst überlassen bleiben.

Am Rechts-Links-Schema waren nach dem Ende des Kalten Krieges Korrekturen angebracht, die freilich die antikommunistische Destination der Berliner Republik nicht stören sollten. Zwar war 1992 die tragende Säule der wehrhaften Demokratie weggebrochen: der organisierte Linksextremismus (er schrumpfte, «nach Abzug von Mehrfachmitgliedschaft und Kinderorganisationen», von 41 000 auf 28 500 Leutchen). Was man im Bundestag fröhlich feierte, wurde im VS-Bericht künstlich wiederbelebt: «Den weiteren Zerfall von Organisationsstrukturen konnte die DKP 1992 aufhalten. Sie verfügte gegen Jahresende noch über rund 7000 Mitglieder, allerdings mit zunehmender Überalterung.» Neben dieser Rentnergruppe* kamen versprengte Reste der Internationalen, zum Beispiel die «Marxistisch-Leninistische Partei Deutschlands» (MLPD), der «Bund Westdeutscher Kommunisten» (BWK) oder die «Vereinigte Sozialistische Partei» (VSP), zu letzten Ehren. Diese Grüppchen freuen sich über eine bundesamtliche Aufmerksamkeit, die ihnen die Wähler regelmäßig verweigern – und die Rest-Internationale findet in Werthebachs Rapporten ihr amtliches Gedächtnis, wohl, damit wir sie nicht ganz vergessen. Denn Achtung: auch 1300 Trotzkisten in elf Subbranchen befinden sich «im Aufwärtstrend».

Seit 1993 ist die PDS zum neuen «Lieblingsfeind» geworden. Wie inzwischen (pünktlich zu den Berliner Senatswahlen im Herbst 1994) bekannt wurde, hat das Berliner Landesamt für Verfassungsschutz die PDS mit nachrichtendienstlichen Mitteln observiert und dabei herausgefunden, daß sie «auch verfassungsfeindliche Ziele» verfolge, womit Kontakte zum russischen Geheimdienst, zur autonomen Szene, zum «Umfeld» der RAF und die Position der etwa 1000 Mitglieder zählenden «Kommunistischen Plattform» (KPF) innerhalb der PDS gemeint sind (*Rheinischer Merkur*, 20. 1. 1995; *FAZ*, 21. 1. 1995). Die Konferenz der Innenminister von Bund und Ländern befaßt sich nun mit der Frage, ob ein Antrag auf Parteiverbot der PDS gestellt werden soll.

1992 kam dann, außer den letzten Zuckungen der fünften Kolonne, die Gewalt von rechts auf die Tagesordnung. Auch der Verfassungsschutz hatte, was alle im Lande bestürzte

* Daß es in der gründlich ausspionierten DKP einmal einen «militärischen Flügel» gab, der in Honeckers märkischer Heide allen Ernstes und für alle Fälle der Weltrevolution Wehrsportübungen abhielt, ist dem Verfassungsschutz vor 1989 zugegebenermaßen nicht bekannt gewesen – auch Eckart Werthebach hat es erst im *Spiegel* gelesen.

und den «Verfassungsschutz von unten» in Gestalt von Lichterketten und Bürgerinitiativen auf den Plan rief, schließlich zur Kenntnis zu nehmen. In den Berichten wurden die Gewalttaten post festum genauestens quantifiziert (vgl. Kap. 1.1). Das «Frühwarnsystem» war jedoch wieder einmal ausgeschaltet gewesen, auch wenn Sprecher des BfV zu ihrer Entlastung immer wieder behaupten, «die Politik» habe alle Warnungen aus dem Inneren der Sicherheit überhört. Wen die Ämter wann wovor gewarnt haben, wird natürlich nicht verraten, weil sonst das Betriebsgeheimnis gelüftet würde. So kann letztlich niemand die Effizienz eines über 45 Jahre fast kontinuierlich, ohne Rücksicht auf die Konjunkturen der «Bedrohungslage» ausgebauten und kostspieligen Inlandsgeheimdienstes überprüfen. Jedenfalls werden die Parteiverbotsanträge und Organisationsverbote (vgl. Kap. 1.3 und 1.4), zu denen die Sammel- und Beobachtungsaktivität der Ämter das Material lieferte, als Erfolge verbucht.

Bleibt zu konstatieren, daß für die Durchdringung der gewalttätigen, zum großen Teil nicht im konventionellen Sinne organisierten Szene Vokabular und Tagesarbeit des Verfassungsschutzes buchstäblich nichts zu bieten haben. So konnte Kanther 1993 auch nur melden, was jeder Zeitungsleser und Fernsehzuschauer längst wußte: «Das Ausmaß rechtsextremistischer, insbesondere fremdenfeindlicher Gewalttaten war auch 1993 bedrohlich groß.» Und jeder, der einen Blick in die sozialwissenschaftliche Literatur geworfen hatte, wußte besser als die düpierte Symbolfigur von law & order, daß diese unangekündigte und unbegriffene Explosion mehr als sozialen Bindungsverlust und Alkoholisierung der Jugendszene spiegelte. Daß einzelne Landesämter in Ostdeutschland treffendere Lageberichte und Analysen gezeichnet hatten, ändert nichts am Dilemma des Verfassungsschutzes: Als Frühwarninstrumentarium versagt er gegenüber der pseudosozialen Bewegung von rechts, als Organ der Politikberatung, Politischen Bildung oder Öffentlichkeitsarbeit ist er eine schlechte Doublette und damit redundant.

Verfassungsschutz ist und bleibt, auch angesichts der neuen «Bedrohungslage», ein überflüssiger Dinosaurier des Kalten Krieges, der sich nur deswegen erfolgreich gegen seine Abwicklung stemmen kann, weil er unter das eherne Gesetz der Selbsterhaltung von Ämtern und Behörden fällt und weil seine symbolische Rolle von fast allen politischen Fraktionen ohne Rücksicht auf die mangelnde Leistungsfähigkeit und problematische Fundierung in einer offenen Demokratie nachgefragt und bestätigt wird. Es klingt zynisch: Aber etwas Besseres als die Renaissance rechter Parteien und Bewegungen konnte dem Verfassungsschutz gar nicht passieren, um seine Unentbehrlichkeit unter Beweis zu stellen. «Nie war er so wertvoll wie heute», geben Spitzenbeamte und Sprecher nun erleichtert zu Protokoll.

Seine symbolische Funktion hat der Verfassungsschutz vor allem mit seiner «Osterweiterung» in die fünf neuen Bundesländer bestätigen können, wo man in der öffentlichen Meinung gleich zwei «Bedrohungsherde» wahrnimmt – die Nachfolgeorganisation der SED und die Neonazis. Der Aufbau der dortigen Landesämter ist gesetzlich ganz, personell und organisatorisch zu 75 bis 95 Prozent abgeschlossen. Der drohende Personalabbau konnte in Maßen gehalten werden: Das Bundesamt verlor rund fünf Prozent des Bestandes (1993: 2273), sein Etat schrumpfte von 227 (1992) auf 216 Millionen DM (1993). Der in Niedersachsen und Bremen begonnene Abbau von Personal in den westlichen Landesämtern für Verfassungsschutz wurde gestoppt; der Aufbau in den fünf neuen Bundesländern ging zügig und ohne allzu starke Legitimationszweifel und Debatten voran. Insgesamt arbeiten heute rund 2200 Verfassungsschützer in den 16 Ländern. Am schnellsten war man im damals noch absolut CDU-regierten Thüringen, skrupulöser und reformbereiter ging man im damals noch ampel-regierten Brandenburg vor. Daß empfindliche Bürger der Ex-DDR im ostwärts erweiterten Verfassungsschutz etwa Ähnlichkeiten und Kontinuitäten mit der berüchtigten Firma Horch, Guck & Greif, dem abgewickelten Ministerium für Staatssicherheit, erblicken könnten, erschüttert Profis der Inneren Sicherheit nicht – die Osterweiterung ist ein weiteres Beispiel für die durchgängige und phantasielose Übernahme westdeutscher als gesamtdeutsche Institutionen.

Auch die ostdeutschen Länder sind nach dem Bundesgesetz über den Verfassungsschutz (Stichwort: Zusammenarbeits- und Unterrichtungspflicht) zur weitgehenden Anpassung verpflichtet; doch, so die Präambel des thüringischen Gesetzes,

> «unabhängig von dieser gesetzlichen Verpflichtung ist es gerade nach Auflösung des Unrechtsstaates DDR und seiner undemokratischen Machtstrukturen unerläßlich, im Land Thüringen einen demokratischen Verfassungsschutz aufzubauen, der (...) ein legitimes Instrument des Staates ist, um Gefahren für die freiheitliche demokratische Grundordnung und seinen Bestand abzuwehren».

Außer dem üblichen Bezug auf die «historischen Erfahrungen der Weimarer Republik, die in der Diktatur des Dritten Reiches endete», legitimiert sich Verfassungsschutz in Ostdeutschland mit der DDR-Geschichte: Dem thüringischen Landesamt wurde z.B. als besondere Aufgabe «die Sammlung und Auswertung von Informationen über frühere sowie fortwirkende unbekannte Strukturen und Tätigkeiten der Aufklärungs- und Abwehrdienste der ehemaligen DDR übertragen». Wie 1950, als der Verfassungsschutz im Westen zu arbeiten begann, geht es um die «Stabilisierung der noch jungen Demokratie» und darum, «den öffentlichen Dienst von solchen Personen freizuhalten, die nicht die Gewähr dafür bieten, daß sie sich jederzeit für die freiheitliche demokratische Grundordnung einsetzen».

Wer möchte zum Verfassungsschutz? Die Behörde hat längst ihr früheres Odium als Spitzelzentrale verloren. Auch ein Sozialwissenschaftler wie A. Pfahl-Traughber fand eine Anstellung in Köln, was seine Reputation als unabhängiger Rechtsextremismusforscher kaum beschädigte. Was ostdeutsche Bewerber anbetrifft, äußerte Eckart Werthebach die generelle Befürchtung: «Eins darf uns nicht passieren: daß auch nur ein ehemaliger MfSler, ehemaliger Stasist, künftighin bei den Verfassungsschutzbehörden tätig wird» (Deutschlandfunk 11. Juni 1991).

Wer in die frisch gestrichenen Zimmer eingezogen ist, wissen wir natürlich nicht. Dem Bundesamt liegt eine komplette Liste der knapp 100000 offiziellen Mitarbeiter von Mielkes Sekuritäts-Imperium vor. Wie schwer es aber trotz der routinemäßigen Überprüfung durch die «Gauck-Behörde» ist, Stasi-Leute aus sensiblen Bereichen fernzuhalten, zeigt ihre beachtliche Präsenz im Bundesgrenzschutz. Fragt sich also, ob die Landesämter sich selber davor schützen konnten, offizielle und inoffizielle Mitarbeiter der Normannenstraße zu rekrutieren, die nun, ganz legal und parlamentarisch kontrolliert, weiter den Feind abhören, ausspähen und beobachten endlich einmal für die gute Sache.

In der Öffentlichkeit der neuen Bundesländer mußte der Geheimdienst gegen die Gleichsetzung von Stasi und Verfassungsschutz erst einmal «Akzeptanz» schaffen. Er versuchte dies mit einer (allerdings nicht sehr stark besuchten) Wanderausstellung und viel Prospektmaterial. Das undementierte Gerücht, das Land Sachsen-Anhalt habe Mitarbeiter aus Niedersachsen angeheuert, die daheim gefeuert wurden, weil sie 1978 am «Celler Loch» mitgekratzt hatten, schadete dem Aufbau Ost nicht. Der Rest war: Legitimation durch Verfahren.

Der nunmehr gesamtdeutsche Verfassungsschutz ist überzeugt, daß auch nach dem Kalten Krieg politischer Extremismus nicht aussterben wird. Eine solche Bestrebung sei nicht durch Polizisten, Staatsanwälte und Strafrichter abzuwehren und einzudämmen, sondern bereits «im Vorfeld ihres Entstehens, bevor sie eben militant wird, zu erkennen und im Rahmen der geistig-politischen Auseinandersetzung in der Bevölkerung als das abzustempeln, was sie ist: eine nicht wählbare extremistische Organisation oder Partei». Dieser 1991 von Werthebach geäußerte Gedanke könnte das Motto für das Superwahljahr 1994 gewesen sein, wo allerdings die vom Westen mit der «Rote Socken»-Kampagne ausgehende Extremisten-Bekämpfung die PDS erst recht stärkte. Je mehr man sie in Verdacht bringt, desto trotziger hält ihr Wählerpotential, neuerdings auch im Westen, an den als Verfassungsfeinde stigmatisierten Kämpen des Alten Regimes fest.

Im Bezug auf die ehemalige DDR kam die «Philosophie» der wehrhaften Demokratie erneut zur Geltung. Werthebach beobachtete in Neufünfland nämlich «Entwicklungen, die wir auch deshalb mit größter Vorsicht beobachten müssen, weil Bürger, die vierzig Jahre ihre Freiheit nicht kosten konnten, möglicherweise dazu neigen, nach rechts und links bewußt ihre neu gewonnene Freiheit überdehnend auszukosten» – der Ossi als Sicherheitsrisiko.

Man durfte also gespannt sein, wie vor allem jenes Bundesland die heikle Angelegenheit behandelt, in dem Bürgerbewegungen mitregieren und Verfassungsreformideen in die Landesverfassung eingegangen sind: Brandenburg. Die Potsdamer Ampelkoalition legte zunächst ein Vorschaltgesetz zum Verfassungsschutz vor – zum Verdruß des «Bündnis 90», das seiner Klientel versprochen hatte, nie mehr einen «Apparat der Beschnüffelung» zuzulassen. Die radikale Alternative, Abschaffung des Verfassungsschutzes, wurde jedoch, auch unter dem Zwang der Bundesgesetze, nicht in Betracht gezogen. Brandenburg hatte zunächst für die Erfüllung der Verfassungsschutzaufgaben nachrichtendienstliche Mittel ausgeschlossen und überdies die parlamentarische Kontrolle gestärkt, an der alle Landtagsparteien, auch die PDS, mitwirkten. Der militante Rechtsextremismus in und um Berlin (Brandenburg hatte zeitweise die höchste Pro-Kopf-Rate rechtsextremistisch und fremdenfeindlich motivierter Gewalttaten) hat die gemäßigten Kritiker des Verfassungsschutzes schwankend gemacht. Heute, unter der Ägide Manfred Stolpes und der absoluten SPD-Mehrheit, ist auch das Potsdamer Amt weitgehend «normalisiert».

1990 war auch die Diskussion um die Stammhäuser im Westen neu entfacht. Sozialdemokratisch und rot-grün regierte Länder leiteten Reformen ein, die auf eine Zähmung des Verfassungsschutzes hinausliefen: In Schleswig-Holstein wurde ein Verfassungsschutzbeauftragter gekürt, in Niedersachsen standen erhebliche Beschränkungen und Kontrollen des Landesamtes sowie ein Personalabbau um 130 Stellen an. Doch nach der Erringung der absoluten Mehrheit kippte das Kabinett Schröder die Restriktionen für die Demokratierestrikteure. Der jüngste Änderungsentwurf der Landesregierung für das einschlägige Gesetz sieht wieder den Einsatz nachrichtendienstlicher Mittel gegen Verfassungsfeinde vor, der bisher nur bei «aktiv kämpferischem, aggressivem Verhalten» erlaubt war. Zusätzlich sollen alle Aktivitäten ausgeforscht werden, die gegen den «Gedanken der Völkerverständigung und das friedliche Zusammenleben der Völker» gerichtet sind. Damit wurden die Hemmungen beseitigt, die REPs als Verfassungsfeinde zu behandeln, im übrigen wurde die Arbeit ausländischer Exilorganisationen unter Kuratel gestellt. Gerade absolut sozialdemokratisch geführte Landesregierungen haben angesichts der Gefahr von rechts von ihren prinzipiellen Bedenken gegen den Verfassungsschutz abgelassen und profilieren sich nun als besondere Hardliner. Sie brandmarkten das «verständnisvolle» Zuwarten des Bundesinnenministers Kanther, der sich (aus welchen Gründen auch immer, aber richtigerweise) zu einer nachrichtendienstlichen Observation der REPs nicht durchringen wollte. Fazit: Im Westen nichts Neues, im Osten, dank Rechtsradikalismus und PDS, ist das Neue das Alte. Statt der überfälligen Abwicklung einer westlichen Altlast gab es einen für die gesamtdeutsche Demokratie problematischen Ausbau des Verfassungsschutzes im Osten. Der deutsche Sonderweg geht weiter, und mit der Europäisierung der Sicherheitspolitik droht das Modell Deutschland sich in andere Demokratien auszudehnen.*

1990 standen sich drei Denkschulen gegenüber: Protagonisten für den Ausbau, die Reform und die Abschaffung des Verfassungsschutzes. Die «Ausbauer» nutzten die Gunst der Stunde und die Verstörung, die Neonazis und Stasi-Seilschaften hervorriefen. Die «Reformer», die dem Apparat die

* Man glaubt es kaum: Im Dezember 1994 hielt das Wuppertaler Hauptzollamt die kompletten Auflagen einer Streitschrift der PDS-Vorstandsfrau Sarah Wagenknecht («Antisozialistische Strategien im Zeitalter der Systemauseinandersetzung») und einer Abhandlung des Rostocker Historikers Karl-Heinz Jahnke fest, die in Ungarn gedruckt worden waren und in die Bundesrepublik importiert werden sollten. Um die Wiederauferstehung des Kalten Krieges perfekt zu machen, eröffnete die Düsseldorfer Staatsanwaltschaft ein «Prüfverfahren», ob die Bücher strafrechtlich relevanten Inhalt haben.

letzten Zähne ziehen wollten, polen ihn nun «antifaschistisch» um und rüsten ihn gegen die «Gefahr von rechts». Die «Abschaffer», die den Verfassungsschutz für einen Papiertiger hielten oder für einen Elefanten im Porzellanladen der Demokratie, unterlagen. Die Folge: Der Verfassungsschutz macht weiter, weil er weitermacht, und er wird sich wichtig machen, weil er für wichtig erklärt wird. Ein hochproblematisches Instrument des Kalten Krieges und des Antiextremismus wurde über die Epochenschwelle von 1989 gehievt. Die Chance, das institutionell geronnene Symbol der streitbaren Demokratie loszuwerden, ist fürs erste vertan worden.

1.6. Wer Verfassungsfeind ist, bestimmen wir: REPs, PDS und andere Problemfälle der Demokratie

Wie gehen Sie damit um? lautet eine beliebte Interviewfrage. Man stellt sie dem Bundesligaprofi nach dem verweigerten Elfer, dem Bürgermeister nach Aufdeckung eines Sexskandals in seinem Dorf – und der Demokratie in bezug auf ihre erklärten Gegner. Ja – wie gehen Demokraten mit Anti-Demokraten um? Die Bundesrepublik, so die offizielle Lesart, natürlich besser als ihre Vorläuferin, die Weimarer Republik, die eben nicht hingeschaut habe, sondern zugewartet, bis es zu spät war. Extremisten von rechts und links hätten sie ruiniert, lautet die Volksweisheit – und man vergißt die Extremisten der Mitte, die es als (Nicht-)Wähler so weit haben kommen lassen, daß «Weimar» am Ende eine Demokratie ohne Demokraten war. *Daran* ist die erste deutsche Republik zugrunde gegangen, nicht am fehlenden «Frühwarnsystem», das sich bei uns Verfassungsschutz nennt.

Demokratie, die ihren «Bodensatz» antidemokratischer Gesinnungen nicht aushalten kann, ist sich selbst nicht sicher. Keine westliche Demokratie blieb je von Leuten verschont, die eine andere politische Lebensform – den Führerstaat oder die Parteidiktatur – wünschten. Solange sie friedlich bleiben, streite man mit ihnen und setze sie der vernichtenden Abstimmung mit den Füßen, dem Test in der Wahlkabine und der öffentlichen Kritik aus. So also «gehen wir damit um», auch wenn eine Handvoll, bisweilen sogar zehn oder zwanzig Prozent der Stimmberechtigten die demokratischen Prozeduren dazu nutzen wollen, die Demokratie als politische Lebensform einzuschränken oder ganz abzuschaffen. Es ist «das Wesen und die Ehre» einer Demokratie, erklärte der Staatsrechtslehrer und Verfassungsjurist Hans Kelsen auch zwanzig Jahre nach seiner Exilierung 1933, mitten im Kalten Krieg, als in den Vereinigten Staaten mit dem McCarthyismus der Gipfel der Gesinnungsschnüffelei erklommen wurde, «diese Gefahr auf sich zu nehmen». Sie muß sich versagen, ihren Bürgern inhaltliche Vorschriften zu machen und sie im Sinne einer «Volksgemeinschaft» – und sei es einer «demokratischen» – zu formieren. Nach diesem Prinzip muß man rechts- und linkspopulistische Parteien gewähren und gegebenenfalls in Parlamente einziehen lassen, wenn dies auf demokratische Weise geschieht und die betreffenden Parteien sich jeder Aufforderung oder Aktivität zum Umsturz der Demokratie enthalten.

Eine rechtspopulistische Formation, die sogenannten Republikaner (REPs), hat es Ende der achtziger und erneut zu Beginn der neunziger Jahre geschafft, in einige Kommunal- und Landesparlamente zu gelangen. In den 13. Bundestag zog die von Franz Schönhuber erträumte «demokratisch legitimierte Rechtspartei» aber nicht ein, sondern ein linkspopulistisches Äquivalent aus Ostdeutschland, die SED-PDS. Wie damit «umgegangen» wurde – seitens der «Volksparteien», der Presse und der erregten antiextremistischen Gemeinde –, ist ein Lehrstück, wie man den vermeintlichen «Verfassungsfeind» rhetorisch großschwätzt, also geradezu aufbaut und zur parlamentarischen Repräsentation aufpäppelt. Es konnte Schönhuber und dann Gysi gar nichts Besseres passieren, als daß sich die Bonner politische Klasse wie der aufgescheuchte Hühnerhaufen aufführte. Die coram publico vor laufender Kamera abgehandelte Taktiererei, ob REPs oder PDS «überhaupt demokratisch» einzustufen seien, war kostenlose Wahlkampfreklame zur prime time. Die Innenminister der Länder, instruiert durch ihre obersten Verfassungsschützer, haben an dieser Farce kräftig mitgewirkt. Dabei wurde deutlich, wie fadenscheinig und opportunistisch das Etikett «verfassungsfeindlich» in der Grauzone zwischen radikal und extremistisch angeheftet wird. Sozialdemokratisch regierte Länder hielten sich an die REPs und ließen sie «beobachten», in Bayern, wo der CSU-Bastard tatsächlich zweistellige Ergebnisse einfuhr, ließ man lange davon ab und befaßte sich um so leidenschaftlicher mit der PDS.

Auf beiden Seiten ist das Adjektiv verfassungsfeindlich ins Belieben der Parteientaktik gestellt: Hier haut man Konservativen die Rechtsextremen um die Ohren, dort die «demokratischen Sozialisten» den Sozialdemokraten. Die «Rechten» haben ein kaum verhülltes Koalitionsangebot des CDU-Rechtsauslegers Heinrich Lummer an die REPs am Hals oder den Hausbesuch Schönhubers beim unehrenhaft zurückgetretenen Ober-Bayern Max Streibl, die Sozialdemokraten ihr «Magdeburger Modell», die Beinahe-Koalition mit der PDS in Sachsen-Anhalt. Beide rufen empört, der andere habe den «Grundkonsens der Demokraten» verletzt. Die Taktik der «Volksparteien» ist so alt wie die Bundesrepublik: Man schlägt den Sack und meint den Esel. Dutzende von Parteistrategen sind mit dem Verfassen von Papieren über die sogenannte Braunzone zwischen rechts und rechtsaußen resp. die angebliche «Volksfront» befaßt. Aufgeblähte antiextremistische Rhetorik verhüllt nur dürftig die programmatische Leere. Diese offensichtliche Partei-Politisierung ist wohl selber nicht ganz «verfassungstreu». Es ging einzig darum, die Konkurrenz zu diskreditieren und in der Wahlschlacht Vorteile zu erlangen.

Aber sind die meisten REPs und viele PDSler nicht «antidemokratisch» eingestellt? Mag sein. Bemerkenswerterweise hat man beim Versuch, die beiden Parteien zu stigmatisieren, auf ihre Programme zurückgegriffen (die doch, wie bei Populisten üblich, von extremismusgeeichten Ghostwritern aus Forderungskatalogen der rechten oder linken Mitte zusammengewürfelt sind), statt genauer auf ihre innerparteilichen Strukturen zu schauen. Nach den Maßstäben des Parteiengesetzes sind die REPs, erst recht die DVU oder NPD, in der Tat keine demokratischen Parteien, weil beispielsweise ihre Parteitage die Spielregeln innerparteilicher Demokratie flagrant mißachten und ihr Finanzgebaren zu allergrößten Zweifeln Anlaß gab. Bei der PDS dürfte es, aller zur Schau getragenen Transparenz zum Trotz, nicht weniger autoritär zugehen, die finanziellen Ressourcen liegen im dunkeln. Aber nicht darauf stützte sich die Demokratie-Debatte, sondern auf die Suche nach der verbietbaren Gesinnung. Das ging natürlich schief: Die REPs ebenso wie die PDS haben ihre Programme auf «Verfassungsfreundlichkeit» getrimmt. Ersatzweise mußte man sich mit schwachbrüstigen Hilfskonstruktionen über die «Eigentlichkeit» dieser Parteien behelfen, um den erhofften Abschreckungseffekt beim Wählerpublikum zu erzielen.

Der ist ganz unterschiedlich ausgefallen. Extremismusforscher Jesse schätzt zu Recht, daß die Ankündigung der Innenminister vom Dezember 1992, die REPs flächendeckend zu observieren, die Schönhuber-Partei geschwächt habe. Denn viele ihrer (potentiellen) Wähler und Mitglieder schüchtert es ein, als Verfassungsfeinde deklariert zu werden – da ließen sie lieber die Finger vom Mitgliedsantrag, vielleicht auch vom Wahlzettel. Die meisten sind ja kreuzbrave Leute, die normalerweise CDU/CSU oder SPD wählen, wenn sie überhaupt ein Votum abgeben. Insbesondere schockt Beamte und Angestellte des öffentlichen Dienstes, daß ihnen womöglich ein

Berufsverbot droht, wie man das für REP-Kandidaten allen Ernstes angedroht hat (s. u.). Eine ähnliche Wirkung dürften Berichte erzielt haben, der Bundesvorsitzende Schönhuber habe von Verstrickungen nordrhein-westfälischer REP-Funktionäre in die Neonazi- und Gewaltszene gewußt und nichts gegen die betreffenden Leute unternommen. Daß er sich dann sogar mit dem notorisch observierten DVU-Chef Frey eingelassen hat, dürfte ihm und seiner Partei bei den «gemäßigten» REP-Anhängern wohl den Todesstoß gegeben haben. Denn der Durchschnitts-REP scheut jeden braunen Anstrich und hält nichts von politischer Gewalt – er hat halt nur ein bißchen was gegen Ausländer und erst recht gegen «die da oben», denen er sich dann doch fügt, wenn es sich um bestallte Organe der Inneren Sicherheit handelt. Hier wird nicht der Bürger vom Verfassungsschutz über drohende Gefahren für die Demokratie gewarnt, sondern der potentielle Wähler, der den «großen Volksparteien der Mitte» fremdzugehen droht, über mögliche Risiken seines Tuns informiert und intimidiert. *Das* ist die Abschreckungswirkung des Verfassungsschutzes und der öffentlich artikulierten «Bedrohungslage» – und ein Armutszeugnis für die Demokratie.

Im übrigen sind solche rhetorischen Strategien ambivalent. Bei anderen lösen sie einen Mitleids- und Märtyrereffekt aus, sie schmieden die Funktionärsschicht noch enger zusammen, verursachen eine radikale Trotzreaktion und erlauben im übrigen, das feine Spielchen «noch radikal oder schon extremistisch» in der eigenen Partei fortzusetzen. Schönhuber erließ ja selber einen «Radikalenerlaß» in seiner Partei, um angebräunte Figuren, eben noch Mitglied seiner engsten Crew, im internen Machtkampf auszubooten oder sich von der ultrarechten Konkurrenz in Richtung «Mitte» abzusetzen. Wieder zeigt sich, daß bundesdeutscher Verfassungsschutz eher zu dem beiträgt, was er zu verhindern vorgibt.

Bei PDS-Anhängern hat der Stigmatisierungsversuch den umgekehrten «Erfolg». Nicht nur, daß die Reaktivierung der antikommunistischen Agitation die zweifelhafte Nachfolgepartei der SED noch stärkte. Bei überzeugten Postkommunisten löst sie auch das wohlige Gefühl aus, in fundamentaler Opposition zu stehen und, ach wie schön: verfolgt zu sein. Hungerstreiks und Solidaritätsadressen sind die Folge. Was kann dem Gemisch aus sturen Nostalgikern, heimatlosen Fundis und blanken Opportunisten Schöneres geschehen, als wenn aus der Verfolger-Partei ein Haufen Verfolgter wird – und was zwingt die neuen Kräfte in dieser Partei stärker zum Schulterschluß mit der alten Garde als eben dieser Angriff aus dem Zentrum der Macht!

Offizielle Observation ist also gänzlich untauglich, antidemokratische Kräfte einzudämmen oder für dumm verkaufte Idealisten umzustimmen. Ob die REPs – oder die neue Rechtspartei, die jüngere Kader nach dem Abtritt Schönhubers jetzt zusammenbasteln – wiederkommen und die PDS verschwindet, hängt von solchen Mätzchen zuallerletzt ab. Sie erledigen sich selbst, wie der rasante Abstieg Schönhubers zeigt (ohne daß damit das Reservoir der rechtsradikal antidemokratisch eingestellten Deutschen auch nur um ein Promille schrumpft; sie kehren lediglich bis auf weiteres in die Anonymität der Nichtwähler oder brav zu den Volksparteien zurück!), und sie bekommen erneut ihre Chance, wenn die Parteienkonkurrenz es ihnen erlaubt und der politische Markt eine Rückverwandlung von rechtsradikal eingestellten Anhängern der «Mitte» in Rechtswähler wieder zuläßt. Die PDS bleibt stark, solange Ostdeutsche der Partei des alten Regimes samt ihren Edelsozialisten mehr Vertrauen schenken als den Westimporten oder den Bürgerbewegungen (ohne daß sich damit auch nur eines der von der PDS für sich reklamierten Interessen der «Ostdeutschen» besser befriedigen ließe!), und sie geht zugrunde, wenn ein besseres politisches Angebot in der Ex-DDR zur Verfügung steht und sich der Gysi-Effekt in der Mediengesellschaft abgeschliffen hat. Nur der demokratische Wettbewerb kann diese Wirkungen herbeiführen.

Wir haben beide Parteien spiegelbildlich behandelt – nicht weil wir an das Symmetriegebot der Extremismus-Theorie glauben (vgl. Kap. 3), sondern weil sie sich in ihren populistischen Taktiken gleichen und weil sie sich überdies gegenseitig bestätigen. Antifaschisten befürworten einen auf die REPs und Konsorten zielenden «(Verfassungs-)Konsens der Demokraten», Antikommunisten beschränken ihren Verbotshunger auf die PDS. Beide sind tendenziell von Partei- und Berufsverboten bedroht – und fordern ebensolche für die jeweils andere Partei. Beiden fehlen die Maßstäbe für ihre politische Aversion und damit Kriterien, wonach man Parteien als «demokratieverträglich» einstufen kann oder nicht. Der Staat oder eine Verfassungsschutzbehörde nimmt uns die Sorge nicht ab, ob die REPs oder die PDS «gefährlich» sind.

Das wichtigste Kriterium muß auch hier die Anwendung politischer Gewalt sein. Keine der beiden Parteien hat nachweislich und in einem Umfang, der für ihre Gesamtbeurteilung relevant wäre, Gewalt angewendet oder dazu aufgerufen. Auch wenn die REP-Basis für die schleunigste «Rückführung» von Ausländern eintritt und unter PDS-Kadern viele für die Überführung des Privateigentums in irgendeine nebulöse Form von Gemeineigentum sein mögen, solche strafrechtlich irrelevanten Aspekte bleiben reine Meinungsäußerungen. Sie mögen abstrus sein, bleiben jedoch völlig dem politischen Meinungskampf überlassen. Diese Freiheit der Andersdenkenden müssen Anhänger der multikulturellen Einwanderungsgesellschaft und Gegner eines neosozialistischen Experiments wohl aushalten. Sich Deutschland ausländerfrei oder DDR-like auszumalen ist ebenso legal, wie an die Aufhebung der Naturgesetze zu glauben oder mit ihrer Hilfe für eine Ökodiktatur zu plädieren.

Eine Bestimmung wie im deutschen Grundgesetz, wonach Parteien wegen ihrer Ziele, nicht nur wegen des (etwa hochverräterischen) Verhaltens ihrer Anhänger auf die demokratische Gesinnung überprüft werden können, bevor sie am politischen Wettbewerb teilnehmen, ist einzigartig. Parteien sind eben nicht der «Staatsordnung» unterworfen. Diese kommt einzig ins Spiel, wo es um die Bewertung der Mittel geht, mit denen in pluralistischen Gesellschaften per se «uneindeutige» und umstrittene Ziele erreicht werden sollen. Sonst wird die Freiheit (von Parteien und Meinungen) grundsätzlich in Frage gestellt und der Zensur des nachrichtendienstlichen, repressiven und verfassungsgerichtlichen Verfassungsschutzes unterworfen. Nicht illegitime Überzeugungen (und Propaganda), einzig illegale Handlungen (und Straftaten) stehen hier zur Bewertung an. Ein flüchtiger Blick in Parteiprogramme, aus denen man «Ausländerfeindlichkeit» oder «sozialistische Nostalgie» herausliest, reicht jedenfalls nicht, um REPs, PDS oder «schlimmere» Parteien ins Abseits zu stellen.

Kein Verfassungsschützer ist übrigens ernsthaft der Meinung, daß von oberster Stelle lancierte Verfassungszweifel beim Bundesverfassungsgericht zu einem Parteiverbot ausreichen würden. Allein schon die Größe, die diese Parteien angenommen haben, und das Wählerpotential, das sie tendenziell oder tatsächlich bewegen können, verbietet das Verbot. Aber noch weniger gestatten es die Spielregeln des demokratischen Kampfes um die richtige Politik, zu deren Verteidigung die vermeintlichen Verfassungsschützer angetreten, aber nicht berufen sind. Die bundesdeutschen Gerichte haben auf das Wagnis, die jeweiligen Landesverbände der REPs mit nachrichtendienstlichen Mitteln (V-Leuten, verdeckten Ermittlern, ggf. Lausch- und Spähangriffen und Überwachung von Brief- und Postverkehr) zu observieren, und die postwendenden Klagen der Partei unterschiedlich reagiert: In Bayern setzte der Verwaltungsgerichtshof eine Anordnung des Münchener Verwaltungsgerichts aus und erklärte, dem Grundsatz des wehrhaften Freistaats gebühre der Vorrang vor den politischen Wettbewerbsinteressen der REPs. Auch baden-württembergische und nordrhein-westfälische Verwaltungsrichter entschieden, «die Chancengleichheit für alle politischen Parteien findet dort ihre Grenze, wo eine Partei darauf ausgeht, die freiheitliche demokratische Grundordnung zu beeinträchtigen oder zu beseitigen», obwohl sie dies für die REPs (noch) nicht als erwiesen ansahen. Anders entschieden niedersächsische Verwaltungsgerichte, die die vom Gesetzgeber aufgerichtete «Eingriffsschwelle» (noch) nicht erreicht sahen und damit die Parteienfreiheit bestätigten – was schließlich dazu führte, daß nicht von der Observation abgelassen, sondern die «Eingriffsschwelle» wieder abgesenkt wurde (vgl. Kap. 1.5). Daß eine beobachtete Partei im oben dargestellten Sinne Konkurrenznachteile zu befürchten habe, ließ das Oberverwaltungsgericht Lüneburg nicht gelten – man darf sie ja trotz dieser leichten Informationshilfe dennoch wählen.

Man kann Rolf Gössners Kommentar zustimmen, daß mit solchen Methoden – das Kölner Bundesamt observierte die REPs unbeeindruckt von solchen rechtsstaatlichen Quisquilien bundesweit – «uferlose Gesinnungsschnüffelei» betrieben wird, nicht aber seiner Schlußfolgerung, daß Verfassungsschutz als Ultima ratio durchgehen könne, «wenn der Rechtsruck als aus der Mitte dieser Gesellschaft kommend begriffen und die herrschende Sozial- und Rechtspolitik der

Bundesregierung nach der deutschen Vereinigung als mitursächlich für diese Rechtstendenzen in der Bevölkerung wahrgenommen wird» (Gössner 1994, 66). Das implizierte ja, daß die Regierung nur weiter links angesiedelt sein müßte, damit die Observation politischer Gegner, vielleicht auch solcher aus der «Mitte», doch noch opportun erscheinen könnte.

Besonders bedenklich sind deshalb Pläne, den unseligen «Radikalenerlaß» gegen rechtseingestellte und rechten Parteien angehörende Staatsdiener wiederzubeleben. Wenn diese Keule gegen harmlose Freundeskreise des realen Sozialismus unangebracht war, die in den siebziger Jahren als kommunistische Lokführer, Lehrer oder Postbeamte im öffentlichen Dienst tätig waren, und es mittlerweile fast zum Gemeinplatz aller politischen Fraktionen geworden ist, diese Maßnahme rückblickend als verhängnisvoll und falsch zu qualifizieren, dann sind jetzt schon Ankündigungen verfehlt, die in Richtung REPs zielen. «Dienstrechtliche Konsequenzen bis zur Entlassung» deutete Bundesinnenminister Kanther im November 1993 gegen REP-Mitglieder an, sollten sich die Erkenntnisse der Verfassungsschutzämter «verdichten» – und dabei blieb es (gottlob!) auch. Aber mit dieser Annonce war wieder ein «Signal» gegeben, das der Einschüchterung der Beamten diente und den potentiellen Wählern der REPs, die man damals noch für bundestagsfähig ansah, imponieren sollte: Verfassungsschutz im Dienst der großen Parteien*, die mit untauglichen Mitteln lästige Mitbewerber loswerden und ein in der Tat bis weit in die politische «Mitte» hineinragendes Syndrom – Fremdenfeindlichkeit kombiniert mit

* In Sachen «Berufsverbote gegen rechts?» hat die Bremische Bürgerschaft eine exemplarische Debatte geführt (Stenographisches Protokoll, 13. Wahlperiode, S. 1891 ff, 1993).

«Politikverdrossenheit» – auf eine aus dem Verfassungskonsens ausgeklammerte Gruppierung abschieben möchten.

Beamte, die den Umsturz planen, Lehrer, die ihre Schüler indoktrinieren, Richter, die NPD-freundliche Urteile ausarbeiten, können mit den herkömmlichen Mitteln des Dienstrechts oder, besser noch, durch kritische Kollegen zur Räson gebracht werden. Im übrigen entstammen sie in der Regel dem Magma, das man gewöhnlich als «Mitte» zu akzeptieren bereit ist. Ein Parteibuch der DVU oder einen Mitgliedsausweis der Wiking-Jugend haben die wenigsten von ihnen.*

Nein, der politische Kampf gegen REPs, PDS und andere Problemfälle des freien demokratischen Wettbewerbs läßt sich fairerweise nur mit politischen, also argumentativen Mitteln führen. Wen die erwiesenermaßen miese Praxis der REPs in Gemeinde- und Landesparlamenten, ihre ans Kriminelle reichende Verwendung öffentlicher Mittel, ihre Inkompetenz und Politikunfähigkeit nicht beeindruckt und nur ein autoritäter Reflex, das symbolisch gehandelte Verbot schreckt, dem ist nicht zu helfen.

* Burghard Schmanck, REP-Kandidat im westfälischen Werne und Vorsitzender des «Republikanischen Bundes der öffentlich Bediensteten», gibt an, daß 1200 Beamte REP-Mitglieder seien. Anläßlich seiner Kandidatur zur Bundestagswahl 1994 wurde der Pädagoge vom Dienst suspendiert (*FR*, 26. 12. 1994).

1.7. Werwolf-Jagdeinheit Senftenberg: Eine rechte RAF?

Senftenberg ist der Name einer unscheinbaren deutschen Kleinstadt im Braunkohlengebiet der Niederlausitz nahe Cottbus. Außer durch seine Briketts, das Schloß und die spätgotische Pfarrkirche hat sich dieser 30000 Seelen zählende Ort unrühmlich durch eine «Werwolf-Jagdeinheit» bekannt gemacht, der fünf Anschläge mit Sprengstoff (aus Unkraut-Ex und Zucker) und unerlaubter Waffenbesitz zur Last gelegt wurden. Seither ist Senftenberg auch ein Symbol des «Wilden Ostens», in dem Fremde, auch einheimische «Linke» und harmlose Personen ihres Lebens nicht mehr sicher und jüdische Friedhöfe und Gedenkstätten nicht mehr geschützt sind – Jagdszenen aus der Niederlausitz. Besonders schocken soll wohl der martialische *nom de guerre* der Feierabend-Jäger. Werwölfe sind, einem alten germanischen Volksglauben zufolge, Männer, die sich in reißende Wölfe verwandeln, zusammenrotten und Beute machen, ein beliebtes Sujet von Horrorfilmen. «Werwolf» nannte sich in der jüngeren deutschen Geschichte ein Wehrverband, der 1923 in Halle an der Saale gegründet und 1933 in die kongeniale SA eingegliedert wurde, und «Werwölfe» taufte die NS-Führung in den letzten Monaten des Zweiten Weltkriegs junge Freischärler, die im letzten Gefecht gegen die anrückenden Alliierten verheizt wurden. Da der «Endsieg» nicht stattfinden würde, sollten sie den Nationalsozialismus nach seiner Niederlage hochhalten und den Siegern in den Rücken fallen.

Es ist nicht bekannt, ob die 1994er Werwölfe, die in Cottbus wegen Verstoßes gegen das Kriegswaffenkontrollgesetz verurteilten Mitglieder der «Jagdeinheit», um ihre Namensgeber wissen. Aber die Selbstetikettierung ist aufschlußreich für einen Teil der rechtsradikalen Gewaltszene, in der sich junge Männer durch arisch-germanische Tradition, durch das historische Vorbild der «weißen», konterrevolutionären Freischärler im «europäischen Bürgerkrieg» nach 1917 und durch eine neonationalsozialistische Ideologie faszinieren und mitreißen lassen. An der Gefährlichkeit und Strafwürdigkeit solcher Gruppen, die die Gewaltgrenze bewußt und deutlich überschritten haben, besteht kein Zweifel.

Nicht erst seit 1989 und nicht allein in Ostdeutschland bestehen derartige «Wehrsportgruppen». Sie sind straffer organisiert, stärker ideologisiert und hierarchischer geführt als die eher «spontanen» Zusammenrottungen vor Asylbewerberheimen oder auch die in der Umgebung Berlins Panik und Schrecken verbreitenden S-Bahn-Randalierer, auf deren Konto bereits etliche schwere Körperverletzungen gehen. In den achtziger Jahren traten vor allem die berüchtigte «Wehrsportgruppe Hoffmann», die «Deutschen Aktionsgruppen» des ehemaligen Rechtsanwalts Manfred Roeder, die «Volkssozialistische Bewegung Deutschland/Partei der Arbeit» Friedhelm Busses und die sogenannte Hepp/Kexl-Gruppe mit geplanten oder vollendeten Terroraktionen in Erscheinung. Ihr Terror richtete sich, nach dem Muster der Rote-Armee-Fraktion, gegen «Besatzer», die amerikanischen US-Streitkräfte. Aus der «Wehrsportgruppe Hoffmann» hervorgegangen war auch Gundolf Köhler, der (vermutliche Einzel-)Urheber des verheerenden Sprengstoffanschlags 1980 auf das Münchener Oktoberfest. Das Attentat, das 13 Tote und über 200 (zum Teil schwer) Verletzte gefordert hat, ist einzigartig in der Geschichte der Bundesrepublik, da es wahllos und ohne vorherige oder nachträgliche Mitteilung irgendwelcher Ziele nichtsahnende Passanten traf. Auch die Ermordung des jüdischen Verlegers Shlomo Lewin und seiner Lebensgefährtin geht aufs Konto eines Mitglieds der «Wehrsportgruppe» Karl-Heinz Hoffmanns, der, erneut nach RAF-Vorbild, mit «Kameraden» in Lagern palästinensischer Terroristen im Libanon den deutschen Bürgerkrieg geprobt hatte.

Der Terror von rechts ist seither nicht abgerissen. Auch Asylbewerber waren schon in den frühen achtziger Jahren sein Ziel. In Österreich gab es jüngst eine Serie mörderischer Briefbombenattentate, zum Beispiel auf den Wiener Bürgermeister Zilk, für die unter anderem der bekennende Nationalsozialist Gottfried Küssel verantwortlich gemacht wird, der als Kader der «Gesinnungsgemeinschaft der Neuen Front» in der Bundesrepublik aktiv war, der wohl einflußreichsten NSDAP-Wiederaufbauorganisation in der Nachfolge des verstorbenen Michael Kühnen. In diesem Magma bewegen sich in West- und Ostdeutschland paramilitärisch organisierte NS-Kampfbünde, zum Beispiel der «Deutsche Kameradschaftsbund Wilhelmshaven» oder die «Direkte Aktion Mitteldeutschland» (Dessau / Wittenberg), bei deren Auflösung die Polizei neben Propagandamaterial auch militärische Ausrüstung fand. Zahlreiche weitere, nach Verbot unter neuem Namen fortgeführte neonationalsozialistische Gruppen sind ähnlich – paramilitärisch und konspirativ – organisiert (Backes / Moreau 1993 und Wagner 1994).

Das «Werwolf»-Amalgam – völkischer Exterminismus, Germanen- und Arierkult, Wiederaufbau der NSDAP, Sturm-Aktionen gegen Ausländer, Juden, Antifa-Gruppen sowie Abtrünnige aus den eigenen Reihen – ist in diesem Netzwerk tradiert und lebendig. Auch ältere Gruppen wie die 1952 gegründete und 1994 verbotene Wiking-Jugend sind in diesem Dunstkreis militanter Jugendbünde zu verorten.

Als 1991 die Zahl der politischen Gewalttaten sprunghaft zunahm und der Body count der Toten und Schwerverletzten die Opferzahlen linksradikaler Gewalt bei weitem überstieg, fiel der Blick sogleich auf diese NS-Gruppen, die man als Organisatoren und Hintermänner der Terrorakte vermutete, zumal in der Bundesrepublik und im Ausland Namenslisten zirkulierten bzw. «Info-Telefone» und Mailboxen potentielle Anschlagopfer mit Adresse nannten und zum «Abschuß» freigaben. Doch stellte sich heraus, daß diese marginalen Gruppen von der plötzlichen Volksbewegung, deren Kommen sie doch immer annonciert hatten, selber überrascht waren. Die Daten der Angeklagten und Verurteilten zeigen, daß nur ein geringer Teil in diesen paramilitärischen Verbänden geschult und organisiert war. Wo es sich nicht um bis dato völlig unscheinbare und unauffällige Kids aus der Nachbarschaft handelte, die zum «Molli» griffen und im Extremfall zum versuchten Mord schritten, entwickelte sich unterhalb der organisierten NS-Szenerie und nur sporadisch mit ihr verbunden aus einer ohnehin «leicht entflammbaren», zur Gewalt neigenden Jugendkultur eine quasisoziale Bewegung, die sich nicht mehr bei der gefühlsmäßig-aversiven Feindbestimmung aufhielt, sondern entschlossen-zufällig zur Tat schritt (Leggewie 1993a, Bergmann/Erb 1994, Willems u.a. 1993/1994). Was sie anrichteten, war keine «Propaganda der Tat» im Sinne klassischen politischen Terrors, hinter dem weiterreichende strategische Ziele (hier der Wiederaufbau der NSDAP, die Restauration des Dritten oder der Aufbau eines Vierten Reiches) standen. Die Gewaltaktion stand für sich und löste weitere aus. Die Neonazi-Gruppen stießen in der Regel erst später hinzu, versuchten – meist ziemlich erfolglos – Straffung und Kaderbildung bzw. «kümmern» sich jetzt als «braune Hilfe» um straffällig gewordene Jugendliche. Diese neue deutsche Kleingruppengewalt bewegt sich zwischen «Randale» (exemplarisch: der Hooliganismus) und «Terror» im Sinne einer «RAF von rechts», wie der *Spiegel* ein Interview mit dem Hamburger Verfassungsschützer Ernst Uhrlau überschrieb.

Uhrlau hatte mit dieser Denomination und Assoziation versucht, auf die von ihm zu Recht empfundene Gefährlichkeit des Phänomens aufmerksam zu machen, für die die Innen- und Rechtspolitiker kein Sensorium besaßen und deswegen in ihren «Lagebildern» unterschätzten. Er war auch aufrichtig genug anzuerkennen, daß die Instrumente und Methoden der Inneren Sicherheit, speziell seiner eigenen Branche, für das neuartige Phänomen wenig geeignet waren. Würde man jedoch die Titulierung der rechtsorientierten Gewalttäter als «rechte RAF» wörtlich nehmen, verfehlte man ihren Charakter. Denn zwischen den Aktivisten der RAF und den «Werwölfen» von Senftenberg und anderswo bestehen kaum Übereinstimmungen, was Aktionsziele und Methoden, Konfliktmuster und Ideologie anbetrifft, außer daß sie Gewalt als Hauptform ihres «politischen Kampfes» ansehen und praktizieren.

Der allgemeine Titel «Terrorismus», der nach extremismustheoretischer Auffassung homologe Ursachen, analoge Formen und identische Zielrichtungen haben soll, ist hier nicht angebracht. Der rechte Terror, chaotisch-spontan oder kaderförmig diszipliniert, richtet sich höchstens beiläufig auf das «Herz des Staates» und die Repräsentanten der kapitalistischen Wirtschaftsordnung, sondern gezielt auf marginalisierte Bevölkerungsgruppen. Und er ist weit näher am Alltagshandeln von Jugendlichen, die Bandenrivalitäten austragen und Freizeitrandale betreiben. Dadurch entstand – ein weiterer wichtiger Unterschied – eine andere Form der Wahrnehmung durch die Gesellschaft und, trotz der ganz überwiegenden Verabscheuung der Taten und Täter, auch ein höheres Maß an subjektiver («klammheimlicher») Zustimmung der Normalbevölkerung und an objektiver Übereinstimmung mit impliziten oder ausdrücklichen Zielsetzungen von Staat und Gesellschaft.

Standen die RAF und andere linksterroristische Gruppen, autoritär und hierarchisch strukturiert, in selbstgewählter und antiautoritärer Opposition zum «System», dessen Zerschlagung sie anstrebten, und zum «falschen Bewußtsein» des Volkes, in dessen Namen zu handeln sie sich aufwarfen, so handeln die rechten Gewalttäter, in sich nur schwach hierarchisiert, in prinzipieller Anerkennung der Autoritäten und Hierarchien, deren Wiederherstellung sie in einer Art Notwehraktion reklamieren. Die einen mimten antikonformistische Revolutionäre, die anderen sind konforme Rebellen. Keine «Guerilla», egal ob links oder rechts, schwamm je «wie ein Fisch» in der Bevölkerung. Aber von dem Maß an Gleichgerichtetheit, das die rechten Gewalttäter punktuell (und virtuell) erzielt haben, konnten linke Terrorgruppen nur träumen.

So haben wir es hier höchstens mit einer Abart von politischem Terrorismus zu tun: nicht mit einer gegen den vermeintlichen «Terror von oben», das staatliche Gewaltmonopol und eine Weltmilitärordnung gerichtete politische Strategie, sondern mit einer pseudosozialen Bewegung, die die Gewaltphantasie der Massen gegen Minderheiten und «Volksfremde» exekutiert. Rechter Terror ist nicht an der Paralysierung der öffentlichen Ordnung interessiert, sondern an ihrer Restauration. Der Terror von links besetzte nicht den Raum, sondern das Denken, war also an kommunikative Zwecke gebunden und richtete sich an (virtuelle) Dritte: das Volk, die «Sympathisanten», die Genossen. Der rechte Terror besetzt ein Gebiet, das er von Fremden säubern will, zum Beispiel eine Nachbarschaft oder ein Stadtviertel. Die Gewalttat dient damit nicht der Provokation der Macht zu exzessiver Unterdrückung, die wiederum eine illusionäre Solidarisierung mit den Kommandos herbeiführen soll, sondern der direkten Vertreibung der Feinde und der Herbeiführung von «Maßnahmen» des Staates oder Gesetzgebers gegen diese. Insofern bilden rechte Gruppen auch nicht, trotz ihrer Führerorientierung, ein so hohes Maß an Geschlossenheit, Realitätsverlust und Moralismus aus; ihnen fehlt der existentialistische Glaube an die erlösende Tat. Ihr Handeln ist weit instrumenteller und von daher «rationaler», selbst wo sie ausgesprochen sektiererisch organisiert sind.

Der Topos «RAF von rechts» ist im übrigen nicht zur Implementation staatlicher Abwehrmaßnahmen herangezogen worden. Nur in Ausnahmefällen und, anders als bei linksterroristischen Gruppen, mehr gedrängt als aus eigenem Eifer, hat sich die Bundesanwaltschaft nämlich mit den schweren Gewaltdelikten befaßt, als deren Urheber sie keine «terroristische Vereinigung» erkennen konnte. So kam der einschlägige Artikel 129a des Strafgesetzbuches in den Jahren 1990 und 1991 nur in einem bzw. fünf Fällen gegen rechte Gewalttäter zur Anwendung, aber im selben Zeitraum in 146 bzw. 191 Fällen gegen linke. Darin drückt sich das Konstruktionsmerkmal des Terroristenstrafrechts aus, das ganz auf die Organisations- und Handlungsmuster der radikalen Linken zugeschnitten ist. So gesehen, muß das Strafrecht auf dem rechten Auge blind sein, wenn im Fall der erwähnten «Werwolf-Jagdeinheit Senftenberg» ausgerechnet deren Ausrichtung auf das Führerprinzip als Grund genommen wurde, Anklagen nach § 129 und 129a fallenzulassen – mit dem perversen Effekt, daß vermeintlich «basisdemokratisch» strukturierte Terrorgruppen vom Stil der Revolutionären

Zellen weiterhin extensiven Ermittlungs-, Haft- und Verurteilungsmöglichkeiten unterliegen, aber Gruppen, die «vom Willen einer Führerpersönlichkeit» abhängen, trotz ihrer gewalttätigen Energie und ihres gelegentlichen Korpsgeistes dezentral und nur bei Verdacht konkreter Straftaten verfolgt werden (Wächtler 1993). Auch im Möllner Fall hatte die Bundesanwaltschaft ihre Einstufung der bereits mehrfach durch Brandstiftung aufgefallenen Gruppe um die Angeklagten Peters und Christiansen als «terroristische Vereinigung» fallengelassen, was erneut die Disproportion der Tatbeurteilung verrät (vgl. Kap. 1.1), da die Bundesanwaltschaft die «innere Sicherheit» der Bundesrepublik durch den Fall ohnehin nicht bedroht sah.

Wir plädieren freilich nicht dafür, verstärkt den Paragraphen 129a zur Anwendung zu bringen, der zahlreiche rechtsstaatliche Bedenken aufgeworfen hat (Cobler 1984). Wir möchten nur erneut auf die Unverhältnismäßigkeit hinweisen, die in der Diskussion um Gewalt und Terrorismus zum Ausdruck kommt. Der selektiven Wahrnehmung rechten und linken Terrors liegt nämlich die Annahme zugrunde, daß «die Gewalt» von der Gesellschaft ausgeht und den Staat bedroht, und daß als «Terror» ausschließlich angesehen wird, was den Staat in seinem Bestand bedroht, nicht aber, was eine Gesellschaft durch die gezielte Verbreitung von Schrekken und Unsicherheit gegen Minderheiten aus den Fugen bringen kann. Insofern fragt sich, ob man neonationalsozialistische Gruppen künftig minder gefährlich einstufen wird, solange sie sich «nur» an «Ausländern» vergreifen, sich aber auf Konflikte mit dem Staat und den Organen der Inneren Sicherheit nicht einlassen.

1.8. Staatliches Geschichtsmonopol? Das Strafrecht gegen die Neonazipropaganda von der «Auschwitzlüge»

Die Konjunkturen der deutschen Rechtspolitik sind schwindelerregend – zumal wenn sich «innere Sicherheit» und demonstrative Vergangenheitsbewältigung verschränken. Die Jahrzehnte währenden untauglichen Versuche, die Bundesrepublik von der «Auschwitzlüge» zu befreien, zählen zur Kategorie der von uns bereits kritisierten symbolisch-rituellen Gesetzgebung. Diese trumpft gern mit edler Gesinnung auf, ist regelmäßig ohne praktischen Gebrauchswert und verschafft das flüchtig-trügerische Gefühl, etwas entschlossen Gutes gegen die richtigen Leute getan zu haben: «innere» Sicherheit. Im September 1994 unternahm der Bundestag abermals einen solchen Vorstoß, und zwar im Zusammenhang des ansonsten lange umstrittenen, konzeptionslos zusammengestückelten «Verbrechensbekämpfungsgesetzes». Am 1. Dezember 1994 trat eine Verschärfung des Volksverhetzungsparagraphen 130 in Kraft. Der angefügte *Absatz drei* lautet:

> «Mit Freiheitsstrafe bis zu fünf Jahren oder mit Geldstrafe wird bestraft, wer eine unter der Herrschaft des Nationalsozialismus begangene Handlung der in § 220a Abs. 1 [= Völkermord] bezeichneten Art in einer Weise, die geeignet ist, den öffentlichen Frieden zu stören, öffentlich oder in einer Versammlung billigt, leugnet oder verharmlost.»

Diese Verschärfung des Volksverhetzungsparagraphen, mit der erstmals das Rechtsgut der historischen Wahrheit statuiert wird, fand die fast einhellige Zustimmung des Parlaments. Darüber geriet erst gar nicht in den Blick, daß die politische Freiheit potentiell aller zur Disposition gestellt und das demokratische Selbstbewußtsein korrumpiert wird. Die gratismutige Empörung über wirkliche oder eingebildete Skandale bleibt dem Geschäft der Tagespolitik verhaftet. Da ist es nützlich und ernüchternd, einen kurzen Blick in die wechselvolle Geschichte der einschlägigen Strafgesetzgebung zu werfen.

Der Volksverhetzungsparagraph 130 hat eine charakteristische Vorgeschichte. Er firmierte bis zum Jahr 1960 unter dem Titel «Anreizung zum Klassenkampf» und gehört zur vordemokratischen Tradition des Obrigkeitsstaates: «Wer in einer den öffentlichen Frieden gefährdenden Weise die verschiedenen Klassen der Bevölkerung zu Gewalttätigkeiten gegeneinander öffentlich anreizt», der hatte nach dem Strafgesetzbuch des Deutschen Reiches von 1871 mit Polizei und Justiz zu rechnen und wurde mitunter schon wegen militanter Streikaufrufe belangt. Unbequeme Meinungsäußerungen wurden als «Gefährdung des öffentlichen Friedens» unterdrückt. Bereits 1905 beantragte die SPD im Reichstag die Streichung dieses «Kampfparagraphen gegen die Sozialdemokratie»; er sollte indes fast neunzig Jahre Bestand haben.

Die Propaganda von der «Auschwitzlüge» ist fast so alt wie die Bundesrepublik. 1957 erregte der Fall des Hamburger Holzhändlers Nieland Aufsehen, der in einer antisemitischen Schmähschrift eine «Vergasungslüge» behauptet hatte. Als es 1959/60 in Westdeutschland zu einer antisemitischen Welle von Friedhofsschändungen kam und Hakenkreuze an Synagogenwänden auftauchten, wurde unter der Paragraphennummer 130 ein Tatbestand namens «Volksverhetzung» formuliert. Er gilt im wesentlichen bis heute und lautet im schönsten Juristendeutsch:

> «Wer in einer Weise, die geeignet ist, den öffentlichen Frieden zu stören, die Menschenwürde anderer dadurch angreift, daß er 1. zum Haß gegen Teile der Bevölkerung aufstachelt, 2. zu Gewalt- oder Willkürmaßnahmen gegen sie auffordert oder 3. sie beschimpft, böswillig verächtlich macht oder verleumdet, wird mit Freiheitsstrafe von drei Monaten bis zu fünf Jahren bestraft.»

Auch diese Neufassung war von Anbeginn umstritten und wurde als überflüssig kritisiert. In der Tat gab es schon damals verschiedene einschlägige Gesetze, zum Beispiel gegen die «öffentliche Aufforderung zu Straftaten» (§ 111) oder die «Aufstachelung zum Rassenhaß» (§ 131).

Daß Propagandadelikte die Meinungsfreiheit berühren, war zur Zeit der Volksverhetzungsnovelle von 1960 geläufiger als heute. Die verschiedenen, sehr vage und kompliziert gehaltenen Arten der Volksverhetzung wurden daher jeweils als «Angriff gegen die Menschenwürde» formuliert. Mit dieser Klausel, die 1994 für die ersten zwei Tatalternativen gestrichen wurde, wollte man eine allzu ausufernde Anwendung des neuen Gesetzes verhindern – ein Kalkül, das zugunsten von Neonazis aufging. Andererseits gab es Ende der siebziger Jahre (etwa im Gefolge des «Buback-Nachrufs») Urteile, die die Polemik gegen «Teile der Bevölkerung» wie gegen Richter und Staatsanwälte bestraften, und manch eine Parole wie «Soldaten sind Mörder» weckte amtlichen Verfolgungseifer: eine extensive Interpretation, die gewiß nicht mit den Motiven der Volksverhetzungsnovelle von 1960 in Einklang zu bringen ist (zur Geschichte und Kritik des § 130 vgl. Ostendorf 1986).

Die Anwendungsprobleme des Volksverhetzungsparagraphen von 1960 gehen allerdings nicht allein auf das Konto verstockter Strafrichter: Denn die deutschen Juden, die erklärtermaßen vor Hetze geschützt werden sollten, wurden mit der Formulierung «Teile der Bevölkerung» ganz bewußt nicht offen genannt. SPD-Juristen wie Adolf Arndt hatten seinerzeit davor gewarnt, mit einem Sondergesetz gegen den Antisemitismus ein höchst fragwürdiges «privilegium odiosum» für die zu Schützenden zu statuieren, weil damit deren Diskriminierung in verdeckter Form fortgeführt werde. Und Hendrik van Dam, der damalige Generalsekretär des Zentralrats der Juden in Deutschland, verwahrte sich gegen die Absicht, ausgerechnet in Deutschland einen «strafrechtlichen Naturschutzpark» für Juden anzulegen (vgl. Cobler 1985). Danach wurde es still um den Volksverhetzungsparagraphen, der im Alltag der Strafgerichte bis heute keine Bedeutung erlangte.

Unter dem Eindruck sich verstärkender Aktivitäten junger Neonazis forderte die SPD-Regierung 1982 ein besonderes Strafgesetz gegen die «Auschwitzlüge», und zwar als Verschärfung des «Billigens von Straftaten» (§ 140). Künftig sollte das «Billigen, Leugnen oder Verharmlosen» des nationalsozialistischen Völkermordes verfolgt werden (Ostendorf 1985). Von der neuen, unionsgeführten Regierung wurde dieser Entwurf zunächst übernommen, dann aber wieder fallengelassen. Nach einigem Hin und Her setzte man an einem althergebrachten Straftatbestand an und erklärte 1985 die Beleidigung nach § 185 in bestimmten Fällen zum Offizialdelikt. Das entsprach einer alten Forderung des Zentralrats der Juden – die allerdings auf den Kopf gestellt wurde: Denn der Staatsanwalt sollte dann auf den Plan treten, wenn der Beleidigte «als Angehöriger einer Gruppe unter der nationalsozialistischen oder einer anderen Gewalt- und Willkürherrschaft verfolgt wurde» (vgl. § 194).

Eine «andere Gewalt- und Willkürherrschaft»? Hinter dieser unscheinbaren Formulierung verbirgt sich die bösartige Konstruktion einer bis dahin nie gehörten «Vertreibungslüge». Diese wurde unvermittelt von der CSU aufgebracht – wohl in der Absicht, ein als «einseitig» empfundenes Strafgesetz zu Fall zu bringen. Die groteske Behauptung, es müsse auch das Vertreibungsschicksal der Deutschen aus den ehemaligen Ostgebieten von Amts wegen geschützt werden, entsprang just der Aufrechnungsmentalität, die man bei den Auschwitzleugnern zu strafen gedachte. Der Protest von Grünen und SPD war vehement, blieb aber erfolglos. So betrieb der Gesetzgeber 1985 eben jene «Verharmlosung», die er neuerdings zu kriminalisieren sich anschickt.

Mit den fremdenfeindlichen Mord- und Brandanschlägen der neunziger Jahre begann die vorläufig letzte Phase des Streits um den § 130. Die Diskussion ging parteiübergreifend zunächst dahin, den Paragraphen ganz allgemein gegen rassistische Propaganda zu verschärfen. Der Brandanschlag auf die Lübecker Synagoge vom 25. März 1994 löste weitere hektische Aktivitäten des Gesetzgebers aus, die schließlich in die jüngste Novelle mündeten. Ein «Skandalurteil» des Bundesgerichtshofs vom 15. März 1994 (vgl. NJW 1994, 1421 ff) tat ein übriges. Ihm wurde vorgehalten, es stelle der Neonazipropaganda von der «Auschwitzlüge» einen Freibrief aus. Die Richter hatten erklärt, die bloße Leugnung des Holocaust stelle keinen «Angriff gegen die Menschenwürde», mithin keine Volksverhetzung dar: Ein solcher Angriff liege erst vor, wenn sich der Agitator mit der NS-Rassentheorie identifiziere oder verleumderische Verschwörungstheorien gegen das Judentum vortrage – urteilten die höchsten Strafrichter der Republik und beriefen sich dabei auf ihre seit langem bekannte Rechtsprechung. Die Öffentlichkeit zeigte sich nahezu einhellig entsetzt.

Diese Justizkritik geht fehl – nicht so sehr, weil sie sich auf juristische Detailprobleme der Volksverhetzung kapriziert, sondern weil sie das Mißverständnis nahelegt, erlaubt sei alles, was nicht als sogenannte «qualifizierte», das heißt besonders gehässige «Auschwitzlüge» unter den Volksverhetzungsparagraphen fällt. Tatsächlich jedoch ist die *Leugnung* des Holocaust als Beleidigung nach § 185 strafbar. Seit langem geht die Rechtsprechung davon aus, daß die in Deutschland lebenden Juden als Kollektiv vor Beleidigungen geschützt sind. In einem seinerzeit viel gelobten Urteil aus dem Jahr 1979 stellte der Bundesgerichtshof zudem ausdrücklich klar, daß diese Kollektivbeleidigung auch in Gestalt der Neonazipropaganda von der «Auschwitzlüge» begangen werden kann – weil die *Leugnung* des Verfolgungsschicksals die Ehre aller Gruppenmitglieder kränkt. Seit 1985 sind solche Beleidigungen auch von Amts wegen zu verfolgen. Dasselbe gilt schon seit 1960 für die «Verunglimpfung des Andenkens Verstorbener» nach § 189, der das Andenken der von den Nazis Ermordeten einschließt. Damit ist das Persönlichkeitsrecht der Naziopfer und ihrer Nachkommen hinreichend geschützt – soweit dies durch Strafgesetze überhaupt möglich ist. Wer ungeachtet dessen eine strafrechtliche «Lücke» beschwört, kann sich für weitergehende Eingriffe in die Meinungsfreiheit jedenfalls nicht auf den Schutz der Geschmähten berufen.

Was den praktischen Nutzen des § 130 betrifft, sollte man einige schlichte Tatsachen zur Kenntnis nehmen. In der Praxis sind Verurteilungen wegen Volksverhetzung äußerst selten: Eine empirische Studie über politische Justiz und Rechtsextremismus, die 1382 Strafprozesse erfaßte, belegt für die zehn Jahre zwischen 1978 und 1987 *insgesamt* 190 rechtskräftige Urteile nach § 130, davon ganze 27 wegen der «Auschwitzlüge» (Kalinowsky 1993, 388, 391; Ostendorf

1986). Dieser rechtssoziologische Befund sollte all jene ernüchtern, die sich einen effektiven Schutz versprechen. Wer die Würde der Geschmähten wirklich ernst nimmt, wird sich etwas anderes als Strafgesetze einfallen lassen müssen. Im Kern geht es darum, die antisemitische Agitation mit allen Mitteln des öffentlichen Meinungskampfes im Bewußtsein einer Mehrheit politisch zu ächten.

Es gibt freilich den Einwand, die ganze einschlägige Neonazipropaganda sei gar kein Problem der Meinungsfreiheit. So einfach ist die Sache aber nicht. Das Verfassungsgericht hat am 13. April 1994 in Sachen «Auschwitzlüge» eine Entscheidung gefällt, die den Konflikt zwischen Meinungsfreiheit und Persönlichkeitsrecht differenziert herausarbeitet und pragmatisch löst. Die Richter hatten sich mit einer NPD-Veranstaltung in München zu befassen, auf welcher der revisionistische Historiker David Irving auftreten sollte. Der Veranstalterin war von der Stadtverwaltung die Auflage erteilt worden, beleidigende oder volksverhetzende, mithin «strafbare Redebeiträge» (!) zu verhindern. Die entsprechende Verfügung der Landeshauptstadt München gibt einen Vorgeschmack darauf, was hoheitlich überwachte Streitkultur bedeutet. Der NPD wurde die Auflage gemacht,

> «durch geeignete Maßnahmen dafür Sorge zu tragen, daß in der Versammlung über die Verfolgung der Juden im Dritten Reich insoweit nicht gesprochen wird, als diese Verfolgung geleugnet oder bezweifelt wird. Sie hat insbesondere zu Beginn der Veranstaltung auf die Strafbarkeit derartiger Redebeiträge (§§ 130, 185, 189, 194 StGB) hinzuweisen, eventuelle einschlägige Redebeiträge sofort zu unterbinden und gegebenenfalls die Versammlung zu unterbrechen oder aufzulösen bzw. von ihrem Hausrecht Gebrauch zu machen» (zitiert nach dem Beschluß des Bundesverfassungsgerichts vom 13. April 1994, Az. 1 BvR 23/94).

Auf der Suche nach einer etwaigen Grundrechtsverletzung fragten die Verfassungsrichter: «Ist das Leugnen des Holocaust überhaupt eine Meinung?», und befanden: für sich genommen nicht. Was aber, wenn sich die Behauptung «erwiesen falscher Tatsachen» mit einer politischen Meinungsäußerung untrennbar verbindet, wie es bei den Revisionisten der Fall ist? Diese Verbindung, so die Verfassungsrichter, fällt zwar noch in den Schutzbereich der Meinungsfreiheit, muß jedoch regelmäßig hinter das Persönlichkeitsrecht der Geschmähten zurücktreten – als Meinungsäußerung zweiter Klasse sozusagen. Das ist im Ergebnis unproblematisch, zumal die Meinungsfreiheit durch das «Recht der persönlichen Ehre» in der Verfassung selbst ausdrücklich eingeschränkt ist (vgl. Artikel 5 Absatz 2 Grundgesetz).

Strafgesetze hingegen, die über den herkömmlichen Schutz der persönlichen Ehre klar hinausgehen, wie jetzt mit dem Begriff des «Verharmlosens» geschehen, unterdrücken weitere Teilbereiche der politischen Kommunikation und tangieren das Grundrecht der freien Rede (in zweiter Linie auch das der Wissenschaft). Die unbestimmte Vielzahl der «Verharmlosungsfälle» kann nicht als eine Kränkung der Naziopfer eingestuft werden. Dies wird geflissentlich übersehen, weil hierzulande die Versuchung groß ist, zu autoritären Maßnahmen zu greifen, auf daß der brüchige Konsens in Sachen NS-Vergangenheit nur nicht von Neonazis gestört werde. Wer rationalen Rechtsgüterschutz im Sinn hat, wird allein die persönliche Ehre der Naziopfer und ihrer Nachkommen in Betracht ziehen, keineswegs aber ein «richtiges», vom Staat verwaltetes Geschichtsbild – und erscheine dieses noch so evident. Im Laufe der Zeit werden auch gesichert geglaubte, «erwiesen wahre» historische Tatsachen zum Problem. Die jüngsten Schwierigkeiten, die Zahl der in Auschwitz Vernichteten zu bestimmen, sind dafür ein Beispiel.

Historisches Wissen besteht zudem nicht aus reinen Fakten. Mit der Festschreibung von Geschichte geht immer auch eine Interpretation der Vergangenheit, ein bestimmtes Geschichtsverständnis einher. Sobald also Polizei und Justiz ermächtigt werden, eine wie auch immer definierte historische «Wahrheit» gegen Zweifel zu verteidigen, sind rechtsstaatliche Prinzipien und demokratische Freiheitsrechte gefährdet. Die Verknüpfung von Geschichtspolitik und Gewaltmonopol ist anmaßend, totalitär und ein Armutszeugnis für die Demokratie. Ein Volk, das Hitler zu Lebzeiten nicht austrieb, sollte sich heute wenigstens darauf verstehen, papiernen Lügen verstörter Agitatoren entgegenzutreten, ohne indigniert nach dem Staatsanwalt zu rufen. Die allenthalben zu verspürende Nervosität rührt freilich nicht von ungefähr: Ein halbes Jahrhundert nach dem Ende des Vernichtungsbetriebs schreitet die Erosionsarbeit der Zeit fort. Während Konservatoren versuchen, den Verfall von Holzbaracken und Stacheldrahtzäunen aufzuhalten, feixen Neonazis in der hämischen Erwartung, das Gedächtnis der Ermordeten bald zerstört zu sehen (vgl. Ryback 1994).

Unter der Oberfläche der Volksverhetzungsnovellen schwelt die elende Tendenz, wenig reflektierte moralische Empörung und fragwürdige Strafbedürfnisse in noch fragwürdigere Gesetze umzumünzen. Im Grunde geht es dabei um das Seelenheil der Nachgeborenen. Siegfried Kohlhammer hat die Vorbehalte gegen den Film *Schindlers Liste* analysiert und von einer «Sakralisierung» des Holocaust gesprochen (1994, 505). Mit Blick auf das offenbar tiefe Bedürfnis, neonazistische Agitation möglichst umfassend zu kriminalisieren, springt eine Parallele ins Auge: Das Absolute, die einzigartige Vernichtungswahrheit des Holocaust wird von den neonazistischen Häretikern in Zweifel gezogen – vor allem deshalb werden sie von der strafenden Bewältigungsgemeinde exkommuniziert, die sich damit das zutiefst Gute ihrer Bemühungen bestätigt. Dies nährt den Verdacht, hier werde in Gestalt von Neonazis und revisionistischen Historikern der eigene abgespaltene Unglaube gegeißelt. Jeder, der sich daran erinnern will, kennt das anfängliche (und wiederkehrende) «ungläubige» Staunen, die Ratlosigkeit angesichts unfaßbarer, ja «unglaublicher» Verbrechen. Zu dieser anfänglichen Gemeinsamkeit gelangt indes nur, wer sich einen Augenblick erlaubt, diese Leute ernster zu nehmen als ihre martialische Folklore es nahelegt. Natürlich pflegen unsere neonazistischen Mitbürger ihr antisemitisches Ressentiment, ihr Nicht-glauben-Wollen ist selbstverschuldet und durch keinen Gedanken erhellt. Doch sollte das niemanden, den nicht der Ekel sprachlos machte, daran hindern, mit ihnen die Kommunikation zu verschärfen. Gewiß, da gibt es allerhand «Unbelehrbare» – aber auch Leute wie den ehemaligen Holocaustleugner Jean-Claude Pressac, der eine penibel recherchierte Studie über *Die Krematorien von Auschwitz* schrieb.

Es ist wohl kein Zufall, daß gerade jene, die dem Vernichtungsprogramm entkamen, sich der Aufgeregtheiten enthalten, welche die Sekundärbetroffenen zur Schau tragen. So hat Ruth Klüger, die als Kind Auschwitz überlebte, auf die Frage nach der Lügenpropaganda und den «geistigen Brandstiftern» geantwortet:

> «Ich finde es grundsätzlich problematisch, Meinungsäußerungen, die nicht direkt zu einer Straftat auffordern, unter Strafe zu stellen. (...) Natürlich gibt es einen Zusammenhang zwischen Äußerungen und Taten. Aber das ist das Argument gegen die Demokratie. (...) Roosevelt hatte eine andere Antwort: Die einzige Heilung für die Demokratie ist mehr Demokratie» (*taz*-Interview vom 18. August 1994).

Eben das von Roosevelt favorisierte Heilverfahren hat das Verfassungsgericht auch der deutschen Demokratie verschrieben. Es hob die Indizierung eines angeblich «jugendgefährdenden» Buches auf, das die Schuld am Zweiten Weltkrieg bei den Alliierten suchte – weil durch die Indizierung die Meinungsfreiheit verletzt werde:

> «Der demokratische Staat vertraut grundsätzlich darauf, daß sich in der offenen Auseinandersetzung zwischen unterschiedlichen Meinungen ein vielschichtiges Bild ergibt, dem gegenüber sich einseitige, auf Verfälschung von Tatsachen beruhende Auffassungen im allgemeinen nicht durchsetzen können. Die freie Diskussion ist das eigentliche Fundament der (...) demokratischen Gesellschaft. Auch Jugendliche können nur dann zu mündigen Bürgern werden, wenn ihre Kritikfähigkeit in Auseinandersetzung mit unterschiedlichen Meinungen gestärkt wird. Das gilt in besonderem Maße für die Auseinandersetzung mit der jüngeren deutschen Geschichte. Die Vermittlung des historischen Geschehens und die kritische Auseinandersetzung mit abweichenden Meinungen können die Jugendlichen sehr viel wirksamer vor Anfälligkeit für verzerrende Geschichtsdarstellungen schützen als eine Indizierung, die solchen Meinungen sogar eine unberechtigte Anziehungskraft verleihen könnte» (zitiert nach dem Beschluß des Bundesverfassungsgerichts vom 11. Januar 1994, Az. 1 BvR 434/87).

Was hier für die Ursachen des Krieges auf den Punkt gebracht wird, kann freilich auch für die Wirklichkeit der Vernichtungslager Geltung beanspruchen.

«Strafprozesse sind kein Mittel der Aufklärung, sondern der Überführung», pointierte Sebastian Cobler seine Kritik des juristischen Exorzismus (1985, 168). Wer bei jeder Gelegenheit Strafgesetze einklagt, bekommt am Ende nichts Besseres als Strafjustiz und wird wenig Freude daran haben – da braucht es nicht erst ein Deckert-Urteil aus Mannheim. Es genügt, sich vorzustellen, ein wohltemperierter Amtsrichter, eine republiktreue Amtsrichterin werde demnächst vor dem Problem stehen, die Alternativen des neuen Kommunikationsunrechts lege artis durchzudeklinieren – also darüber zu grübeln, was unter dem «Billigen und Leugnen» oder erst gar dem «Verharmlosen» des nationalsozialistischen Völkermords mit Blick auf den verstockten Unsinn irgendeiner Flugschrift zu verstehen sei. Daß sich Amtsrichter in der deutschen Provinz notgedrungen zu Präzeptoren der NS-Geschichte aufschwingen werden, dürfte jedenfalls das Ansehen der Strafrechtspflege nicht gerade heben. Gegen die zur Rede stehende Lügengattung ist ohnehin kein juristisches Kraut gewachsen. Neonazis werden ihre Propaganda verfeinern – so wie sie es jedesmal taten, wenn Gesetze verschärft wurden. Man wird die durchsichtigen Zweifel an den Vernichtungslagern ausgiebig darlegen und sodann rhetorisch hinzusetzen: Dieser Staat verbietet uns, dieses oder jenes zu behaupten, aber fragen wird man wohl noch dürfen!

Es gibt viele Arten zu hetzen, die wenigsten davon sind in diesem Staat verboten – und das ist gut so! So bleiben die meisten Varianten der «Auschwitzlüge» ein Testfall auf die Unverbrüchlichkeit der Meinungsfreiheit. Es versteht sich, um es noch einmal zu betonen, daß Neonazis, sobald sie gewalttätig werden, kunstgerecht unterdrückt werden müssen. Es läßt sich diskutieren, ob nicht das erklärte Wiederanknüpfen an die NSDAP, also der organisierte Antisemitismus dieser Prägung durch einen Ausnahmeartikel der Verfassung präventiv illegalisiert werden sollte (vgl. Kapitel 5.4). Man kann aber Neonazis nicht schlechthin rechtlos stellen, auch ihnen gebührt der Schutz jener Bürgerrechte, die sie verachten. Das sollten die mit der Knute des Strafrechts bewehrten Geschichtspädagogen bedenken.

Im Zweifel können wir es mit Ronald Dworkin halten. Der liberale nordamerikanische Rechtsgelehrte weiß, daß *free-*

dom of speech heute nicht nur gegen ihre alten despotischen Widersacher, sondern auch gegen «politisch korrekte» Eiferer verteidigt werden muß. Andernfalls wird auf der «neuen Landkarte der Zensur» neben dem Haßverbrechen das wider die Geschichte eingetragen.

1.9. Resümee: demokratische Selbstverteidigung – aber wie?

Einerlei, ob Strafgesetze gegen die «Auschwitzlüge», Spitzeltätigkeit des Verfassungsschutzes, Grundrechteverwirkungen, Organisationsverbote oder Strafprozesse gegen Gewalttäter zur Debatte stehen – unsere Skizze der verschiedenen, derzeit virulenten Konfliktfälle zeigt, daß staatliche Eingriffe oft nicht nur weit hinter den Erwartungen, die in sie gesetzt werden, zurückbleiben, also ineffizient sind, sondern stillschweigend fragwürdige Maßstäbe setzen. Die Bandbreite der kritisch gesichteten Maßnahmen ist groß. Sie alle werden üblicherweise unter dem vagen Sammelbegriff «innere Sicherheit» zusammengefaßt und sporadisch-taktisch, nicht aber nach offengelegten, rationalen Prinzipien praktiziert. Unter systematischen Gesichtspunkten läßt sich jedoch auf der einen Seite zwischen dem Bereich der Strafjustiz, auf der anderen Seite dem weiten Feld des präventiven Demokratieschutzes unterscheiden: Während die Strafverfolgung von Polizei und Justiz darauf abzielt, bestimmte Tatverdächtige dingfest zu machen, um diese zur Verantwortung zu ziehen, weil sie konkrete Rechtsgüter anderer wie Leib und Leben, Freiheit oder Eigentum verletzt haben, gelten die dem Bereich der Strafverfolgung vorgelagerten Maßnahmen des präventiven, «streitbaren» Demokratieschutzes der Reglementierung des demokratischen Wettbewerbs.

Eben hier, bei den Eingriffen in den politischen Konkurrenzkampf, liegen die eigentlichen Probleme des Republikschutzes. Denn Brandstiftung, Körperverletzung oder Totschlag können zwar, wenn sie massiert verübt werden, in ihrer Summe eine politisch-psychologische Auswirkung auf das gesellschaftliche Klima haben. Sie sind aber keine im engeren Sinne politischen Delikte. Auch wenn sie aus politischen, etwa fremdenfeindlichen Motiven oder von kriminellen Vereinigungen begangen werden, bleiben sie sozusagen systemneutral, das heißt, sie sind in allen halbwegs zivilisierten Staaten verboten: Ihre Strafbarkeit steht nicht in Frage. Sie werden darüber hinaus regelmäßig sanktioniert, auch wenn der Schlingerkurs der Strafjustiz auf gravierende Defizite verweist. Wo immer diese Verbote in größerem Umfang nicht durchgesetzt oder gar von halbamtlichen Todesschwadronen gebrochen werden, haben wir es mit polizeistaatlichen, oft korrupten Strukturen oder Diktaturen zu tun. In der Normallage des demokratischen Verfassungsstaats wird dagegen die Geltung dieser grundlegenden Normen im großen und ganzen garantiert; die Kritik an mehr oder weniger gravierenden Vollzugsdefiziten setzt ja gerade eine im übrigen regelmäßige Anwendungspraxis voraus. Die justizförmig korrekte Strafverfolgung im Bereich der Gewaltkriminalität kann jedenfalls, und darauf kommt es für eine systematische Unterscheidung an, den demokratischen Willensbildungsprozeß nicht beeinträchtigen.

Mit dem Verbot politischer Organisationen, der Verwirkung von Grundrechten, der Bespitzelung politisch Verdächtiger durch den Verfassungsschutz, kurz: mit der «streitbaren» Verteidigung einer freiheitlichen demokratischen Grundordnung stehen jedoch keine Vollzugsdefizite zur Debatte, sondern die grundlegende Frage, ob solche unmittelbaren Eingriffe in den politischen Prozeß mit den Prinzipien des demokratischen Verfassungsstaats überhaupt vereinbar sind. Die sattsam bekannte Rhetorik der politisch unterschiedlich gefärbten Staatskritik läuft auf das immergleiche Lamento hinaus: «Zu spät – zuwenig – gegen die Falschen – zu halbherzig.» Das aber greift zu kurz, da jeweils konkret hinterfragt und systematisch begründet werden muß, warum gerade diese oder jene Maßnahme gegen eine bestimmte politische Aktivität notwendig und vor allem systemgerecht, das heißt demokratieverträglich ist.

Jeder Form politischer Herrschaft wohnt die Tendenz inne, Machtpositionen zu sichern und wenn möglich auszubauen. Autokratische Herrschaft, sei sie monarchisch, diktatorisch oder oligarchisch ausgeprägt, kann sich dabei einzig und allein am Kriterium der Effizienz orientieren. Ihre Sicherheitspolitik ist konsequent und gerechtfertigt, solange nur die bestehende Ordnung, mit welchen Mitteln auch immer, erfolgreich stabilisiert werden kann: *Staatsschutz.* Es ist demgegenüber ein grundlegender und nicht aufzulösender Widerspruch demokratisch verfaßter Gesellschaften, daß ihre Sicherheitsapparate *nicht alles tun dürfen, was sie im Dienste an der Sicherheit tun könnten*; diese Differenz zwischen dem Können und Dürfen vergrößert sich durch den steigenden Einsatz moderner Technologien und Verwaltungstechniken zusehends. Andererseits bringt es das komplexe und störungsanfällige Verhältnis von gewaltenteilenden Institutionen, parlamentarischen Verfahren, politischen Freiheits- und Gleichheitsrechten und von außerparlamentarischen Interventionsmöglichkeiten, wie sie etwa das Versammlungsrecht garantiert, kurzum: bringt es die Anfälligkeit des demokratischen Willensbildungsprozesses gegenüber staatlichen Eingriffen mit sich, daß Demokratie durch bestimmte Schutzmaßnahmen mehr Schaden nehmen kann, als ihre wirklichen oder vermeintlichen Gegner jemals anrichten könnten.

Im demokratischen Rechtsstaat muß sich daher jede Staatsaktivität an ihrem vorgegebenen *Doppelziel* – Sicherung von Ordnung *und* Freiheit – messen lassen. Gerade dieser ambivalente Zweck heiligt am allerwenigsten jedes Mittel. Demokratischer *Republikschutz* muß also den widersprüchlichen Anforderungen von Sicherheit *und* Freiheit gleichermaßen Genüge tun. Nicht nur in der Bundesrepublik neigt die Praxis einer sicherheits- und staatsfixierten Schlagseite zu, stimuliert durch im Grunde unstillbare Bedürfnisse nach «innerer» Sicherheit und durch eine Eigendynamik, die allen polizeiförmig-bürokratisch arbeitenden Institutionen innewohnt. Sie bedient sich nicht nur unverhältnismäßiger Mittel, sondern führt zu der bekannten Paradoxie, daß im überschießenden Sicherheitseifer die politische Freiheit selbst demontiert wird.

Der Schutz der Republik gilt also nicht irgendeiner staatlichen Ordnung, sondern der Verteidigung von Freiheit und Gleichheit. Eben deshalb brauchen wir spezifische *Maßstäbe für die Verteidigung der Demokratie.* Dieser Konkretisierungsarbeit kommt um so größere Bedeutung zu, als die hierzulande geführte Kontroverse um wertbewußte Streitbarkeit und relativistisch-formale Demokratie seit jeher an einer gewissen Abstraktheit und Blässe der Fragestellungen leidet. Denn *ob* sich die Demokratie verteidigen dürfe, ist eine zur Genüge diskutierte Scheinfrage, die vernünftigerweise nur eine Antwort zuläßt: *Gerade die Demokratie, die ein Maximum an friedlicher gesellschaftlicher Veränderung im Medium von Freiheit und Gleichheit garantiert, hat das legitime Recht, sich gegen ihre Gegner zu behaupten.* Gerade sie braucht Versuche ihrer gewaltsamen Beseitigung nicht zu «tolerieren». Von dieser Selbstverständlichkeit ist es jedoch regelmäßig nicht weit zur kurzschlüssigen Affirmation «streitbarer» Demokratie. Selbst luzide Kritiker ziehen das

Fazit: «Die prinzipielle Notwendigkeit einer ‹streitbaren›, sich gegen ihre Feinde zur Wehr setzenden Demokratie kann nicht ernsthaft bezweifelt werden» (Jaschke 1990, 241). Bei näherem Hinsehen zeigt sich allerdings, daß gefahrenbezogener demokratischer Republikschutz erst jenseits der bundesrepublikanischen Streitbarkeit beginnt.

Wenn das Recht auf Selbstverteidigung der Demokratie also vernünftigerweise gar nicht strittig sein kann, lautet die entscheidende Frage, *wie* diese vonstatten gehen und welcher Mittel sie sich bedienen soll. Der diskutable Kern der Sache ist mit der Frage formuliert, *auf welche Weise demokratische Selbstverteidigung in rechtsstaatlichen Formen zu konzipieren sei.* Das gilt gegenüber sogenannten Extremisten jeglicher Couleur; erst eine Reflexion auf die Maßstäbe für die Verteidigung der Demokratie liefert eine Begrifflichkeit, um deren Gegner rational zu bestimmen. Die einleitend formulierte demokratische Frage läßt sich in diesem Sinne differenzierter stellen:

Garantiert die Verfassung politische Freiheit, die einen ständigen Wandel nach dem jeweiligen Willen der Mehrheit bewirken kann, oder etabliert sie einen staatlichen Kernbereich, in dessen Rahmen nur eine «zulässige» politische Aktivität akzeptiert wird? Zugespitzt formuliert: Wo ist die Grenze zu ziehen zwischen *legaler* und *illegaler Politik*, zwischen – in diesem Sinne – loyaler und illoyaler Opposition? Was darf, gemessen an demokratischen Standards, die «Verfassungswidrigkeit» von Politik begründen? Gibt es «falsche» Ziele, die staatlich sanktioniert werden dürften? Was macht Politik zu einer öffentlichen Gefahr, die staatlich bekämpft werden müßte? Wo ist die Grenze zwischen radikaler Opposition und Umsturzpartei zu ziehen?

Erst wenn darüber präzise Rechenschaft abgelegt ist, darf ernstlich in Erwägung gezogen werden, irgendeine politische Strömung vom Konkurrenzkampf um Mehrheiten und politische Macht auszuschließen. Weil das demokratische Kräftespiel, wie gesagt, hochempfindlich ist gegen jede externe, staatlich-administrative Verzerrung, steht die Verteidigung der Demokratie vor dem spezifischen Problem, die *Bedingungen der Möglichkeit* zu reflektieren, wie Freiheit auf Dauer zu bewahren sei. Dem demokratischen Verfassungsstaat bleibt mithin die «Zumutung» nicht erspart, seine Herrschaft unter Wahrung rechtsstaatlicher und demokratischer Standards, eben systemgerecht zu verteidigen. Aufgeklärter Republikschutz reflektiert deshalb den verfassungsrechtlich garantierten Status von Minderheiten: Wie kann *in Sachen Opposition* die Reichweite der politischen Freiheit bestimmt werden, ohne daß die damit verbundene Grenzziehung Freiheit und Chancengleichheit aller politischen Richtungen zerstört?

Bevor wir eine Antwort auf diese Fragen versuchen, müssen wir einen Umweg nehmen, der in die Geschichte der Ersten Republik führt. Denn jedes Reformprojekt, das anstelle des ideologischen Verfassungsschutzes aufgeklärten Republikschutz setzen will, begegnet einer Reihe grundsätzlicher Einwände – sie speisen sich aus dem Weimar-Syndrom der bundesdeutschen Verfassung.

Kapitel 2

Das Weimar-Syndrom der bundesdeutschen Verfassung

Es gab kaum eine politische Problemlage Westdeutschlands, in der nicht irgendwer das Weimarer Krisenzeichen an die Wand gemalt hätte. Ein Beispiel, das ein Schlaglicht auf die Fragwürdigkeit vorschneller Parallelen wirft, sind die Aufgeregtheiten um das parlamentarische Auftreten der Grünen. Was heute längst zu einem Stabilitätsfaktor des Parteiensystems geworden ist, wurde vor zehn Jahren zu einer Gefahr für Demokratie und Parlamentarismus stilisiert: man argwöhnte Weimarer Parteienzersplitterung, Unregierbarkeit und so fort. Vereinzelt wurde gar die Frage des Parteiverbots aufgeworfen oder die Verfassungstreue grüner Beamter in Zweifel gezogen.

Das ist Schnee von gestern. Aber Weimar-Argumente bleiben in Umlauf, auch wenn ihre bewußtseinsprägende Kraft sichtlich nachgelassen hat. Ein repräsentatives Beispiel: In der Reihe «Beck-Texte im dtv» gibt es seit langem eine Taschenbuchausgabe des Grundgesetzes. Die fachkundige Einleitung wird von Günter Dürig bestritten, jenem profilierten Verfassungsrechtslehrer, der das denkwürdige Wort vom «Grundrechtsterror» prägte (vgl. Kapitel 1.4). Im Vorwort zur 27. Auflage von 1991 weiß er seinen «Lieben Lesern» eine eher im Plauderton gehaltene, populärwissenschaftliche Geschichte vom Untergang der Weimarer Republik – und den Bonner Lehren daraus – zu erzählen. Nach dem Hinweis, das Grundgesetz sei auch «eine historische Reaktion auf den schlimmen Erfahrungsunterricht der Hitler-Diktatur», heißt es dort (S. 14f):

> «Weniger klar gesehen wird jedoch, daß das Grundgesetz auch eine Reaktion auf *Weimar* ist. Die Weimarer Demokratie war

wertneutral; sie glaubte gleichsam nicht an sich. Sie erschöpfte sich weitgehend in bloßen Funktionierensprinzipien, in die materiell jeder Inhalt eingehen konnte, z. B. nach dem Willen der Mehrheit auch der, diese Staatsform durch die Diktatur zu stürzen. Die Feinde der Verfassung benützten gerade deren Freiheitsrechte, um diese Verfassung zu zerbrechen. Man hat diese relativistische und wertneutrale Haltung der Weimarer Verfassung auf die Formel ‹*Demokratie als Selbstmord*› gebracht. Es ist aber nicht Gesetz, daß die Freiheit ihrem Mörder die Tür öffnen muß. Sie müssen nun unbedingt zur Kenntnis nehmen, daß gerade im Grundgesetz ein Wandel dieses überkommenen Demokratiebegriffs evident wird. Das Grundgesetz versteht sich als werterfüllt. Es hat Werte absolut gesetzt. (...) Folgerichtig gewährt diese *abwehrbereite Demokratie* (manche sagen ‹militante Demokratie›) ‹keine Freiheit den Feinden der Freiheit›. Schutzgut ist die ‹*freiheitliche demokratische Grundordnung*›. Sie finden diesen Verfassungsschutz auf Verfassungsebene in Art. 21 Abs. 2, wonach durch das Bundesverfassungsgericht verfassungsfeindliche Parteien aus dem politischen Kampf eliminiert werden können (bisher Auflösung von SRP und KPD). Das kehrt wieder bei der Grundrechtsaberkennung (Verwirkung) in Art. 18 und (...) ist der Sache nach der Inhalt des Art. 9 Abs. 2, wonach Vereinigungen verboten werden können» (eine für den wissenschaftlichen Gebrauch geschriebene Fassung findet sich bei Dürig 1964).

In welcher Gestalt das Weimar-Argument auch auftreten mag, es beschwört warnend das Scheitern der Ersten Republik. Auch andernorts sind bestimmte Epochen der Landesgeschichte Bezugspunkt aktueller Debatten. In unserem Fall gibt es indessen einen gravierenden Unterschied: Die Weimarer Republik war keine Demokratie, die in irgendeine Diktatur, in irgendeinen Krieg mündete. Sie mündete in die Herrschaft des Nationalsozialismus, der das schlechthin negative Erbe der deutschen Geschichte ist. Der Weg von «Weimar» führte nach Berlin, ins Reichssicherheitshauptamt, und nach Auschwitz. Von daher, *von dem, was folgte*, bezieht der

Untergang der Weimarer Republik seine Dramatik, seine neurotisierende Langzeitwirkung. Wer hierzulande die Demokratie in Gefahr sieht, hat mehr zu fürchten als den Verlust politischer Freiheit. Von daher rührt die Aura des Schicksalhaft-Dunklen, die jedes noch so schnöde, in die kleine Münze der Tagespolitik umgesetzte Weimar-Argument umgibt: Einerlei, ob da die Fünf-Prozent-Sperrklausel zur Debatte steht oder der Umgang mit sogenannten Extremisten.

Wer hierzulande im Kontext einer Extremismusdebatte von der Weimarer Republik spricht, variiert eine einzige Frage: *Kann Demokratie in Deutschland voll ausgebildet und auf Dauer verteidigt werden?*

2.1. «Bonn ist nicht Weimar»: Gründungsprobleme der Zweiten Republik

Wer nach den Konstitutionsbedingungen der deutschen Demokratie fragt, braucht nicht weit zurückzugehen. Denn die «verspätete Nation», um eine Formulierung Helmuth Plessners aufzugreifen, brachte es, nach der gescheiterten Paulskirchenbewegung, bekanntlich recht spät zur demokratischen Republik. Erst am Ende des großen Weltkrieges, 1918/19, bahnte die Novemberrevolution der Möglichkeit einen Weg, in Deutschland Demokratie zu begründen.

Die Erste Republik von Weimar währte karge vierzehn Jahre. Sie war freilich schon um 1930 erschöpft, als mit der Kanzlerschaft des Zentrumspolitikers Brüning die Periode der Präsidialkabinette und Notverordnungen begann. Am Ende «ermächtigte» der Reichstag mit Zweidrittelmehrheit einen Reichskanzler namens Hitler – und der Nationalsozialismus legte sich über Deutschland.

Im August 1941 konnten jene im Reich, die Goebbels, dem tönenden Lautsprecher des Führers, mißtrauten und das Risiko auf sich nahmen, einen «Feindsender» einzustellen, die Stimme des exilierten Thomas Mann hören. Sein beschwörender Appell wurde vom Londoner Sender der BBC ausgestrahlt:

> «Deutsche, laßt es nicht zum Äußersten kommen! Ihr solltet selbst die niederträchtige, euch unsäglich herabwürdigende Herrschaft von euch schütteln. (...) Verweigert eure Hände und

> tut nicht mehr mit! Es wird für die Zukunft ein ungeheurer Unterschied sein, ob ihr Deutsche selbst den Mann des Schreckens, diesen Hitler, beseitigt oder ob es von außen geschehen muß. Nur wenn ihr euch selbst befreit, habt ihr ein Anrecht, teilzuhaben an der kommenden freien und gerechten Völkerordnung.»

Wie die Sache ausging, ist bekannt. Die deutsche Revolution gegen Hitler fand nicht statt. Weder Arbeiter und Soldaten noch allzu spät putschende Offiziere brachten die Kriegsmaschinerie und das Getriebe der «Endlösung» zum Stillstand. Es mußte also «von außen» geschehen, der Sturz des Naziregimes war keine innere Angelegenheit der Deutschen. Und die daraus erwachsenden Unterschiede? Ob ungeheuerlich oder nicht – sie wirken bis heute nach, bis ins anfällige Selbstbewußtsein der deutschen Demokratie, die noch immer daran kränkelt, daß sie auf keiner revolutionären Selbsteroberung gründet.

Die gewaltige Militärmaschinerie der Anti-Hitler-Koalition mußte also ein amoklaufendes Deutschland niederkämpfen und bis in die kleinste Gemeinde besetzen. Vorher war die praktische Möglichkeit, in Deutschland einen zweiten demokratischen Anfang zu wagen, nicht in Sichtweite. So gelangt die Frage nach der Entstehungsgeschichte der deutschen Volkssouveränität über die nur Episode gebliebene Republik von Weimar alsbald zu den Jahren 1948/49. In dieser Zeit wurde das Grundgesetz beraten. Was charakterisierte den Horizont des zeitgenössischen Souveränitätsdenkens dieser Nachkriegsjahre? Wie dachten die Verfassungsväter – und die wenigen -mütter – den Gedanken der Demokratie? Wie konzipierten sie die künftige Verfassung einer Volksherrschaft in Deutschland?

«Im Anfang war die Weisung». Mit dieser lapidaren Formel hat Friedrich Giese, ein zeitgenössischer Beobachter, 1949 die erste Auflage seines Taschenkommentars zum

Grundgesetz eingeleitet. Diese Formel bringt die verfassungspolitische Initiative der westalliierten Militärgouverneure kurz und bündig auf den Begriff. Im Anfang war die Weisung – und am Ende das Genehmigungsschreiben der Militärgouverneure, welche dem Grundgesetz für eine «Bundesrepublik Deutschland» ihren Segen nicht verweigerten. Die Weichen für die Staatsgründung in Westdeutschland waren in London gestellt worden. Am 7. Juni 1948 beschloß die dort tagende Sechs-Mächte-Konferenz, die Militärgouverneure der Besatzungszonen sollten die Ministerpräsidenten der westdeutschen Länder ermächtigen, «eine verfassunggebende Versammlung einzuberufen». Dementsprechend enthielten die sogenannten *Frankfurter Dokumente* vom 1. Juli 1948 die Direktive, möglichst zügig «eine demokratische Verfassung» für die einheitliche Verwaltung des Besatzungsgebietes auszuarbeiten. Nicht nur in den Westzonen wußte man, daß dies die Spaltung Deutschlands besiegeln mußte. Nach anfänglichem Zögern beauftragten die Ministerpräsidenten einen Expertenausschuß, «Richtlinien für ein Grundgesetz» auszuarbeiten. Aus der Rückschau ist die Gründung beider deutscher Staaten eher ein Resultat alliierter Außenpolitik denn originärer deutscher Innenpolitik.

Wie immer man den Einfluß der Besatzungsmächte werten will: Fest steht jedenfalls, daß die Nachkriegsverfassung keiner deutschen Revolution entsprang. Der Bruch, der neuen Verfassungen meist vorauszugehen pflegt, wurde dem Dritten Reich eben von außen militärisch aufgezwungen. Die Deutschen, die es nicht vermocht hatten, sich selbst von Hitler zu befreien, waren daher nach dem «unconditional surrender» ihrer Wehrmacht gegenüber den Besatzungsmächten kein verfassunggebendes Subjekt. Ebenso wie für das Grundgesetz gilt für die «Volksdemokratie» der im Oktober 1949 ausgerufenen «Deutschen Demokratischen Republik»: Die verfassunggebende Gewalt des deutschen Volkes war in jenen Tagen durch ihre Abwesenheit, durch ihre *Ohnmacht* gekennzeichnet. Die spätere Beteuerung der westdeutschen Verfassung, das deutsche Volk habe «kraft seiner verfassunggebenden Gewalt dieses Grundgesetz beschlossen», gehört daher nicht zum üblichen Bestand salbungsvoller, meist ein wenig pathetisch geratener Präambeln, sondern besagt schlicht die Unwahrheit. Die verstohlene Zweckbestimmung, man habe «dem staatlichen Leben für eine Übergangszeit eine neue Ordnung» geben wollen, kommt der historischen Wahrheit schon näher. So ist jene verfassungspolitische «Stunde Null» der Jahre 1948/49, wenn wegen fortwirkender Kontinuitäten überhaupt von einer solchen gesprochen werden darf, vor allem der *Nullpunkt der deutschen Souveränität.*

Die bis in die siebziger Jahre geläufige Rede von der «Restauration in den Westzonen» verschleierte diesen Sachverhalt. Was da als «Restauration des Kapitalismus» in Gestalt einer mehr oder weniger überzeugenden sozialpolitischen Kritik vorgetragen wurde, verfehlt den Kern des *demokratischen* Defizits. Ohne das institutionelle Regelwerk der Demokratie ist jegliche Politik unmöglich. 1948/49 war aber unter alliierter Aufsicht das paradoxe Werk zu vollbringen, einem total demoralisierten Volk, dessen Kräfte mit dem Aufbau der je eigenen persönlichen und familiären Existenz ausgefüllt waren, eine demokratische Verfassung zu geben. «Herrschaft des Volkes» konnte in jenen Tagen kaum mehr sein als eine vage Hoffnung auf eine ungewisse Zukunft. Weil es eben keine Selbstbefreiung, keinen Sturz der Diktatur von innen heraus und folglich auch keine selbsttätige, souveräne Verfassungsbewegung gab, *sind alle Verfassungskonzepte für ein neues Deutschland «restaurativ» gewesen* – selbst dort, wo sie, wie in der späteren DDR, mit dezidiert antifaschistischem und revolutionärem Anspruch auftraten: Der «Zusammenbruch» Deutschlands entband alles andere als fortschrittliche, der «Zukunft zugewandte» Perspektiven.

So planten also die Siegermächte die Zukunft in Ost und West. Unterdessen waren die Deutschen mit den Notwendigkeiten des alltäglichen Lebens beschäftigt: mit der Wohnungssuche und dem Forschen nach Angehörigen, mit Lebensmittelkarten und Schwarzmarktgeschäften, mit dem Abtragen von Trümmerbergen und dem Einheimsen von entnazifizierenden «Persilscheinen». Wer sich einen plastischen Eindruck von jenen Nachkriegsjahren verschaffen will, nehme zeitgenössische Berichte zur Hand. So enthält etwa der Band *In Deutschland unterwegs* hochinteressante Reportagen, Skizzen, Berichte aus den Jahren 1945 bis 1948. Wache Zeitgenossen wie Dolf Sternberger, Hans-Erich Nossack, Margret Boveri, Alfred Andersch, Erich Kästner, Alexander Mitscherlich und viele andere schrieben einst auf und reflektierten, was eine Mehrheit stumm und verbissen «durchmachte». Es gibt daneben den traumwandlerisch präzisen, literarischen Bericht des Emigranten Peter Weiss. Er erschien erstmals 1948 in Schweden unter dem Titel *Die Besiegten* und ging aus Berliner Reportagen hervor, die der Schriftsteller im Auftrag der Tageszeitung *Stockholms Tidningen* schrieb. Des weiteren verfaßte Hannah Arendt über ihren *Besuch in Deutschland* eine eindringliche Milieustudie aus dem Jahr 1950.

Umfragen, die in jenen Jahren zur Verfassungsfrage durchgeführt wurden, spiegeln ein ebenso ernüchterndes wie realistisches Bild: Im März 1949 waren 40 Prozent der künftigen Bundesdeutschen gegenüber der kommenden Verfassung gleichgültig eingestellt, 33 Prozent zeigten sich mäßig an ihr interessiert, und nur 21 Prozent erklärten, sie seien «sehr interessiert». Sechs Jahre später, im Mai 1955, hielten 30 Prozent das Grundgesetz für gut, fünf Prozent hielten es für nicht gut, unentschieden waren 14 Prozent, und 51 Prozent gaben zu Protokoll: «Kenne die Verfassung nicht» (Benz 1979, 9).

Der zweite Versuch, in Deutschland Demokratie zu begründen, fand also unter denkbar ungünstigen Vorzeichen statt. Ja, man kann noch weitergehen und sagen: Nach Lage der Dinge erschien es eher unwahrscheinlich, eine halbwegs solide demokratische Regierungsform etablieren zu können. Ein Wirtschaftswunder? Vielleicht. Ein «Demokratiewunder» aber vermochte sich niemand auszumalen. Wir müssen diesen Hintergrund im Auge behalten, wenn wir die spezifischen Deformationen verstehen wollen, von denen die Demokratiegründung in Westdeutschland geprägt war.

Eben weil der Bruch von 1945 keiner Selbstbefreiung entsprang, ging die Demokratiegründung auf nichtsouveräne, gleichsam unpolitische Weise vonstatten. Dieser nicht zu beklagende, sondern nüchtern zu konstatierende Umstand begünstigte ein Verfassungsverständnis, das sehr stark durch die «Vergangenheitsbewältigung» der hochverstrickten Bürokratie geprägt war. Es war eine kleine westdeutsche Funktionselite gewesen, die im August 1948 damit begann, jene von den Alliierten geforderte Verfassung auf den Weg zu bringen. Der von den Ministerpräsidenten eingesetzte Expertenausschuß legte alsbald den kommentierten Entwurf zu einem Grundgesetz vor. Dieser Entwurf war, wie der Staatsrechtslehrer Erhard Denninger pointierte, «geprägt durch professionellen staatsrechtlichen Sachverstand (...) und eine exekutivisch-normgläubige Juristenmentalität, wie man sie bei der höheren Beamtenschaft in den Staatskanzleien antrifft». Diese, wenn man so will, «deutsche juristische Weltanschauung» hat das Konzept der neu zu gründenden Demokratie entscheidend beeinflußt. Wenn auch der Konvent auf Herrenchiemsee mit seinem Verfassungsentwurf formal niemanden verpflichtete, so waren seine Ergebnisse gleichwohl von einer eminent verfassungspolitischen Tragweite. Und tatsächlich gingen die stillen Wünsche und Hoffnungen der Ministerpräsidenten zu einem guten Teil in Erfüllung, durch ihren Sachverständigenausschuß eine Art *Regierungsvorlage* für den Parlamentarischen Rat zu schaffen.

Das Verfassungsdenken der Expertenrunde war strikt an der Idee der repräsentativen Demokratie ausgerichtet. Das Volk sollte turnusmäßig seine Abgeordneten wählen – und im übrigen Ruhe als die erste Bürgerpflicht ansehen. Das Mißtrauen saß tief. Die Sachverständigen schlugen sogar vor, eine allgemeine Pflicht zur Verfassungstreue für jedermann zu statuieren: «Jeder hat die Pflicht der Treue gegen die Verfassung und hat Verfassung und Gesetz zu achten und zu befolgen.» Hinzu kamen ins Detail gehende Reglementierungen des individuellen oder kollektiven Gebrauchs der politischen Freiheit: Grundrechte sollten verwirkt werden, sobald sie zum Kampf gegen die freiheitliche demokratische Grundordnung «mißbraucht» würden. Aus ähnlichen Gründen plante man das Verbot politischer Organisationen.

Dem lag die Idee zugrunde, ungezügelte demokratische Freiheit müsse unweigerlich zu deren Selbstzerstörung führen. Deshalb sollten die Gegner der Demokratie vorsorglich von deren «Spielregeln ausgeschlossen» werden. Das Weimar-Syndrom, das wir exemplarisch in der Formulierung von Günter Dürig kennenlernten, wird hier erstmals gedanklich zugespitzt. Auf diese Weise glaubten die Verfassungsexperten, die entscheidende Lehre aus dem Untergang der Weimarer Republik zu ziehen: Diese sei ihren Gegnern wehrlos ausgeliefert gewesen, weil sie als wertneutraler Staat verfaßt war. Ein solcher Staat biete den Weg zur legalen Beseitigung seiner selbst und treibe am Ende seine Neutralität bis hin zum Selbstmord.

Unter dem merkwürdig doppeldeutigen Schlagwort von der *«Demokratie als Selbstmord»* wurde daher eine sehr weit reichende Reglementierung der politischen Auseinandersetzung befürwortet. Die Metapher von der «Demokratie als Selbstmord» geht auf Carl Schmitt zurück (1932, 50). Ende der zwanziger Jahre kritisierte er den Formalismus einer Verfassung, deren Neutralität gegen alles und jeden im «Selbstmord» enden werde. Ein paradoxer Befund: Was sich nach 1945 als geläuterte Form der Demokratie ausgab, speiste sich aus antiparlamentarischen, antipluralistischen und antiliberalen Traditionen der Weimarer Zeit.

Der Gebrauch der politischen Freiheitsrechte sollte jedenfalls unter den Vorbehalt einer «freiheitlichen demokratischen Grundordnung» gestellt werden. All diese Überlegungen zeugten stark vom Sinn für eine «Grundordnung», die vor den Bürgern geschützt werden sollte, doch spiegelten sie wenig vom Sinn für Grundrechte der Bürger, die gegen den Staat zu verteidigen wären. Man kann sagen, der Souverän wurde weitgehend unter Quarantäne gestellt.

Der *Parlamentarische Rat*, für den die westdeutschen Länderparlamente Delegierte entsandten, war entschieden parteipolitischer und diskursiver geprägt als die zurückgezogene Expertenrunde der Ministerpräsidenten. Gleichwohl hat der Parlamentarische Rat, was die Fixierung auf Repräsentation und vorverlegten, präventiven Demokratieschutz betrifft, die Grundlinien des Expertenausschusses erstaunlich glatt übernommen. Auch jene, die im Mai 1949 das Grundgesetz beschlossen, wurden mehrheitlich von der Vorstellung geleitet, sie müßten die Bürger der künftigen Bundesrepublik per Grundgesetz auf die Idee der Demokratie verpflichten. Alle Bürger sollten verfassungstreu und loyal sein und notfalls mit den Instrumenten einer später im KPD-Urteil so genannten «streitbaren Demokratie» dazu angehalten werden. Beredtes Zeugnis dafür sind die Grundrechteverwirkung und Organisationsverbote, wie wir sie heute in Art. 18 und in Art. 9 Abs. 2 beziehungsweise Art. 21 Abs. 2 finden (vgl. Kapitel 1.3 und 1.4). Sie zählen zu den Verfassungsnormen, mit deren Hilfe verhindert werden soll, daß «Bonn» ein zweites «Weimar» werde. Die Wichtigkeit dieser Aufgabe schien damals so evident, daß die fixierten Zwangsmittel des präventiven Eingriffs von keiner Seite aus grundsätzlich in Frage gestellt worden sind. Das gilt übrigens auch für die beiden KPD-Abgeordneten des Parlamentarischen Rates: Sie sahen zwar ganz andere «Feinde der Demokratie und des Fortschritts» am Werk – die *Denkstruktur* aber war dieselbe. Nicht von ungefähr lautet auch der einschlägige «streitbare» Artikel der DDR-Verfassung von 1949: «Jeder Bürger ist verpflichtet, im Sinne der Verfassung zu handeln und sie gegen ihre Feinde zu verteidigen» (Art. 4 Abs. 2).

Mit dem Grundgesetz wurden also verschiedene, sehr dezidierte Absetzbewegungen von der Weimarer Reichsverfassung (WRV) vollzogen, die der neuen Verfassung überhaupt nicht gut bekamen. Die Artikel, die später unter dem Begriff der «streitbaren Demokratie» zusammengefaßt wurden, gehören zu diesen Fehlleistungen.

Eine weitere Regelung, zu der sich die Schöpfer des Grundgesetzes veranlaßt sahen, trieb das Sicherheitsbedürfnis geradezu paradigmatisch auf die Spitze: indem auch das Parlament, selbst in seiner verfassungsändernden Zweidrittelmehrheit, auf die Ideen von Demokratie, Rechtsstaat und Menschenwürde festgelegt wurde. Mit der sogenannten Ewigkeitsklausel des Artikel 79 Absatz 3 Grundgesetz hat man der Volksvertretung verboten, die Grundsätze von Artikel 1 und Artikel 20 zu ändern. Es liegt auf der Hand, daß solche Vorkehrungen im Ernstfall wenig ausrichten. Kein noch so listiger Verfassungstext hindert große und entschlossene Mehrheiten, ihren politischen Gestaltungswillen durchzusetzen. So hat denn auch der aus der Weimarer Zeit prominente Staatsrechtslehrer Thoma in diesem Zusammenhang spöttisch von «juristischen Zwirnsfäden» gesprochen. Doch von der praktischen Nutzlosigkeit einmal abgesehen: Klarer als mit einer solchen «Ewigkeitsklausel» kann man die doppelte Paradoxie der westdeutschen Verfassunggebung nicht auf den Begriff bringen. Der ohnehin ohnmächtige Souverän wurde von seinen Stellvertretern vorsorglich an die Kette gelegt: Es könnte ja sein, daß das Volk eines Tages von seiner Souveränität rigoros Gebrauch machte – um sich dieser ein für allemal zu entledigen. Diese Hintertür, dieser Notausgang sollte dem deutschen Volk demonstrativ versperrt werden: Diesmal sollte unwiderruflich ernst gemacht werden mit der Demokratie.

Doch war das überall mit Händen zu greifende Mißtrauen der Politiker und Parlamentarier damals nicht allzu verständlich? Die Massenaufmärsche und vollbesetzten Sportpaläste, die Ergebenheitsadressen aus allen Bereichen und Berufssparten der Bevölkerung, die Loyalitätsbeteuerungen aus Wehrmacht und Justiz, diese Erinnerungen waren noch nicht im Nebel der Geschichte versunken. Sie waren den wachen Zeitgenossen vielmehr schmerzlich und irritierend gegenwärtig. Gerade diejenigen unter ihnen, die aus dem Widerstand kamen, etwa Sozialdemokraten wie Otto Suhr, auch er Mitglied des Parlamentarischen Rates, wußten nur zu genau: Das nationalsozialistische «Dritte Reich» war nicht nur eine brutale Diktatur gewesen, die jede Opposition im Keim erstickt hatte, sondern eben auch eine «funkensprühende Revolution», wie Thomas Mann es formuliert hatte, ein Massenrausch, ein großes Fest der deutschen Volksgemeinschaft

(Falter 1991). Der verfassungsgeschichtliche Blick zurück auf die Ursprünge der deutschen Volkssouveränität bliebe getrübt, wollte man diesen Aspekt ausblenden: Es gab allen Anlaß, Mißtrauen gegen das deutsche Volk zu hegen, ja, an seinem Vermögen, als demokratischer Souverän aufzutreten, grundsätzlich zu zweifeln. Wer wagte damals schon zu sagen, wie viele Stimmen eine vordergründig erneuerte NSDAP auf sich gezogen hätte, wäre ihr nur die Teilnahme an den ersten Nachkriegswahlen von den Militärgouverneuren erlaubt worden?

Das Grundgesetz ist also aus verschiedenen Gründen von seinen Ursprüngen her nicht gerade volksfreundlich und in der demokratischen Frage eher kleingläubig geraten. Weil es sich für die Äußerungsformen unmittelbarer Demokratie nicht öffnete und von einem durchgängigen Mißtrauen gegen den «falschen» Gebrauch der Freiheit durchwoben ist, bietet das Grundgesetz von 1949 dem selbstbewußt agierenden Bürger wenig direkte Ermutigung. So blieb der *Souverän des Grundgesetzes* bis in die Tage der deutschen Einheit zwar nicht ohnmächtig, aber doch auf den Status eines allseits vertretenen Wahlbürgers festgelegt.

Aus alledem ergibt sich für die Demokratiegründung in Westdeutschland ein ambivalentes Bild. Die Verfassungsberatungen der Jahre 1948/49 sind durch zwei charakteristische Abgrenzungsrichtungen gekennzeichnet: einmal *gegen den Nationalsozialismus.* Ein bekanntes Beispiel dafür ist Artikel 1 des Grundgesetzes: *«Die Würde des Menschen ist unantastbar.»* Eine pathetische Formel, gewiß, und doch sehr verständlich – eben weil sich die «Antastbarkeit» der Würde des Menschen auf so ungeheuerliche Weise praktisch offenbart hatte. Es leuchtet ein, daß jeder Versuch, in Deutschland eine demokratische Verfassung zu konzipieren, unter dem Eindruck des soeben von den Kriegsgegnern niedergekämpften Naziregimes stand. Die neue Verfassung sollte daher, so eine spätere Formulierung des Bundesverfassungsgerichts im SRP-Verbotsurteil, *«das Gegenteil des totalen Staates»* sein (BVerfGE 2,12). In den späten vierziger und fünfziger Jahren herrschte eine dämonisierende Betrachtung des Nationalsozialismus vor: Man ging rhetorisch auf Distanz und sprach vage von Verhängnis, Verblendung, Verführung und der «deutschen Katastrophe» (Friedrich Meineke). Die sicher gutgemeinte, indes unverfängliche Formel von der Menschenwürde paßt ins Milieu dieser Vagheiten (aus dem Bücher wie Eugen Kogons *SS-Staat* von 1946 um so deutlicher hervorstachen). Präzise Analysen des Nationalsozialismus gab es ebensowenig wie zu den Fragen: Warum scheiterte die Weimarer Republik? Wer oder was brachte Hitler an die Macht? Wer trägt Verantwortung dafür?

Die andere Abgrenzung der Gründungsphase erfolgte gegen die *Weimarer Reichsverfassung*. Diese Absetzbewegung erscheint aus heutiger Sicht viel weniger einleuchtend. Durfte man nicht das Gegenteil erwarten? Lag es nicht nahe, für die zweite Demokratiegründung an das institutionelle Gefüge der ersten deutschen Republik anzuknüpfen? Jener glücklosen Republik, die von den Nazis so gründlich zerstört worden war? Nichts dergleichen geschah. Vielmehr galt die Weimarer Republik, wie gezeigt, weithin als abschreckender Fall einer gescheiterten Demokratie – als *das* Negativbeispiel schlechthin, aus dem man allenfalls lernen könne, *wie man es gerade nicht machen dürfe*. Vom Ende her gesehen, war dies gar nicht einmal so falsch – denn das Jahr 1933 markiert offenkundig ein Menetekel der deutschen Geschichte.

Seine merkwürdige und höchst bezeichnende Wende bekam die Absetzbewegung gegen Weimar allerdings mit der Antwort auf die *Frage nach den Ursachen*. Denn die Ursachen für dieses Scheitern wurden nicht etwa in politisch-sozialen Phänomenen gesucht. Die Frage nach den Ursachen wurde vielmehr auf eine *institutionell verkürzte Sichtweise* eingeengt: Als Ursache galten verschiedene Fehlkonstruktionen der Weimarer Reichsverfassung. Dieser Gesichtspunkt rückte ins Zentrum der Überlegungen, ja er beherrschte geradezu obsessiv das Denken der westdeutschen Verfassunggeber. So überformte eine in jenen Tagen fraglos akzeptierte These vom Untergang der Ersten Republik das gesamte Verfassungsverständnis – und bestimmte eine verkürzte und verzerrte Sichtweise, die heute immer weniger plausibel erscheint, jedoch charakteristisch ist für die Demokratiegründung in Westdeutschland.

Hier ist die *Geburtsstunde des «Weimar-Syndroms»* zu datieren. «Syndrom» meint in der Medizin ein Krankheitsbild, das sich aus dem Zusammentreffen verschiedener charakteristischer Symptome ergibt. Die deutsche Krankheit, das Schmerzenskind der Bundesrepublik heißt, man wird es unschwer erraten: Demokratie. Das von uns so bezeichnete «Weimar-Syndrom» faßt ein ganzes Bündel schillernder Argumentationen und Symptome zusammen, die allesamt ein Grundmotiv variieren – die These, die Erste Republik sei an den institutionellen Mängeln ihrer Verfassung gescheitert.

Jene Gründungsthese wurde später in der Allerweltsparole «Bonn ist nicht Weimar» tradiert – eine bis zur Unkenntlichkeit abgedroschene Redewendung, die auf den Titel eines Buches des Schweizer Publizisten Fritz René Allemann zurückgeht. Allemann hatte im Jahr 1956 nüchtern die so überaus erfolgreiche Gründungsgeschichte der Bonner Republik konstatiert und auf die unvergleichbar andere politische Konstellation der Jahre nach 1919 und nach 1949 hingewiesen. Die Bonner Normalität des ersten Jahrzehnts erschien ihm mitunter «zu gut, um wahr zu sein». So fragte er skeptisch, welche Dauer und Festigkeit einer Demokratie wohl zukomme, deren Bürger sie im Grunde doch nur gleichgültig hinnehmen. Allemann wagte keine Prognose, was aus diesem Deutschland dereinst werden könnte, wenn es eines Tages seine staatliche Einheit wiederfinde.

«Bonn ist nicht Weimar» – das war gewiß ein klares, ein verhalten optimistisches Urteil, doch es mischten sich Befremden, ungläubiges Staunen und Skepsis darin. Aus deutschem Mund klang diese Botschaft jedoch nicht wie eine nüchterne Feststellung, sondern stets wie ein normatives Bekenntnis: Bonn ist, soll und darf niemals eine Republik nach Art ihrer Weimarer Vorgängerin sein. Darin mischte sich ein selbstzufriedener, wenn nicht triumphalistischer Unterton, von dem aus es nicht weit war bis zum saturierten «Wir sind wieder wer». Darüber wurde im Laufe der Zeit zunehmend unklar, worin eigentlich jene Gründungsbotschaft von «Bonn» versus «Weimar» ihre rationale Rechtfertigung, ihre historische Schlüssigkeit finden könnte.

Nach wie vor Gültigkeit darf dagegen die Ausgangsfrage beanspruchen: *Kann Demokratie in Deutschland voll ausgebildet und auf Dauer verteidigt werden?* Wer hierzulande im Kontext von Republikschutz und Extremismus von der Weimarer Republik spricht, variiert diese eine Frage.

2.2. Legale Machtergreifung?

Gemessen an den heutigen Standards der Zeitgeschichtsforschung kann man die institutionell verkürzte, monokausale Version vom Untergang der Weimarer Republik nur als Legendenbildung bezeichnen. Dies gilt auch für die verbreitete und lange Zeit wirkmächtige These von der *Legalität der Machtergreifung*, die ein zentrales Versatzstück der Weimar-Legende bildet. Auch die Überzeugungskraft dieses Arguments ist im Verblassen begriffen, es ist jedoch nach wie vor im Umlauf. Eine aktuelle Fassung war im Zusammenhang der Debatte um ein Verbot der REPs im April 1994 zu lesen:

> «Richtig ist, daß vor allem die Hüter der Verfassung [gemeint wohl: Väter der...] einer Legalitätsstrategie, wie sie Adolf Hitler den Griff zur Macht erleichterte, durch Ermutigung zur streitbaren (wehrhaften) Demokratie Schranken setzen wollten. Das ist nicht nur in Ordnung, sondern ein Markenzeichen dieses als Gegenmodell zur Verbrecherpolitik der Nazis gebauten Staats. Daraus abgeleitet ergibt sich der Zwang, immer dann einzugreifen, wenn es die Lage erfordert» (vgl. den Leitartikel der *Frankfurter Rundschau*, 13.4.1994: «Die Aufgabe der Deutschen»).

Legalitätsstrategie? Dieses Stichwort fehlt in keiner staatsbürgerkundlichen Lektion, keiner Extremistenfibel. Gern wird auf Joseph Goebbels verwiesen, der einst dem verhaßten parlamentarischen System prophezeite, die Abgeordneten der NSDAP würden ihm unter anderem mit Diäten und Freifahrscheinen der Reichsbahn den Garaus machen (vgl.

die Broschüre: Freiheit? Aber sicher!, hrsg. vom Bundesminister des Innern, 1985, 76). Wer näher hinschaut, wird sich indessen durch die Kolportage nicht täuschen lassen. Die These von der legalen Machtergreifung wird auch durch ihre Wiederholung nicht treffender. Einige Stichworte mögen genügen: Nach Lesart des Weimar-Arguments gerät die angeblich «legale» Machtergreifung der Nationalsozialisten zum Debakel einer Demokratie, welche nicht zuletzt durch die Wertneutralität ihrer Verfassung wehrlos gewesen sei. Man muß sich klarmachen, von welch unausgesprochener Spekulation dieses Argument lebt: *Wäre bloß die Machtübergabe an Hitler verboten gewesen, dann wäre Deutschland und der Welt womöglich viel erspart geblieben.*

Abgesehen davon gab es jedoch keine legale Machtergreifung der Nazis, auch wenn der von bürgerlichen Ministern «eingerahmte» Reichskanzler Hitler am 30. Januar 1933 zunächst auf verfassungsmäßigem Wege von Reichspräsident Hindenburg ernannt wurde.

Wollte man das «Weimar-Syndrom» dramatisch inszenieren, so müßte das Stück in der Kroll-Oper gegeben werden. Dort tagte am 23. März 1933 der Reichstag – er mußte nach dem Brand des Reichstagsgebäudes auf einen anderen Sitzungssaal ausweichen – und verabschiedete das Ermächtigungsgesetz: womit sich das Parlament selbst *entmächtigte* – weil es die Regierung Hitler *ermächtigte*, Gesetze mit verfassungsänderndem (!) Inhalt ohne Mitwirkung des Reichstages zu erlassen. Alle Parteien stimmten dem zu – mit Ausnahme der SPD. Die 81 Abgeordneten der KPD nahmen nicht an der Abstimmung teil – sie waren bereits verhaftet oder untergetaucht und auf der Flucht; das gleiche galt für etwa zwei Dutzend SPD-Abgeordnete. Ein durchsichtiger Geschäftsordnungstrick des Reichstagspräsidenten Göring erlaubte es, Parlamentarier, die unentschuldigt der Sitzung «fernblieben», fiktiv als anwesend zu zählen. Im Sitzungssaal lungerten bewaffnete SA- und SS-Schläger umher, in sichtlich drohender Haltung (Jasper 1986, 134ff).

Nein, das war nicht die Atmosphäre, in der ein demokratisches Parlament freie Entscheidungen trifft. Gewiß, das Ermächtigungsgesetz kam mit einer verfassungsändernden Zweidrittelmehrheit zustande (das bleibt die Schmach der bürgerlichen Parteien). Die potentiellen Gegenstimmen der KPD-Abgeordneten hätten an diesen Mehrheitsverhältnissen nichts ändern können. Bedenkt man aber die Umstände, unter denen dieses Gesetz beraten wurde, erscheint rätselhaft, warum sich die Legende von der legalen Machtergreifung so lange halten konnte. Von heute aus gesehen, hat die Schuldzuweisung an das angeblich so mangelhafte Regelwerk der wertneutralen Reichsverfassung offenbar eine Exkulpationsfunktion: Das Weimar-Argument erlaubte es, die Verantwortung der damaligen Akteure auszublenden.

2.3. Der Schutz der Ersten Republik

Die These von der legalen Machtergreifung gilt einem spektakulären Ereignis am Ende der Ersten Republik. Wie aber war die Weimarer Rechtsordnung im Hinblick auf ihre zahlreichen Gegner ausgestaltet? Wir haben skizziert, auf welche Weise die These von der auf Wertneutralität gegründeten Wehrlosigkeit entstanden ist. Im folgenden geben wir einen Überblick auf die rechtlichen Möglichkeiten zur Verteidigung der Weimarer Republik und diskutieren die Probleme des politischen Kontextes anhand einzelner Beispiele. Am Ende zeigt sich, daß die Erste Republik keineswegs so «wehrlos» war, wie manche noch heute glauben machen wollen. Erst kürzlich hat der liberale Verfassungsrechtler Christoph Gusy unter der Fragestellung *Weimar – die wehrlose Republik?* in einer minutiös recherchierten, materialreichen Studie (1991) gezeigt, daß der Ersten Republik keineswegs die rechtlichen Möglichkeiten fehlten, ihren Gegnern Paroli zu bieten: Es gab Republikschutzgesetze, Strafparagraphen gegen die Vorbereitung zum gewaltsamen Umsturz, die Möglichkeit, Umsturzparteien und Publikationen zu verbieten, und so fort. All das gab es. Nur eines gab es nicht: genug entschlossene, republiktreue Demokraten, die von diesen Eingriffsreserven Gebrauch gemacht hätten.

Dieser Befund gilt für alle Stufen der Rechtsordnung, von der Verfassung bis hin zu Detailregelungen in einzelnen Reichsgesetzen.

Die Weimarer Reichsverfassung kannte keine «Ewigkeitsklausel» nach Art des Grundgesetzartikels 79 Abs. 3. Sie hätte daher unter Beachtung der Regeln für die Verfassungsänderung, also vor allem einer Zweidrittelmehrheit des Reichstags (Art. 76 WRV), in eine Monarchie oder Sowjetrepublik transformiert werden können. Auch demokratische Verfassungsjuristen vertraten diese zutreffende Auffassung. Wenn aber, so die vorherrschende Kritik am «Relativismus» der Weimarer Verfassung, jedes Ziel und jede politische Richtung im Wege einer Verfassungsänderung legal durchgesetzt werden könnte, dann gehe die Neutralität dieser Verfassung bis hin zu jenem von Anbeginn beschworenen «Selbstmord», bis hin zur Selbstaufgabe. Denn wo jedes Ziel erlaubt sei, bleibe die Verteidigung der Demokratie, also die staatlich autoritative Entscheidung für diese Staatsform, mit den inhaltlich grenzenlosen politischen Freiheitsrechten unvereinbar. In letzter Konsequenz sei daher demokratischer Republikschutz auf der Basis eben jener Verfassung eine rechtliche Unmöglichkeit.

Es ist indes nicht zutreffend, daß die Weimarer Reichsverfassung den Schutz der in ihr begründeten demokratischen Republik ausgeschlossen hätte. Art. 76 legte das Verfahren fest, in dem über die Zukunft der Republik zu entscheiden war. Dies stellte im zeitgenössischen Horizont des Verfassungsgebers zunächst eine rechtliche Absage an den bewaffneten Kampf um die Verfassung dar, wie er 1919 Realität gewesen war. Positiv gewendet, besagte Art. 76, daß über die demokratische Republik künftig nur noch auf demokratische Art und Weise entschieden werden durfte: Insofern stellte diese Regelung «keine Distanzierung von der demokratischen Republik dar, sondern deren Vollendung», sie stand «nicht neutral über den Staatsformen, sondern war die Fortsetzung und Ausformung der in der Verfassung selbst niedergelegten Staatsform. Wer die Weimarer Demokratie verfassungsgemäß ändern oder abschaffen wollte, mußte sich zunächst einmal auf diese Staatsform einlassen und sein Ziel mit demokratischen Mitteln zu erreichen versuchen. (...) Das Ziel der Verfassungsänderung oder -aufhebung brauchte kein demokratisches zu sein; wohl aber das darauf gerichtete Verfahren» (Gusy 1991, 30). Es gab also keine gleichsam agnostische Indifferenz der Verfassung gegenüber ihren politischen Gegnern, sondern deren Festlegung auf die Spielregeln des demokratischen Prozesses.

Die Paradoxie der politischen Freiheit, daß die Demokratie, also die selbstbestimmte Herrschaft der Mehrheit, durch den Willen eben dieser Mehrheit abgeschafft werden kann, ist damit freilich nicht aufgelöst. Jedoch kann dies auch gar nicht Aufgabe einer demokratischen Verfassung sein. Die letzte Instanz einer demokratischen Verfassung ist das Volk, gedacht als Quelle und Zurechnungsgrund aller Staatsgewalt. Wenn der Souverän aber nicht mehr demokratisch regiert werden will, stellt sich «die Frage, ob diese Staatsform dann überhaupt aufrecht erhalten werden kann und darf. Aber dies sind Fragen der Verfassungsvoraussetzungen, welche den Rahmen des Verfassungsrechts (...) verlassen» (Gusy 1991, 94).

Selbst Art. 48 Abs. 2 WRV, der das Notverordnungsrecht des Reichspräsidenten statuierte, ist entgegen allem Augenschein als rechtliches Instrument des Republikschutzes neu zu diskutieren – auch wenn dieses Instrument in der politischen Praxis zum verhängnisvollen Einfallstor der Diktatur wurde. Denn Art. 48 Abs. 2 WRV regelte einen Ausnahmezustand, als dessen Normalfall die demokratische Republik vorausgesetzt wurde. Daß Instrumente zum Schutz der Verfassung am Ende in ihr Gegenteil verkehrt wurden, ändert nichts daran, daß diese Instrumente einst zum Schutz der Republik bereitgestellt worden waren.

> «Die Weimarer Staatslehre hat gerade auch dann, wenn sie betont demokratisch argumentierte, die Notwendigkeit einer weiten Auslegung insbesondere des Art. 48 Abs. 2 WRV hervorgehoben. (…) Nach ihrer Auffassung waren die Normen zum Schutz der WRV nicht per se ungeeignet, ihren intendierten Zweck auch zu erfüllen. Mehr kann von einem Rechtsinstitut nicht erwartet werden» (Gusy 1991, 93).

Daß der Schutz der demokratischen Republik «verfassungswidrig» sein könnte, kam weder den staatlichen Akteuren in Verwaltung und Justiz noch Vertretern der Verfassungslehre in den Sinn. Dieser Gedanke wurde vielmehr rückblickend auf sie projiziert, um auf der Negativfolie der relativistischen Wertneutralität die Notwendigkeit streitbarer Wertmilitanz zu beweisen – denn mit der «freiheitlichen demokratischen Grundordnung» hatte man endlich etwas ersonnen, das man nie wieder anzweifeln und verächtlich machen lassen wollte.

Somit erweist sich der vielgescholtene Relativismus der Weimarer Reichsverfassung als angemessene Regelung der politischen Auseinandersetzung: Sie garantiert, soweit das rechtlich überhaupt sichergestellt werden kann, die friedliche *Form* des politischen Kampfes, ohne den Spielraum für dessen *Inhalte* einzuengen – und wird damit grundlegenden Prinzipien demokratischer Freiheit und Gleichheit gerecht.

Die Republikschutzgesetze von 1922 und 1930

Auf der Grundlage der Weimarer Verfassung waren also verschiedene Maßnahmen und Regelungen zum Schutz der Republik möglich. Strafgesetze gegen den Hochverrat, Notverordnungen mit Auswirkungen auf politische Vereinigungen sowie das Versammlungs- und Presserecht zählen dazu, des weiteren die Tätigkeit der Politischen Polizei und die Einrichtung von Nachrichtendiensten über Umsturzbestrebungen oder disziplinarrechtliche Maßnahmen gegen Beamte. Auch die Mehrheit des Parlaments hat Initiativen ergriffen, die ausdrücklich dem Schutz der Demokratie galten. Am Beispiel der beiden Republikschutzgesetze (Gusy 1991, 139 ff, 171 ff) lassen sich die rechtlichen und politischen Probleme der Verteidigung der Ersten Republik veranschaulichen.

Während in der von bürgerkriegsähnlichen Kämpfen erschütterten Gründungsphase der «Weimarer» Republik (deren verfassunggebende Nationalversammlung wegen der Straßenkämpfe in Berlin eben in Weimar tagte) fallbezogene Ausnahmeverordnungen der Exekutive nach Art. 48 Abs. 2 WRV üblich waren, ging das Parlament nach dem Mord an Walter Rathenau im Juni 1922 daran, ein allgemeines Republikschutzgesetz auf den Weg zu bringen. Am 4. Juli 1922 organisierten die Gewerkschaften einen Generalstreik, um ihrer Forderung nach einem effektiven Republikschutz Nachdruck zu verleihen. Am 21. Juli schließlich verabschiedete der Reichstag mit verfassungsändernder Zweidrittelmehrheit das *Erste Republikschutzgesetz*. Es war auf fünf Jahre befristet und enthielt in seinem Hauptteil «Strafbestimmungen zum Schutze der Republik»; diese regelten Strafdrohungen gegen die Vorbereitung und Unterstützung des Mordes an republikanischen Politikern und die Beteiligung an strafbaren Vereinigungen, außerdem gegen die Beschimpfung oder Verächtlichmachung der Republik, ihrer Symbole oder ihrer Repräsentanten. In weiteren Teilen wurde die Einrichtung eines Staatsgerichtshofs zum Schutze der Republik normiert, schließlich das Verbot von Vereinigungen und Versammlungen sowie Einschränkungen der Pressefreiheit (letztere hielt man deswegen für notwendig, weil völkisch-antisemitische Blätter mit kaum verhohlener Häme die Morde an Erzberger und Rathenau begrüßt hatten). Da das Gesetz mit verfassungsändernder Mehrheit beschlossen wurde, waren die in ihm enthaltenen Einschränkungen verschiedener Grundrechte korrekt zustande gekommen.

Die härtesten Strafbestimmungen des Gesetzes richteten sich gegen die «Mörderorganisationen» und deren Hintermänner; charakteristischerweise wurden diese Tatbestände im Prozeß gegen die «Organisation Consul», der die Morde an Erzberger und Rathenau zur Last gelegt wurden, nicht einmal angesprochen. Eine andere Gruppe von Strafbestimmungen, die weitaus größere praktische Bedeutung erlangte, richtete sich gegen die Unterstützung von «staatsfeindlichen Verbindungen», welche die Bestrebung verfolgten, «die verfassungsmäßig festgestellte republikanische Staatsform zu untergraben». Entgegen den ursprünglichen Absichten der sozialdemokratisch geführten Reichsregierung richtete sich das Gesetz in fast allen seinen Teilen gegen rechte wie linke Gegner der Republik. Das führte im Ergebnis dazu, daß durch die Anwendungs- und Auslegungspraxis der Justiz schärfer gegen kommunistische als gegen völkisch-nationale Politik vorgegangen wurde. Begünstigt wurde diese Tendenz durch einen Etatismus, der den Staat als solchen in den Mittelpunkt stellte, nicht aber den Schutz der demokratischen Republik.

Da die Organisationsdelikte des Republikschutzgesetzes an das Bestehen einer kriminellen Vereinigung im Sinne des

§ 129 des Strafgesetzbuches anknüpften, geriet die KPD ins Zentrum der Strafverfolgung. Denn ihre Politik galt seit 1925 durchweg als Vorbereitung eines hochverräterischen Unternehmens nach § 86. Wobei zu beachten ist, daß die Rechtsprechung den Gewaltbegriff des Hochverratsparagraphen so extensiv interpretierte, daß am Ende jede Form der kommunistischen Propaganda als Vorbereitung des «Endziels» Revolution bewertet wurde. Im Ergebnis wurde jedenfalls die KPD als hochverräterische kriminelle Vereinigung zugleich stets als eine «staatsfeindliche Verbindung» im Sinne des § 7 Abs. 4 des Republikschutzgesetzes eingestuft.

Anders verfuhren die Gerichte im Fall der NSDAP: «Während der staatsfeindliche Charakter der KPD als ‹gerichtsbekannt› vorausgesetzt wurde und im Einzelfall widerlegt werden mußte, um zur Straflosigkeit zu gelangen, mußte umgekehrt der gleiche Charakter der NSDAP im Einzelfall erst festgestellt werden» (Gusy 1991, 178). An dieser Rechtsprechung änderte sich bis 1933 nichts. Als Dreh- und Angelpunkt der ungleichen Behandlung von KPD und NSDAP erwies sich somit die Anwendung des Hochverratsparagraphen.

Das zunächst auf fünf Jahre befristete Erste Republikschutzgesetz wurde 1927 um weitere zwei Jahre bis Juli 1929 verlängert. Eine weitere Verlängerung scheiterte an den politischen Mehrheitsverhältnissen. Auf dem Hintergrund von Weltwirtschaftskrise, politischer Radikalisierung und der Zunahme politisch motivierter Gewalttaten legte Reichsinnenminister Severing einen modifizierten, neuen Entwurf vor, der schließlich von der sozialdemokratisch geführten Großen Koalition im März 1930 als *Zweites Republikschutzgesetz* mit einfacher Mehrheit angenommen wurde. Dieses Gesetz, das demnach keinen verfassungsändernden Charakter hatte, wurde in Rechtsprechung und Rechtswissenschaft als verfassungskonform eingestuft.

In der Praxis der Gerichte zeigte sich eine etwas ausgewogenere Anwendung des Zweiten Republikschutzgesetzes. So wurde nun zum Beispiel auch die nationalsozialistische Propaganda gegen das «System» bestraft. Der zentrale und nach wie vor gravierende Unterschied zwischen der Beurteilung von Kommunisten und Nationalsozialisten blieb aber nach wie vor in der Rechtsprechung zum Hochverratsparagraphen bestehen. Diese wirkte sich über die Organisationsdelikte des Republikschutzgesetzes, wie bereits geschildert, unmittelbar auf die Praxis von Justiz und Verwaltung aus.

Aufs Ganze gesehen waren die Republikschutzgesetze geeignet, die Grundlage für einen wirksamen Schutz der Demokratie abzugeben. Daß des öfteren nicht ermittelt, angeklagt oder angemessen verurteilt wurde, verweist auf ein Vollzugsdefizit, das zum einen einer nicht loyalen Bürokratie, zum anderen den mangelnden Vorgaben der Regierungspolitik bestimmter Parteien geschuldet war. Vor allem das Zweite Republikschutzgesetz wurde in den einzelnen Ländern zunehmend unterschiedlich angewandt. Obwohl die Zahl der Anklagen und Verurteilungen stieg, verfehlten diese in der sich verschärfenden politischen Krise ihre Wirkung:

> «Mochte das Republikschutzrecht geeignet sein, einzelnen Angriffen auf die demokratische Republik von außen zu begegnen, so fehlten ihm die Mittel gegen die innere Erosion der Weimarer Demokratie. Wie weit diese auf der Ebene des Reiches bereits fortgeschritten war, illustrierte am deutlichsten das Schicksal der Großen Koalition: Mit dem Rücktritt der Regierung H. Müller unmittelbar nach Verabschiedung des Zweiten Republikschutzgesetzes hatte die Republik ein zentrales Konstitutionselement bereits endgültig eingebüßt: nämlich die parlamentarische Regierung. Das Gesetz schützte eine ‹verfassungsmäßig festgestellte republikanische Staatsform›, die schon bei (seinem) Inkrafttreten nur noch als Torso vorhanden war» (Gusy 1991, 190).

In der folgenden Zeit wurde eine Notverordnung nach der anderen in Kraft gesetzt, bis schließlich der Republikschutz in Gesetzesform nahezu vollständig zurückgedrängt war. Konsequenterweise wurde das Zweite Republikschutzgesetz kurz vor seinem regulären Auslaufen im Dezember 1932 durch eine Notverordnung aufgehoben: so weit war in dieser Phase die Gewaltenverschiebung vom Parlament auf die Bürokratie fortgeschritten.

Mit der Zeit der Präsidialkabinette und dem zunehmenden Rückgriff auf Ausnahmeverordnungen nach Art. 48 Abs. 2 WRV begann die Auflösung der Weimarer Republik. Hier waren wirkmächtige Kräfte am Werk, denen normative Sicherungen allein schon deswegen nicht standhalten konnten, weil ihr Einsatz immer weniger politisch gewollt war. Mit dem sogenannten Preußenschlag des Reichskanzlers Papen im Juli 1932, der verfassungswidrigen Absetzung der sozialdemokratisch geführten preußischen Regierung im Wege des Reichszwangs nach Art. 48 Abs. 1 WRV, war das Schicksal der Republik besiegelt. Mit der als loyal geltenden preußischen Polizei verloren die politischen Kräfte der Weimarer Koalition ihren machtpolitisch relevanten Rückhalt.

Zur Debatte um den Begriff der «revolutionären Partei»

Auch von einer «Wehrlosigkeit» der Weimarer Demokratie gegenüber den politischen Parteien kann keine Rede sein. Hinsichtlich der zur Verfügung stehenden rechtlichen Eingriffsmöglichkeiten resümierte K. H. Seifert schon 1961:

> «Es ist eine Legende, die auch durch dauernde Wiederholung nicht an Wahrheit gewinnt, daß die Weimarer Verfassung den Staat wehrlos gegen die Feinde der Demokratie gelassen, insbe-

> sondere keine Möglichkeit gegeben habe, verfassungsfeindliche Parteien zu verbieten» (S. 81).

Daher entspricht es keineswegs der Rechtslage, wenn das Verfassungsgericht im KPD-Verbotsurteil von 1956 behauptet, in der Weimarer Zeit hätten Parteien «die Einrichtungen des Staates in jeder [!] Form bekämpfen» können (BVerfGE 5, 136). Wie umfänglich, wie effizient und gegen welche Gruppen diese Normen tatsächlich angewandt worden sind, ist eine andere, rechtssoziologische Frage. So ist zum Beispiel bekannt, daß die Vereinigungsverbote gegen politische Organisationen in den verschiedenen Ländern des Reichs extrem unterschiedlich und teilweise ohne Wirkung gehandhabt worden sind (Jasper 1963, 128 ff; ausführliche Statistik über die Verbotspraxis: 316 ff).

Unmittelbar nach dem Ersten Republikschutzgesetz wurden Verbote gegen eine Vielzahl (heute zumeist unbekannter) Vereinigungen verhängt. Die NSDAP zum Beispiel war zwischen 1922 und 1925 in einer ganzen Reihe von Ländern verboten, so in Preußen, Sachsen und Hamburg; allerdings blieb die Parteizentrale in München unbehelligt, weil man in Bayern nicht daran dachte, gegen die NSDAP vorzugehen. Während der Scheinblüte der Republik ebbte die Verbotspraxis infolge relativ stabiler Verhältnisse ab und erlangte bezeichnenderweise auch in den Krisenjahren keine größere Bedeutung mehr.

Während die politische Basis der Republik zunehmend schmaler wurde, wuchs mit der Gefahr eben nicht auch der Wille zur Verteidigung der Demokratie, sondern die Indifferenz vieler Behörden:

> «Wenn nach 1929 überhaupt Verbote ausgesprochen wurden, so richteten sie sich entweder nicht gegen die eigentlichen Urheber der Gefahr, also etwa gegen den ‹Roten Frontkämpferbund› statt

gegen die KPD oder gegen die SA statt gegen die NSDAP. Oder aber die Verbote wurden erfolgreich umgangen bzw. nach kurzer Zeit wieder aufgehoben» (Gusy 1991, 304).

Seit Mitte 1932 genoß ausgerechnet die NSDAP eine Art Bestandsschutz, weil die Reichsregierung Papen das Ziel verfolgte, die Partei in die politische Verantwortung einzubinden. Die Aufhebung des SA-Verbots war ein sinnfälliger Ausdruck dieser fatalen Strategie.

Mitentscheidend für die Ineffizienz des Weimarer Republikschutzes dürfte die Tatsache gewesen sein, daß bekanntlich große Teile des Staatspersonals aller wichtigen Institutionen ihrerseits der Republik indifferent bis ablehnend gegenüberstanden und antidemokratischen, teils noch monarchistisch geprägten Vorstellungen nachhingen. Hier wirkte sich ein gravierender Geburtsfehler der Weimarer Republik aus: die nahezu komplette Übernahme des alten vordemokratischen Beamtenapparates in die Institutionen des neuen demokratischen Staates. Daraus folgte die sprichwörtlich gewordene «Blindheit auf dem rechten Auge» – also jene nicht durchgängige, doch gerade in politischen Prozessen skandalöse Ungleichheit der Rechtsanwendung, wie wir sie am Beispiel der Rechtsprechung zu Hochverrat und Republikschutz bereits geschildert haben. Diese Ungleichbehandlung der Flügelparteien NSDAP und KPD setzte sich bis in die Verbotspraxis fort und fand eine charakteristische Entsprechung in der zeitgenössischen staatsrechtlichen Diskussion.

Am Beispiel der verfassungsrechtlichen Debatte um den Begriff der *«revolutionären Partei»* kann gezeigt werden, daß die «relativistisch» angelegte, offene Verfassungsstruktur der Weimarer Republik von konservativer Seite im Wege materialer Interpretation und in dezidiert einseitiger Absicht preisgegeben wurde: Allerdings nicht, um den «formaldemokratischen» Winkelzügen der Nazis «streitbar» entgegentreten zu können. Dort nämlich, wo eine handwerklich seriöse Verfassungsinterpretation es erlaubt hätte, gegen die NSDAP ebenso konsequent vorzugehen wie gegen Parteien der radikalen Linken (und damit wenigstens dem Anspruch nach einen unparteiischen Republikschutz zu formulieren), wurde die Verfassung zugunsten der Nationalsozialisten interpretativ *abgerüstet.*

Die Frage, was unter einer «revolutionären» beziehungsweise «staats-» oder «verfassungsfeindlichen» Partei zu verstehen sei, stellte sich praktisch bei der Auseinandersetzung um die Interpretation von Art. 130 Abs. 2 WRV: «Allen Beamten wird die Freiheit ihrer politischen Gesinnung und die Vereinigungsfreiheit gewährleistet.» Strittig war, ob ein Beamter in einer «revolutionären» Partei politisch tätig sein dürfe.

Die Frage nach dem Begriff der revolutionären Partei stand außerdem Anfang der dreißiger Jahre im Mittelpunkt eines Prozesses vor dem Staatsgerichtshof, in dem die ehemalige Reichsregierung der Großen Koalition unter Kanzler Hermann Müller (SPD) mit der Landesregierung Thüringens, an der Nationalsozialisten beteiligt waren, um die Rechtmäßigkeit der vom Reich verfügten Sperre der Polizeikostenzuschüsse stritt. Das Verfahren wurde seinerzeit mit einem Vergleich beendet (abgedruckt bei: Koellreutter 1931, 90), in dem die Prozeßparteien darüber einig wurden, «daß die Frage, ob und inwieweit die NSDAP umstürzlerische oder sonst strafbare Ziele verfolgt, im Rahmen des gegenwärtigen Verfahrens nicht ausgetragen werden kann und soll». Im Laufe dieses Prozesses traten grundlegende Argumentationslinien zutage, die – wenigstens für die Endphase der Weimarer Republik – als paradigmatisch und richtungweisend in Sachen «Republikschutz und Parteien» bezeichnet werden können.

Während in Literatur und Praxis regelmäßig und ohne Zögern der umstürzlerische Charakter von Parteien wie KPD oder KPO bejaht wurde, gab es, was die Beurteilung der NSDAP anbelangt, einen solchen Konsens keineswegs. Um so bemerkenswerter ist die Tatsache, daß in einer materialreichen Denkschrift aus dem Preußischen Innenministerium vom Jahre 1930 der umstürzlerische Charakter der NSDAP bejaht wurde. Robert M. W. Kempner (1983, 17 ff), seinerzeit als Justitiar der Polizeiabteilung im Preußischen Innenministerium tätig (und nach Berufsverbot und Exil später US-Ankläger bei den Nürnberger Prozessen), veröffentlichte die *Preußische Denkschrift vom August 1930* im Wortlaut (vgl. auch Schulz 1977, 96 ff). Es handelt sich dabei um ein Dokument ersten Ranges, weil es zeitgenössische Strategien belegt, wie mit dem zu Gebote stehenden rechtlichen Instrumentarium gegen die NSDAP administrativ vorzugehen sei. Was theoretisch-juristisch denkbar und möglich erschien, erwies sich praktisch-politisch als kaum umsetzbar. Kempner schildert in seiner Einleitung eingehend die Entstehungsgeschichte und das politische Schicksal der Preußischen Denkschrift, der eine zweite vom 4. März 1932 folgte und die im Reichsinnenministerium und bei Reichskanzler Brüning wenig Beachtung und offiziell keine Zustimmung fand.

Das Preußische Innenministerium hatte die Politische Abteilung (I a) des Polizeipräsidiums Berlin beauftragt, eine eingehende Untersuchung über die Frage der Legalität der NSDAP durchzuführen. Die Denkschrift präsentiert umfangreiches, aus den Dossiers der Politischen Polizei zusammengestelltes Beweismaterial und kommt in ihrer juristischen Bewertung zu dem Ergebnis, die Illegalität der NSDAP ergebe sich aus drei Gründen:

Erstens aus ihrem Charakter einer staatsfeindlichen Verbindung im Sinne des § 129 StGB (alte Fassung), «zu deren Zwecken oder Beschäftigungen es gehört, Maßregeln der Verwaltung durch ungesetzliche Mittel zu verhindern oder zu entkräften» (S. 35). Der Tatbestand des § 129 StGB (a. F.) wird als gegeben angesehen, weil maßgebliche Funktionäre der NSDAP wiederholt betont hatten, die Partei werde ein eventuelles Verbot mit der Fortsetzung des Kampfes aus der Illegalität heraus beantworten (S. 33–35).

Zweitens aus dem Charakter der NSDAP als einer republikfeindlichen Verbindung im Sinne des § 4 Ziffer 1 des Republikschutz-Gesetzes, «die die Bestrebung verfolgt, die verfassungsmäßig festgestellte republikanische Staatsform zu untergraben» (S. 53). Als staatsfeindliche Verbindung im Sinne des § 129 StGB erfülle ihre Tätigkeit zugleich den genannten Tatbestand des Republikschutzgesetzes, wonach die Teilnahme an einer solchen Verbindung unter Androhung von Gefängnisstrafe verboten war.

Drittens schließlich ergibt sich für die Verfasser der Denkschrift die Illegalität der NSDAP *aus ihrem Charakter als einer hochverräterischen Verbindung im Sinne des § 86 StGB,* die «auf eine Revolution mit gewaltsamen Mitteln hin arbeitet, deren Ziel über die nationalsozialistische Diktatur die Errichtung des nationalsozialistischen ‹Dritten Reiches› ist» (S. 127).

Ohne die juristische Tragfähigkeit der Preußischen Denkschrift im einzelnen zu bewerten, kann man feststellen, daß ihre Argumentation – was Präzision, Struktur und Klarheit der Gedanken- und Beweisführung anbelangt – sich allemal mit den seinerzeit gängigen Standards von Literatur und gerichtsförmiger Republikschutz-Praxis messen kann.

Während also die Autoren der Preußischen Denkschrift in der Nazi-Partei eine «staats- und republikfeindliche, hochverräterische Verbindung» sahen, gelangten Autoren wie Koellreutter in Sachen NSDAP zu einem anderen Ergebnis. Es versteht sich von selbst, daß man einer nicht nur antidemokratischen, sondern vor allem militant-aggressiven Partei vom Zuschnitt der NSDAP, in deren Reihen völkisch-nationalsozialistische Totschläger Aufnahme und Anerkennung fanden, nur dann einen Persilschein ausstellen konnte, wenn man die Frage der Legalität nur zum Schein stellt, das heißt in substantialisierende politische Metaphysik umformuliert und damit der Sache nach für juristisch unbeachtlich erklärt. Da «eine normative Lösung nur schwer möglich erscheint», mithin «die Frage nach dem Wesen der revolutionären, d. h. staatsvernichtenden Partei von einem positivrechtlichen Standpunkte aus überhaupt nicht entschieden werden kann», entwickelt Koellreutter (1932, 107ff) seine Argumentation auf dem Hintergrund einer von ihm so genannten «geschichtsteleologischen Auslegungsmethode», derzufolge «die Frage ‹nach dem gesollten Geschichtsverlauf› einer ganz konkreten politischen Situation» gestellt werden muß. Ganz in diesem Sinne wird der Begriff der revolutionären Partei im Kontext einer völkisch-nationalen Substantialisierung der Verfassung bestimmt, die ihr Gravitationszentrum in der «Nation als geschichtlich gewordener Einheit» findet: «Denn jede Verfassung ist nur (...) das Gefäß für die *politische Substanz der Nation.*»

Nur diejenige Partei, die «diese Einheit und damit die Grundlagen des verfassungsrechtlichen Zustandes zerstören will», behauptet Koellreutter, kann der wirklichen Verfassung zufolge als «revolutionär» eingestuft werden. Die *geschriebene* Verfassung bildet demgegenüber «nur den Rahmen», der notfalls zum Zweck der Existenzsicherung der politischen Substanz, der nationalen Einheit also, gesprengt werden darf: Dabei wird bezeichnenderweise die Frage der Gewaltanwendung als Indiz der Illegalität – und in diesem Sinne Verfassungswidrigkeit – von Koellreutter zu einem sekundären Begleitumstand herabgestuft. Wer nämlich auf dem Boden der nationalen «Grundbasis nur um die politische Macht ringt, handelt unter Umständen ‹illegal›, begeht einen Staatsstreich, wenn er dabei zu Mitteln greift, die die gegenwärtige Rechtsordnung verwirft, aber er handelt nicht ‹revolutionär›, so lange er als Glied des Volksganzen als Repräsentant der bestehenden politischen Einheit angesehen werden kann». Und unter Bezugnahme auf Carl Schmitt und das NSDAP-Programm fährt Koellreutter fort:

> «Eine Partei, die ‹den bewußten Willen des Volkes zur politischen Existenz auf der Grundlage der nationalen Einheit› zum Programm ihres politischen Handelns macht, kann deshalb nicht als revolutionär bezeichnet werden, weil sie ja gerade die Grundlagen der bisherigen politischen Existenz erhalten und festigen will.»

Das «programmäßige Ziel» der revolutionären Partei hingegen ist die Negation jener Grundlagen, ist «der ‹Nichtstaat›, d. h. die gewaltsame Zerstörung der gewachsenen und vorhandenen staatlich geformten gesellschaftlichen Ordnung».

Nach der Herausarbeitung solcher Prämissen kann es nicht überraschen, daß Koellreutter bei der Prüfung der Frage, ob die NSDAP eine revolutionäre Partei sei, «naturgemäß zu einer Verneinung» gelangt, wie ein zeitgenössischer Beobachter lapidar anmerkte (Häntzschel 1931, 385). Der «revolutionäre Charakter einer Partei wie der KPD, die mit dem Bolschewismus die «nationale Kontinuität» Deutschlands negiert, liegt dagegen klar auf der Hand. Die Frage nach der Legalität einer Partei wird somit in die nach ihren «richtigen», das heißt national angeblich verträglichen Zielen umformuliert. Das Verhältnis von Legalität und Parteipolitik wird auf den Kopf gestellt: Während die «bloß» formelle Illegalität völkisch-nationaler Bewegungen unter Berufung auf ihre materielle Konformität mit der «politischen Substanz der Nation» gleichsam geheilt wird, kann die «bloß» formelle Legalität der Propagandatätigkeit einer Partei in einem «höheren» Sinne bereits dann als rechtswidrig eingestuft werden, wenn nur die materielle Unvereinbarkeit ihrer Zielsetzungen mit der «eigentlichen» Verfassungsgrundlage behauptet wird.

Mit Hilfe dieser Argumentationsfigur wird die Weimarer Verfassung zum ideologischen Instrument der innenpolitischen Ausbürgerung und Feinderklärung uminterpretiert: Deutschnational inspirierte «geschichtsteleologische» Metaphysik tritt an die Stelle juristischer Verfassungsinterpretation. Fast überflüssig zu betonen, daß die wahre Natur der Verfassungssubstanz nur geschaut werden kann, wenn «Theorie wie Praxis der Politik» sich zuvor entschieden haben «zwischen dem wertblinden Staat des alten Liberalismus und einem wertbetonten Staat, dessen Autorität sich aus irgendeiner überpersönlichen und in diesem Sinne objektiven ‹Staatsidee› ableiten läßt».

Es liegt auf dieser Linie, daß Koellreutter 1934 in seiner Schrift *Der deutsche Führerstaat* eben diesen Staat pries, weil er in ihm die Idee des «nationalen Rechtsstaates» verwirklicht sah. Der NS-Staat galt ihm, wie vielen anderen seiner Zunft, als der «einzig wahre Rechtsstaat» (Schellenberg 1985, 82). Bei dieser Apologie des NS-Staates durfte er sich in bester Gesellschaft mit der «überwältigenden» Mehrheit der deutschen Staatsrechtslehrer wissen. Helmut Ridder (1969, 26) bezeichnete denn auch das Verhalten der Mehrheit der deutschen Staatsrechtslehrer angesichts der nationalsozialistischen Machtübernahme treffend als «Preisochsengebrüll».

Häntzschel (1931, 385) hat darauf hingewiesen, daß bei Koellreutter «das Ziel einer Partei mit den Mitteln, die sie zur Verwirklichung dieses Ziels benutzt», verwechselt wird. Er selbst bestimmt die revolutionäre Umsturzpartei «als eine Partei, die (...) Parteiziele mit gewaltsamen Mitteln, insbesondere also dem des Hochverrats, durchzusetzen bestrebt ist». Dementsprechend müsse «daran festgehalten werden, daß in Übereinstimmung mit dem allgemeinen Sprachgebrauch es (...) gar nicht darauf ankommt, welche Ziele sie verfolgt, sondern nur darauf, welches Mittels sie sich zur Erreichung dieses Zieles bedienen will. Ist dieses Mittel der Hochverrat, d. h. die Revolution, so ist die Partei revolutionär, gleichviel, ob die Ziele der Bewegung destruktiv und anarchistisch oder aufbauender Natur sind.»

Auch Gerhard Anschütz (1933, 606), prominenter Kommentator der Weimarer Reichsverfassung, definierte die revolutionäre Partei über die Methode des gewaltsamen Umsturzes. Das konzedierte ebenso der antiliberal denkende Carl Schmitt (1932, 51): «Für die herrschende ‹alte› Lehre kann es keine wegen ihres Zieles oder des Inhaltes ihrer Bestrebungen illegale Parteien, Bestrebungen, Organisationen, Verbindungen usw. geben.» Eben diese «alte Lehre» kritisierte Schmitt später (1979, 99) freilich als «indifferente» Neutralität und redete einer «Unterscheidung von legalen und revolutionären Parteien nach ihrem Programm» das Wort.

2.4. Zwei Grundfragen des Republikschutzes

Die Offenheit der Verfassung wurde also von Teilen der Staatsrechtslehre unter Rekurs auf verschieden ausgeprägte Substantialisierungen entschieden in Frage gestellt, wobei antipositivistische und antiliberale Affekte im Vordergrund standen. Auf der Ebene des einfachen Rechts, wo die Verfassung weitreichende Möglichkeiten zur Einschränkung der politischen Freiheit bot, ist sowohl in der Rechtsprechung der Gerichte zum Hochverrat als auch bei der Normierung der Republikschutzgesetze eine Tendenz zur Ideologisierung des Republikschutzes, also zur «Vergeistigung» seiner Delikte zu beobachten. Die Periode der Weimarer Republik kann daher, in einem größeren rechtsgeschichtlichen Zusammenhang gesehen, als eine *Übergangsphase* charakterisiert werden (Kirchheimer 1961, 66, 58).

Als sich das «Zeitalter der Rechtsstaatlichkeit» mit dem Ersten Weltkrieg seinem Ende zuneigte, gab es nicht nur in Deutschland administrative Bestrebungen, die Verteidigungslinie des Staates auf Kosten der politischen Freiheit vorzuverlegen. «Eins ist all diesen gesetzgeberischen Neuerungen gemeinsam: sie beschränken strafbare Handlungen nicht auf die direkte Beteiligung an Bemühungen zum gewaltsamen Sturz der bestehenden Staatsordnung» (Kirchheimer 1961, 74). Für den Aktionsradius der politischen Parteien bedeutete dies, daß nicht mehr allein auf deren Mittel, also ihre möglicherweise militanten Kampfmethoden abgestellt wurde, sondern zum Teil auch schon auf deren Ziele.

Damit wurde der *Meinungs*kampf zum Anknüpfungspunkt für Eingriffe des Republikschutzes.

Für das Verständnis der freiheitlichen demokratischen Grundordnung ergibt sich daraus, daß diese im Gegensatz zum «okkasionellen» (Hase 1981, 69) Republikschutz der Weimarer Zeit, der wenigstens konzeptionell noch überwiegend an umstürzlerische Handlungen anknüpfte, das voll ausgebildete Schutzgut eines ideologischen Verfassungsschutzes darstellt. Jener Demokratieschutz ist nunmehr auf der Verfassungsebene selbst angelangt und hat, was die Verfolgung von politischen Zielen anbelangt, die rechtsstaatlichen Bedenken abgestreift. Damit aber verschmilzt der hergebrachte *liberale Horizont, der zwischen konstitutioneller Freiheit und ihrer einfachgesetzlichen Rücknahme sehr wohl zu unterscheiden wußte*, in einer streitbar aufgeladenen Verfassung zu einer synkretistischen «Freiheitlichkeit», deren Begriff die virtuelle Rücknahme politischer Freiheit stets schon voraussetzt. Man könnte diesen Rückbildungsprozeß in sprachlicher Anlehnung an Johannes Agnoli (1974, 10) als die «Involution» des demokratischen Verfassungsstaates bezeichnen.

Ganz gleich, ob man die Zunahme des «unkörperlichen Charakters von Delikten» (Brückner 1978, 10) als beunruhigend beurteilt oder nicht: Von einer suizidalen Neigung der Weimarer Republik kann jedenfalls keine Rede sein. Die Gesamtheit ihrer Republikschutznormen bot *Möglichkeiten* und *Eingriffsreserven* genug, um die Demokratie entschieden zu verteidigen – vorausgesetzt, man wollte das überhaupt. Dem kontrastiert auf bemerkenswerte Weise die hartnäckige Langlebigkeit der Selbstmordthese. Es spricht vieles dafür, daß diese, vor allem was die Nachkriegszeit angeht, einem weitverbreiteten Bedürfnis in den vielfältig verstrickten deutschen Führungseliten entgegenkam, ihren politischen «Mord» an der ersten demokratischen Republik – ins Werk gesetzt durch aktives Handeln, Mittäterschaft, sympathisierendes oder opportunistisches Zuwarten und Unterlassen – mit dem abstrakten Hinweis auf ein fehlendes beziehungsweise mangelhaftes Abwehrinstrumentarium als deren «Selbstmord» zu verdrängen: Für diesen gleichsam systembedingten Untergang der Ersten Republik brauchte sich niemand verantwortlich zu erklären.

Demnach kann also die These von der auf Wertrelativismus gegründeten Wehrlosigkeit der Weimarer Demokratie als Exkulpationsversuch entschlüsselt, wenn auch nicht darauf reduziert werden: Schließlich mischten sich darin auf unverwechselbare Art und Weise vordemokratische Ressentiments und demokratischer Läuterungseifer mit hilflosem Antifaschismus und nicht erst an Stalin bewährtem Antikommunismus.

Im Ergebnis läßt sich sagen: Wenn auch die historischen Versatzstücke des Weimar-Syndroms in jeder Hinsicht fragwürdig sind, hat die These von den institutionellen Mängeln folgenreiche Auswirkungen auf die Verfassung der Zweiten, der Bonner Republik gehabt – nicht nur in Gestalt einzelner Regelungen, sondern als zentrales Motiv bundesdeutschen Verfassungsverständnisses. Weimar war gescheitert. Mit dem Grundgesetz wollte man alles besser machen; und so kaprizierte man sich auf eine «streitbare Demokratie», deren «freiheitliche demokratische Grundordnung» man präventiv gegen alle «Feinde der Freiheit» zu behaupten gedachte. Was einst als ewiges Fundament zur Gründung der Demokratie in Deutschland ersonnen wurde, hat sich heute längst als Hindernis auf dem Weg zu deren voller Entfaltung erwiesen.

Wenn nicht «streitbare» Untugenden, was wäre dann zu lernen aus der Geschichte vom Untergang der Ersten Republik? Zunächst einmal Skepsis gegenüber allen vorschnellen

Parallelen oder gar Lehren, die aus dieser Zeit gezogen werden. Das Verhältnis von Politik und Recht in Sachen Republikschutz stellt sich bei näherer Analyse als sehr komplex und voller Widersprüche dar. Auf der Zeitachse «Bonn» und «Weimar» lassen sich daher keine geraden Verbindungslinien ziehen und keine klaren Antworten auf aktuelle Fragen des Demokratieschutzes ableiten. Das gilt auch für die Ideologie der westdeutschen Verfassungsschutzdoktrin, sofern diese die höchst interessierte Legende von der institutionell und rechtlich wehrlosen Republik kolportiert: rückt doch vor dem düsteren Hintergrund dieses Schauermärchens die «freiheitliche demokratische Grundordnung» in überaus glänzendes Licht. Die Zukunft der Berliner Republik ist nicht durch fragwürdige Anleihen an die Weimarer Vergangenheit zu meistern.

Wenn es denn überhaupt eine bündige «Lehre» aus der nahezu ohne Widerstand inszenierten Etablierung der nationalsozialistischen Diktatur gibt, so die illusionslose Zurkenntnisnahme der denkbar banalen Tatsache, daß eine Demokratie ohne die halbwegs geglückte Verankerung in den Massen eben nicht erfolgreich verteidigt werden kann.

In der Weimarer Republik gab es ein Bürgertum, das sich in seiner Mehrheit nicht zu Citoyens emanzipierte, sondern alten monarchistischen Idealen, jedenfalls vordemokratischen oder «unpolitischen» Träumen nachhing. Norbert Elias hat in seinen *Studien über die Deutschen* (1989, 223, 282) eine brillante Skizze des antirepublikanischen Bürgertums der Weimarer Republik geschrieben; seine Gedanken über «Zivilisation und Gewalt» gelten unter anderem der «Zersetzung des staatlichen Gewaltmonopols in der Weimarer Republik». Von diesem Bürgertum war eine Verteidigung der Republik schwerlich zu erwarten. Auf der anderen Seite stand eine heillos gespaltene Arbeiterbewegung. Deren sozialdemokratischer Flügel hielt zwar politisch zur Sache der Republik, brachte es jedoch im machtpolitisch entscheidenden Moment nicht zu deren entschlossener Verteidigung. Der kommunistische Flügel der deutschen Arbeiterbewegung war zwar wegen seiner verbalradikalen Agitation und seiner Neigung zum Putschismus für diese oder jene abenteuerliche Aktion gut, hatte jedoch seit der «Bolschewisierung» der Partei unter Thälmann die Verteidigung von bürgerlicher Demokratie und Parlamentarismus nicht einmal mehr aus taktischen Gründen auf die Parteifahnen geschrieben und fand überdies seine Gegner nicht in den Nazis, sondern den «Sozialfaschisten» der SPD-Führung. Eine KPD, die populistisch gegen «Bonzen» und Berliner «Schwatzbude» agitierte, kam für die Verteidigung der Republik kaum in Betracht.

Im nachhinein mögen feine juristische «Zwirnsfäden» gesponnen werden, doch institutionell noch so ausgeklügelte Waffen, die niemand zur rechten Zeit zu gebrauchen weiß, müssen stumpf bleiben; sie werden den neuerlichen Untergang einer deutschen Republik nicht verhindern. Gegen die politische Zustimmungsbereitschaft zu einem «Ermächtigungsgesetz» helfen ohnehin keine normativen Finessen.

Es gibt keinen Königsweg des Republikschutzes. Das eine aber kann man immerhin aus «Weimar» lernen: die zwei Grundfragen, welche die Verteidigung der Demokratie und folglich der Republikschutz aufwerfen, kaltblütig und präzise zu formulieren.

> «Wie weit kann, wie weit darf eine demokratische Republik die demokratische Freiheit einschränken, um sich selbst zu schützen? Und inwieweit ist Recht überhaupt in der Lage, eine politische Ordnung gegen ihre eigene Aushöhlung und Zerstörung zu sichern?» (Gusy 1991, 370)

Wer diese Fragen im Getümmel des politischen Tageskampfes nicht aus den Augen verliert, läuft nicht so leicht Gefahr, im Namen der Demokratie deren Freiheitsgarantien zurückzunehmen.

Kapitel 3

Kritik der streitbaren Demokratie

Deutschland 1: Die Bonner Republik hat sich als streitbare (alias wehrhafte) Demokratie konstituiert. Mit dieser Formel sollte sie von der gescheiterten, weil angeblich nicht ausreichend streitbaren Weimarer Republik unterschieden werden können. Ein weiteres Mal sollten die «Feinde der Freiheit» nicht die Möglichkeit bekommen, Freiheit und Demokratie abzuschaffen. Dieser Grundgedanke des «Nie wieder» entsprach der Lebenserfahrung vieler Deutscher 1945, aber auch die Westalliierten wollten Deutschland vorbeugend ein für allemal als geopolitischen Unruhestifter «unschädlich machen» und ein der Demokratie fernstehendes oder entrücktes Volk «(um)erziehen». Die kontrollierende Einbindung in die westlichen Militärbündnisse und Wirtschaftsgemeinschaften und die nur partielle Souveränität der Bundesrepublik waren Ausdruck dieses Präventions- und Bewährungsversuchs. Viele Deutsche verinnerlichten diese Anti-Haltung, insofern sie sich nach der Erfahrung des Nationalsozialismus selbst mißtrauten und Rückfällen vorzubeugen trachteten. Sie nahmen sich, sofern sie sich «aus der Politik» nicht ganz verabschiedeten, selbst an die Kandare. Noch die Vereinigung von 1990 wurde von vielen Sprechern der «alten Bundesrepublik», jenseits der Debatte um Zeitplan und sicherheitspolitische Opportunität, prinzipiell als Versuchung einer Restauration des «Vierten Reiches» skeptisch beurteilt und abgelehnt.

Deutschland 2: Die Deutsche Demokratische Republik, deren Lebenszweck ebenfalls zunächst ein äußerer war (nämlich die Sicherung der polnischen Westgrenze und die Befestigung des sowjetischen Bollwerks), gründete sich nach innen in einer komplementären Anti-Haltung – gegen den Faschismus und seine immerdrohende Wiederauferstehungspotenz im Bonner «Nachfolgestaat des Dritten Reiches». Auch hier war der Schwur des «Nie wieder» eine Gesellschafts- und Staatsdoktrin, die den Gebrauch der politischen Freiheit unter Verdacht stellte, auch als die fast vollkommene Beschneidung der Souveränität des zweiten deutschen Staates nachließ und er international Anerkennung fand. Die 1961 gebaute Mauer wurde offiziell als «antifaschistischer Schutzwall» tituliert, als habe man sich der drohenden Restauration nur mit diesem drakonischen Mittel entziehen können. Die staatsrechtliche Vereinigung der beiden deutschen Staaten wurde auch von vielen Kritikern des SED-Regimes als ein solches Unternehmen der Restauration interpretiert.

Streitbar, militant, kämpferisch, wehrhaft, abwehrbereit, wachsam – die Zahl der Synonyme auf beiden Seiten ist groß. Wachsamkeit war die allseitige Parole der frühen Jahre, was übrigens die tatsächliche Kontinuität der Funktionseliten, der Mentalitäten und autoritären Alltagsideologien nicht tangierte. Beide Gemeinwesen konnten mit dieser Ideologie der Selbst-Behauptung Lebenslügen zudecken – im Westen das Fortleben des Antisemitismus in der Latenz und im Osten die Diktatureigenschaften des SED-Regimes. Beide Nachfolgestaaten des Dritten Reiches waren auf Abgrenzung zu etwas aufgebaut, was man nicht mehr und nie mehr wollte, und sie grenzten jene aus, die die Restauration angeblich oder tatsächlich vorhatten.

Nach zwölf Jahren nationalsozialistischer Diktatur hatten weder Sozialismus noch Demokratie ein halbwegs solides gesellschaftliches Fundament. Unterdessen braute sich an der Nahtstelle der Blockkonfrontation eine äußerst prekäre, ideologisch aufgeladene Lage zusammen. Dies um so mehr, als die Gebilde «Bundesrepublik Deutschland» und «Deutsche Demokratische Republik» auf beispiellose Weise, gleichsam auf einem künstlichen Experimentierfeld, dichotomisch strukturiert und aufgebaut wurden. In seinem *Versuch, uns und anderen die Bundesrepublik zu erklären,* resümierte Peter Brückner 1978 (11):

> «In beiden Teilen des Landes hat sich fast alles, was Besatzungsmächte und deutsche Politiker nach 1945 vorfanden, nach dem Prinzip der wechselseitigen Ausschließung organisiert, das erst ist die eigentliche *Teilung.* Was ‹drüben›, *in der Zone,* die Grundlage von Staat und Gesellschaft ausmachen soll, die Diktatur der Arbeiterklasse (...), macht ‹hier›, *bei uns,* im ‹Westen›, das Projekt des Staatsfeindes aus, und umgekehrt. (...) Die Beziehungen zwischen den beiden deutschen Staaten sind insofern einmalig in Europa, als für die DDR wie für die BRD der Klassenfeind jeweils *extern* organisiert ist, jeweils die Gestalt eines selbständigen Anrainerstaats gleicher Sprache angenommen hat. Die Teilung verwirklicht sich daher im Schicksal der Opposition: Wer bürgerlich-parlamentarische Auffassungen verträte, muß in der DDR, der Kommunist muß in der BRD als *Landesverräter* erscheinen.»

Der famose Grundkonsens, der sich in der Bundesrepublik erst über Jahre hinweg einstellen mußte und in der DDR stets löchrig blieb, baute damit auf der Pflege des inneren «Feindes» auf – also auf einer politischen Dauerdramatisierung. Beide Republiken waren, in der Situation des Kalten Krieges und der atomaren Abschreckung plastisch nachvollziehbar, im permanenten Alarmzustand. So konnten die Mängel bzw. die völlige Abwesenheit einer freien politischen Kultur und eines selbstverständlichen Gebrauchs der Verfassung kaschiert werden, während Kritiker leicht in den Geruch gerieten, «Verfassungsfeinde» zu sein, sobald sie das ex negativo bestimmte Juste milieu der Mitte verließen.

In der Konkurrenzsituation des über 1945 hinausgetriebenen europäischen Bürgerkriegs, als dessen Frontstaat und Tummelplatz sich die Bundesrepublik sah, fixierte sich das «staatliche» Mißtrauen zwangsläufig auf «Abweichler» der linken Richtung. Kommunisten und ihre Parteigänger und Weggefährten wurden scharf ausgegrenzt, während der regierende Bürgerblock geläuterten Nazis der zweiten und dritten Garnitur als systemkonformen Nationalliberalen und Deutschkonservativen eine Heimat bot. In der DDR waren «West-Kontakte», «Sozialdemokratismus» und ähnliche Vorwürfe das entsprechende Unterscheidungskriterium von gut und böse.

Die Jakobiner-Parole (von Saint-Just): Keine Freiheit für die Feinde der Freiheit, bekam in beiden Staaten einen totalitären Beigeschmack. Ihr lag, ähnlich wie schon bei den Jakobinern, das Modell eines politisch homogenen, normativ identitären Gemeinwesens zugrunde. Von der «streitbaren» Verteidigung der Republik zur Stigmatisierung eines «inneren Feindes» ist es immer nur ein kleiner Schritt – auch wenn keine Köpfe mehr rollen, sondern «nur» soziales Außenseitertum, Betätigungs- und Berufsverbote oder Bespitzelung drohen.

Die Berliner Republik hat diesen Ab- und Ausgrenzungswahn nicht mehr nötig, nicht nur weil mit dem Außerkrafttreten der Schlachtordnung des Kalten Krieges und dem Umbruch von 1989 die äußeren Koordinaten der Streitbarkeit weggebrochen sind. Deutschland darf sich nach 40 Jahren Bundesrepublik als einigermaßen selbstbewußt gewordene «civic culture» ernst nehmen. Der Erfolg einer Demokratie als politischer Lebensform hat die berechtigten Anfangszweifel und Rückfallbefürchtungen eindrucksvoll dementiert. Daß Bonn nicht Weimar war (abgesehen davon, daß Weimar so schlecht nicht war!), ist über schwierige Wirtschaftskrisen und schwere Wertkonflikte, über den «deutschen Herbst» und populistische Kampagnen hinweg unter Beweis gestellt worden. Insofern sind die Gründe entfallen, daß sich Bundesbürger selber mißtrauen und von Verfassungsschützern unter Kuratel nehmen lassen müßten.

Ost-Berlin war auch nicht Moskau – kein durchgängig totalitäres System. Dies ist durch die sang- und klanglose Abdankung der SED belegt, die sich ein «chinesisches Szenario», also die blutige Repression der Opposition, nicht geleistet hat. Aber noch wichtiger ist, daß die Bürgerbewegungen die totalitären Versuchungen, denen die Ostdeutschen ausgesetzt waren und die hier und da zur Mentalität geworden sind, eindrucksvoll abgeschüttelt haben – wenn auch nach wichtigen «Vorarbeiten» in Prag und Danzig, Warschau und Budapest und nach einem Wink durch «Gorbi». In diesem Übergang haben sie sich den «Luxus» interessanter Demokratieexperimente geleistet, deren Wert leider nicht durch einen gesamtdeutschen Akt der Neukonstitution Anerkennung und Bestätigung gefunden hat. Die DDR war kein totalitärer Staat, gegen dessen drohende Wiederkehr es nun erneut Verteidigungsanlagen aufzurichten gälte; ihre posttotalitären Züge sind von den DDR-Bürgern selbst überwunden worden.

Es besteht also kein Anlaß, wegen brauner Flecken und roter Spuren die Selbstinszenierung als «streitbare Demokratie» fortzusetzen. «Wachsamkeit» ist als Zivilreligion der neuen Bundesrepublik ungeeignet. Sie muß eigenständige Regelwerke und Maßstäbe des politischen Streits entwikkeln, die auch für neue Herausforderungen einer multikulturellen, also in ihren Wertrepertoires noch weiter ausdifferenzierten (Welt-)Gesellschaft Gültigkeit haben.

3.1. Antiextremismus: zur verwitterten Staatsreligion der Bonner Republik

«Kein Grundrechtsschutz für Extremisten!» lautete die Parole der «alten» Bundesrepublik. Das Bundesverfassungsgericht interpretierte das Grundgesetz 1956 in seinem Urteil gegen die KPD so:

> «Wenn das Grundgesetz (...) einerseits noch der traditionellen freiheitlich-demokratischen Linie folgt, die den politischen Parteien gegenüber grundsätzliche Toleranz fordert, so geht es doch nicht mehr so weit, aus bloßer Unparteilichkeit auf die Aufstellung und den Schutz eines eigenen Wertesystems überhaupt zu verzichten. Es nimmt aus dem Pluralismus von Zielen und Wertungen, die in den politischen Parteien Gestalt gewonnen haben, gewisse Grundprinzipien der Staatsgestaltung heraus, die, wenn sie einmal auf demokratische Weise gebilligt sind, als absolute Werte anerkannt und deshalb entschlossen gegen alle Angriffe verteidigt werden sollen; soweit zum Zwecke dieser Verteidigung Einschränkungen der politischen Betätigungsfreiheit der Gegner erforderlich sind, werden sie in Kauf genommen. Das Grundgesetz hat also bewußt den Versuch (!) einer Synthese zwischen dem Prinzip der Toleranz gegenüber allen politischen Auffassungen und dem Bekenntnis zu gewissen unantastbaren Grundwerten der Staatsordnung unternommen» (BVerfGE 5, 138f).

Auf die Problematik des so begründeten Parteiverbots von SRP und KPD ist bereits hingewiesen worden. Das zitierte Urteil dient darüber hinaus der Konstruktion eines *Verfassungsprinzips* der streitbaren Demokratie, aus dem ein «streitbarer» Mehrwert geschöpft wird, den die betreffenden Artikel des Grundgesetzes für sich genommen nicht hergeben (repräsentativ dafür Sattler 1982). Die Verfechter des Prinzips der Streitbarkeit leiten daraus die Trias Wertgebundenheit – Abwehrbereitschaft – Treuepflicht ab. Aus der Wertgebundenheit folgt für sie eine im internationalen Vergleich westlich-liberaler Demokratien erhöhte, in das ominöse «Vorfeld» hineinreichende Abwehrbereitschaft und eine besondere Treuepflicht, speziell für Staatsdiener und Beamte, aber auch für die Bürger der Bundesrepublik insgesamt (vgl. Jesse 1994 b).

Es ist nicht zutreffend, daß die Verfassungsgeber der deutschen Länder nach 1945 einen «antitotalitären» Konsens im ihnen heute unterstellten Sinne formulieren wollten. Die Instrumente der «streitbaren Demokratie» richteten sich ihrer anfänglichen Intention nach vor allem gegen den Nationalsozialismus, während sie in der Frühzeit der Bundesrepublik hauptsächlich gegen die Linke angewandt und in den fünfziger Jahren ideologisiert und dogmatisiert wurden. Es bestand, in der «Anti-Weimar-Atmosphäre» der Beratungen in den Ländern, zwar Einigkeit, daß man die ungefestigte Demokratie schützen müsse. Aber der «selbstverständliche Konsens über die Notwendigkeit, die neue politische Ordnung abzusichern, löst sich in der vorgrundgesetzlichen Verfassungsgebung in unterschiedliche Positionen auf, sobald es um die Frage geht, wie dieses Ziel erreicht werden soll» (Scherb 1986, 278 f). Das lag nicht nur daran, daß die später als verfassungsfeindlich aus dem Konsens ausgeschlossene KPD bei diesen Beratungen beteiligt war, sondern auch daran, daß erst die veränderte geopolitische «Großwetterlage» Christ- und Sozialdemokraten veranlaßte, das Konzept «streitbare Demokratie» in den Rang eines Verfassungsprinzips zu erheben.

Was im Bezug auf die mögliche Restitution des Nationalsozialismus als politisch opportun galt, wurde erst in wachsender zeitlicher Entfernung von ihm und im Bezug auf den neuen Feind zum Dogma der Verfassungsmilitanz. Damit entfernte sich die deutsche Interpretation der «militant democracy», wie sie als erster wohl der Emigrant Karl Loewenstein 1937 formulierte und damit temporäre Schutzmaßnahmen im Krisenfall meinte, von den Vorkehrungen anderer westlicher Demokratien gegen politische Subversion. Nirgendwo sonst ist die verfassungsmäßige Grenze gegen Meinungs- und Vereinigungsfreiheit so weit «vorne» gezogen worden, nirgendwo sonst ist die Loyalitätsverpflichtung für Beamte und Richter so strikt bestimmt worden (vgl. Meier/Wollenteit 1983). Eine solche Vorverlagerung des Demokratieschutzes ist in den «klassischen», sicherlich nicht weniger «wertgebundenen» Republiken Frankreichs und Amerikas, auch in der parlamentarischen Urdemokratie Großbritannien ganz undenkbar (Boventer 1985). Die Entschlossenheit dieser Demokratien zur Selbstverteidigung kann nicht in Zweifel gezogen werden. Allein in der Bundesrepublik hat man über die allgemeine Schutznotwendigkeit hinaus die ideelle Verteidigung einer «freiheitlichen demokratischen Grundordnung» als Aufgabe herausgestellt und damit einen deutschen Sonderweg eingeschlagen, dessen Fragwürdigkeit heute offenkundig ist.

Exkurs: Inhalt und Herkunft der fdGO-Formel

Der später im Wortsinne vielbeschworene Begriff der «freiheitlichen demokratischen Grundordnung» schien für die Gründergeneration der Bundesrepublik den Königsweg zum Demokratieschutz zu weisen (vgl. Kapitel 2.1). Dabei ist bis heute erstaunlich unklar geblieben, was damit eigentlich verteidigt werden soll: Um den Inhalt dieser bundesrepublikanischen Zivilreligion, die im Grundgesetz verankert, dort abernicht präzisiert wurde, entbrannte stets dann der Streit, wenn eine Regierung daranging, sich aus der Rüstkammer der «streitbaren Demokratie» zu bedienen – sei es gegen verfassungs«feindliche» Parteien oder Beamte. Vordergründig scheint indes die Sache seit langem völlig klar. In seinem SRP-Verbotsurteil aus dem Jahr 1952 erklärte das Verfassungsgericht (BVerfGE 2, 12f):

> Als «wertgebundene Ordnung», als «das Gegenteil des totalen Staates (...) läßt sich die freiheitliche demokratische Grundordnung als eine Ordnung bestimmen, die unter Ausschluß jeglicher Gewalt- und Willkürherrschaft eine rechtsstaatliche Herrschaftsordnung auf der Grundlage der Selbstbestimmung des Volkes nach dem Willen der jeweiligen Mehrheit und der Freiheit und Gleichheit darstellt. Zu den grundlegenden Prinzipien dieser Ordnung sind mindestens zu rechnen: die Achtung vor den im Grundgesetz konkretisierten Menschenrechten, vor allem vor dem Recht der Persönlichkeit auf Leben und freie Entfaltung, die Volkssouveränität, die Gewaltenteilung, die Verantwortlichkeit der Regierung, die Gesetzmäßigkeit der Verwaltung, die Unabhängigkeit der Gerichte, das Mehrparteienprinzip und die Chancengleichheit für alle politischen Parteien mit dem Recht auf verfassungsmäßige Bildung und Ausübung einer Opposition.»

Gerade weil die hier aneinandergereihten verfassungspolitischen Gestaltungsprinzipien von geradezu betörender Allgemeinheit und entwaffnender Selbstverständlichkeit sind, erlebte die Karlsruher fdGO-Formel seit den fünfziger Jahren eine einzige Kettenzitation. Die Prinzipien als solche sind nicht umstritten, unklar ist «nur» ihre Anzahl, ihre jeweils charakteristischen Merkmale oder ihre Rangfolge. Natürlich hat es, je nach politischem Temperament, Variationsvorschläge gegeben: So war den einen der Sozialstaat, den anderen der Rätegedanke einer freiheitlichen demokratischen Weihe wert (Meier 1993a, 300).

1964, als den freiheitlichen demokratischen Gründungskonsens der Bundesrepublik noch keine Protestbewegung erschütterte und mit dem ostdeutschen Arbeiter- und Bauernstaat eine verläßliche Negativfolie existierte, konnte der Staatsrechtler Günter Dürig die Sache kurz und bündig auf den Begriff bringen:

> «Der Begriff ergibt sich einfach daraus, was wir von ‹*früher*› und von ‹*drüben*› als politische Ordnung *unbedingt nicht* wollen. (...) Blickt man in die erlebte *Vergangenheit* und auf die erlebte *Gegenwart* jenseits ‹der Mauer› und ‹des Todesstreifens›, so wird eigentlich unmittelbar *einsichtig*, was alles (aber auch *nur*) zum Begriff der ‹freiheitlichen demokratischen Grundordnung› im Sinne des Grundgesetzes gehört.»

Jenes «Drüben» firmiert heute bekanntlich als «Beitrittsgebiet» oder «fünf neue Bundesländer»; Mauer und Todesstreifen beschäftigen seit geraumer Zeit deutsche Strafgerichte. Was aber soll aus einer Demokratie werden, die sich ihrer freiheitlichen demokratischen Identität nicht mehr durch den Blick nach «drüben» versichern kann? Bliebe der Blick in die gesamtdeutsche Vergangenheit. Der freilich inspirierte keine *freiheitliche demokratische*, sondern allenfalls eine *antinazistische* Grundordnung (vgl. Kapitel 5.4). Nach dem Ende des Kalten Krieges und der Teilung des Landes sind die Risse in den Fundamenten des bundesdeutschen Demokratieverständnisses nicht mehr zu übersehen.

Ungeachtet dessen verweisen Verfassungsschützer gern auf die angeblich klare Geschäftsgrundlage, die das neue Bundesgesetz über den Verfassungsschutz geschaffen habe. So findet sich seit 1990 im Vorwort der Jahresberichte aus dem Kölner Bundesamt die stereotype Behauptung, mit § 4 habe man nunmehr «die Kriterien für die Grenzziehung zwischen Extremisten und Demokraten» zur Hand. Bei näherem Hinsehen erweist sich diese vorgeblich kristallklare Definition jedoch als so gut wie wertlos – es gibt keine «freiheitliche demokratische» Rechtssicherheit. Denn der zitierte Gesetzgeber des Jahres 1990 tat nichts anderes, als die Definitionsformel, die das Bundesverfassungsgericht in seinen Parteiverbotsurteilen der fünfziger Jahre vorlegte, fast wortwörtlich abzukupfern. Woher aber bezogen die Verfassungsrichter ihren Prinzipienkatalog? Sie warfen ihrerseits einen Blick in das politische Strafrecht des Jahres 1951 und wurden beim damaligen § 88 Abs. 2 fündig, in dem «Verfassungsgrundsätze» definiert worden waren (abgedruckt bei von Brünneck 1978, 389).

An mehr oder weniger reflektierten Definitionsvorschlägen herrscht kein Mangel. Auch künftig wird aber nicht etwa die fdGO-Formel die Praxis steuern, sondern umgekehrt die jeweiligen Bedürfnisse der politischen Praxis werden den Inhalt der juristischen Formel füllen (Denninger 1977, Bd. I,70). Ein aktuelles Beispiel: In Zeiten, da Asyldebatten und fremdenfeindliche Gewalt die Republik beunruhigen, besinnt man sich nicht von ungefähr auf die Völkerfreundschaft. So hebt der nordrhein-westfälische Verfassungsschutzbericht (1993, 224 f) hervor, nach einer Novellierung des Verfassungsschutzgesetzes sollten nun auch der «Gedanke der Völkerverständigung» sowie das «friedliche Zusammenleben der Völker» als Bestandteil der freiheitlichen demokratischen Grundordnung festgeschrieben werden.

Das ist gewiß gut gemeint, trägt aber nichts zur Entideologisierung der fdGO-Formel bei. Für das Verständnis der freiheitlichen demokratischen Staatsreligion ist es ohnehin nicht entscheidend, ob sechs oder sieben Prinzipien die deutsche

Grundordnung ausmachen. Entscheidend ist ihre *exklusive* Funktion: Wo immer die Formel praktisch zum Zuge kommt, geht es um die Diskriminierung politischer Minderheiten, denen «verfassungswidrige», nicht fdGO-konforme Ziele nachgesagt werden. Die «freiheitliche demokratische Grundordnung», seit jeher das ideologische Zentrum bundesdeutschen Verfassungsschutzes, bleibt die vage sprachliche Hülse einer multifunktionalen Ausgrenzungsformel.

Im Systemvergleich offenbart diese Ausgrenzungsformel eine denkwürdige Pointe. Trotz der offenkundigen Dichotomie gibt es eine Gemeinsamkeit zwischen den Letzten Dingen der freiheitlichen demokratischen und der realsozialistischen Grundordnung. Seit den sechziger Jahren wurde gelegentlich auf diese Paradoxie der deutsch-deutschen Verfassungslage hingewiesen. Denninger machte 1975 mit Seitenblick auf die DDR darauf aufmerksam, daß Verfassungen im Ausmaß ihrer Substantialisierung zu einem *politischen Kampfprogramm* umfunktioniert werden, um dessen inhaltliche Verwirklichung willen die Freiheitsrechte der Bürger tendenziell zu Pflichten verkehrt werden. 1967 klang bei Böckenfördes Untersuchung über die *Rechtsauffassung im kommunistischen Staat* eine ähnliche Parallele an. Es heißt dort zu den Grundrechten der DDR-Verfassung, diese stellten «nicht die Garantie einer *freien* Betätigung» dar, sondern gälten «immer nur im Rahmen der neuen Staats- und Gesellschaftsordnung» (S. 48). Unter ausdrücklicher Bezugnahme auf die zentralen «streitbaren» Artikel des Grundgesetzes schrieb Böckenförde:

> «In dieser Einschränkung kommt, auf sozialistische Weise, das gleiche Prinzip des Bestandsschutzes für die eigene Ordnung zum Ausdruck, das in rechtsstaatlichen Formen auch vom Grundgesetz für die freiheitlich-demokratische Ordnung ange-

> wandt wird. Auch in der Bundesrepublik ist, wie das Verbot der KPD zeigt, keine Betätigungsfreiheit garantiert, die sich gegen die eigene Grundordnung richtet; Art. 21 GG läßt das Parteiverbot, Art. 18 GG die Verwirkung von Grundrechten zu. Der Unterschied liegt hier nicht im Bestandsschutz als solchem und der daraus folgenden Einschränkung der Freiheit – insofern setzen sich beide Ordnungen gleichermaßen ideologisch absolut –, sondern in den Mitteln und Verfahren, die für den Bestandsschutz eingesetzt werden» (S. 49).

In einer Randnotiz zu der von ihm konstatierten ideologischen Verabsolutierung «beide(r) Ordnungen» setzte Böckenförde skeptisch hinzu:

> «In der Bundesrepublik geschieht dies meist unter Berufung auf die Wertgrundlage und Wertgebundenheit der freiheitlichen Demokratie. Wieweit dieser Versuch, einen einmal erreichten Stand geschichtlich-politischer Entwicklung und dessen rechtlich-organisatorische Ausformung der weiteren geschichtlichen Entwicklung zu entziehen, mit dem Prinzip einer freiheitlichen Ordnung vereinbart werden kann, bedarf dringend näherer Untersuchung. Möglicherweise erliegt hier die freiheitliche Demokratie dem gleichen ideologischen Dogmatismus, den sie – mit Recht – der marxistisch-leninistischen Ideologie vorhält» (S. 104 f).

Solche Skepsis ist dem Mainstream der bundesrepublikanischen Extremismusforschung bis heute fremd geblieben.

So weit der Exkurs zum Inhalt der fdGO-Formel. Das antiextremistische Selbstverständnis der Bundesrepublik soll noch genauer auf seine interne Struktur hin betrachtet werden. Der Begriff des Extremismus stellt eine einfache binäre Codierung bereit, nach der das gesamte politische und soziale System der Bundesrepublik geordnet und gefiltert werden kann. Sie knüpft historisch an die im 19. Jahrhundert herausgebildete «Gesäßgeographie» Kontinentaleuropas an, die seit der Französischen Revolution den Dualismus der Pole Rechts und Links fest im politischen Denken und in der Alltagswahrnehmung verankert hat. Das Gegensatzpaar «Rechts und / oder / versus Links» leitet die Selbstdeutungen der politischen Akteure, definiert die jeweiligen politischen Güter des «progressiven» und «konservativen Lagers» und verleiht ihren Interaktionen eine feste Schlachtordnung. Die politischen Parteien ordnen sich in der Regel einem der beiden Pole zu. Auch wenn sie, wie in der Bundesrepublik paradigmatisch der Fall, als «Volksparteien» mit lagerübergreifendem Anspruch in die «Mitte» drängen, reproduzieren sie das Rechts-Links-Schema (zum Begriff Dreier 1988) in ihrem Inneren (als linker und rechter Flügel) und führen zu Plazierungen auf der «rechten» oder «linken Mitte».

Diese Dichotomie bestimmt auch die Selbsteinstufung der Bürger und Wähler auf einer Skala von «rechtsaußen» bis «linksaußen». «Das Links-Rechts-Schema ist ein effizienter Mechanismus der Vereinfachung komplexer politischer Sachverhalte durch symbolische Generalisierung» (Fuchs / Kühnel 1989, 1). In Konfliktdemokratien kommt so eine zweigipflige Verteilung zustande, in Konsensdemokratien wie der Bundesrepublik eine Kumulation in der Mitte, wobei sich Sozialdemokraten (und Grüne) eher links davon, Christdemokraten (und Liberale) eher rechts davon einordnen.

Dieser Zuordnungsreflex funktionierte nach der Wende auch «spontan» unter politischen Neulingen, wie den jungen Menschen in Ostdeutschland. Selbst wo sie keine Parteipräferenz äußern (wie bei der Mehrheit der 14- bis 25jährigen der Fall), erschien ihnen das Rechts-Links-Schema sofort plausibel. Der Gegensatz von Rechts und Links reproduzierte sich also auch unter den doppelten Newcomern in Ostdeutschland, eine alternative «Gesäßgeographie»kam ihnen kaum in den Sinn.

Norberto Bobbio hat jüngst auf die Stabilität dieses Dualismus auch nach dem «Wertewandel» der sechziger und siebziger Jahre und nach dem Zusammenbruch der bipolaren Weltordnung hingewiesen (Bobbio 1994). Auch die Ökologiebewegung, die sich «weder rechts noch links» (sondern vorn) lokalisierte, also ein tertium datur jenseits der Sitzordnung des 19. Jahrhunderts postulierte, hat sich später im Bezug auf die Prinzipien von Gleichheit und sozialer Gerechtigkeit eher links angesiedelt beziehungsweise in einen rechten und linken Flügel gespalten. Und auch mit dem Untergang des realexistierenden Sozialismus ist die Besetzung des linken Pols (und damit der Dualismus an sich) nicht obsolet geworden. Die antitotalitären Bürgerbewegungen Ost- und Mitteleuropas haben sich in der Regel in eine nach konventionellen Kriterien polarisierte Parteienlandschaft eingeordnet. Das Rechts-Links-Schema behielt also auch nach 1989 seine Ordnungsfunktion. Trotz des Vordringens anderer Codierungen (Ethnos, Rasse, Geschlecht, Naturschutz etc.) und der Fusionsversuche im Sinne eines «Wertkonservatismus» linker Provenienz ist es ein Grundmuster politischer Orientierung geblieben, das exklusiv wirkt und Alternativen weitgehend ausschließt oder subsumiert.

Das Extremismus-Schema baut auf dieser Codierung des Politischen auf und modifiziert es zugleich. In ihm wird der Pol der Mitte absolut und mit «Demokratie» gleich gesetzt. Extremistische Gesinnungen werden nach rechtsextrem und linksextrem unterschieden, zugleich konvergieren beide aber im Pol des «Extremismus», welcher dem Pol «Demokratie» gegenübergestellt wird. Mit der Totalitarismustheorie wurde diese Dichotomie von Demokratie versus Diktatur am deutlichsten ausgeprägt. In diesem Sinne wird Extremismus als eine Einheit angesehen, deren Gemeinsamkeit, der Gegensatz zur Demokratie, wichtiger erscheint als die verbleibenden Unterschiede in Ideologie, Organisation und Strategie. Das ursprüngliche Rechts-Links-Schema wird also in ein Freund-Feind-Schema transzendiert. Die Extremismustheorie postuliert eine übergeordnete Dichotomie von «Freunden» und «Feinden» der Verfassung.

Diese Umstellung hat bedeutsame Konsequenzen. Es folgt aus ihr ein striktes Symmetriegebot («Kampf gegen links und rechts»), eine Ideologisierung der «Mitte» (die per definitionem nicht «extremistisch» sein kann) und die Metapher der «gegenseitigen Aufschaukelung der Extreme», paradigmatisch am Ende der Weimarer Republik, als sich dieser Interpretation nach KPD und NSDAP als feindliche Brüder miteinander gegen den Kern der Republik und ihre Verfassung verbunden und verbündet haben (so zuletzt Striefler 1993). Einschlägige Beispiele hierfür sind der Berliner BVG-Streik, den Kommunisten und Nationalsozialisten 1932 gemeinsam organisiert haben (Röhl 1994), oder im außenpolitischen Bereich der Hitler-Stalin-Pakt. Die Extremismustheorie kombiniert das Rechts-Links-Schema mit der Dichotomie von Demokratie und Diktatur zu einer neuen Codierung des politischen Denkens – die extremistischen Pole wachsen unter übergeordneten Gesichtspunkten hufeisenförmig zusammen.

Die frühen Theoreme der «streitbaren Demokratie» beim bereits erwähnten Karl Loewenstein 1937 (ähnlich Karl Mannheim 1943) sind in der zeitgenössischen Wahrnehmung von Nationalsozialismus und Stalinismus entstanden und haben, in dieser Lage durchaus fast zwangsläufig, die Demokratie als das Gegenbild zu beiden totalitären Herrschaftsformen postuliert. Sie formulierten aber nur einen negativen Konsens der Abgrenzung liberaler Demokratien gegenüber den (1939–1941 verbündeten) NS- und Sowjetdiktaturen. Eine Übertragung dieses Wahrnehmungsmusters auf die frühe Bundesrepublik, die die nationalsozialistische Tradition und die sowjetkommunistische Gegenwart als Bezugspunkte hatte, kann das nicht begründen (vgl. Kapitel 5.4). Ihre Dogmatisierung zur «freiheitlichen demokratischen Grundordnung» unterstellt, daß die politische Kultur der Zweiten Republik unterentwickelt geblieben ist – eine politische Bankrotterklärung, die durch die wachsende Beteiligung der Bürger, auch in unkonventioneller und direktdemokratischer Weise, dementiert wird. Antiextremismus wurde zur anachronistischen Staatsdoktrin.

Als solche war sie ein etatistisches Konzept, das in unangemessener Weise die Beziehungsmuster von Staat und Gesellschaft, die Operationalisierung des Konzepts der «Inneren Sicherheit» und auch die Selbstdeutungen der Bürger prädeterminierte. Es überhöht die Verfassung zu einem sakrosankten «Rechtsgut» und zu einer «überzeitlichen Wertetafel» (U. K. Preuß 1984, 29), womit im übrigen ein Primat der juridischen Diktion in der politischen Auseinandersetzung eintrat. Wie sich Bürger äußern, wird zu einer (verfassungs)«juristischen Frage», der sie als «Nicht-Experten» gegenüberstehen.

Der im westlichen Maßstab selbst extreme «Antiextremismus» fußte auf einem Freund-Feind-Schema, das den Antagonismus des Kalten Krieges ins Innere der Bundesrepublik hineinversetzte und prolongierte. Eine latente Bürgerkriegssituation, wie sie in der Staatslehre und politischen Theorie etwa Carl Schmitts vorherrscht, wird allen anderen Konzeptualisierungen des politischen Meinungsstreits vorgezogen. «Streitbarkeit» bekommt eine staatstragende (oder staatsgetragene) Konnotation. Eine lebendige Verfassungsdebatte muß hingegen staatsfern und diskursiv sein; sie ist ganz der Autonomie der Bürgerschaft selbst überlassen. Die Vorverlagerung der Wertgebundenheit in diesen fragilen Bereich des freien Austauschs von Meinungen ermächtigt eine etatistische Oberinstanz zum (scheinbar) neutralen Verfassungshüter.

Das Konzept des Extremismus, das sich aus der frühen «Kampfsituation» der Bundesrepublik entwickelt hatte, blieb die Meßlatte der Gesinnungsprüfung. Das «Weimar-Syndrom» wurde in einer entwickelten politischen (Protest-) Kultur auf Dauer gesetzt. Daran bemaß sich – immer im Sinne des zwanghaften Symmetriegebots und der Aufschaukelungsmetapher – die Parallel-Wahrnehmung des parlamentarischen Aufstiegs der NPD und der außerparlamentarischen Opposition (APO). NPD und APO wurden als Flügel ein und derselben Bedrohung interpretiert.

Diese Zwangsvorstellung wirkte auch, wenn sich kein aktuelles Extremistenpaar finden ließ. Wenn etwa eine (problematische) Umfrage der frühen achtziger Jahre, die SINUS-Studie von 1981, bei 13 Prozent der Wähler ein «abgeschlossenes rechtsextremes Weltbild» diagnostizierte, ließ das Echo Noelle-Neumanns nicht lange auf sich warten, wonach 12,4 Prozent der Deutschen aktive und passive Linksextremisten waren (SINUS 1981, Noelle-Neumann/Ring 1984). Eine ähnliche Selbstcodierung kennzeichnet die empirische Jugendforschung bis in die Gegenwart. In der Demoskopie läßt sich die selbsterfüllende Prophezeiung der Extremismustheorie am leichtesten nachweisen. Sie wird aber auch den Politikern der Inneren Sicherheit zur zweiten Natur, die angesichts einer nachweislich von «Rechtsextremisten» ausgelösten Gewaltwelle nicht darauf verzichten konnten, gleichzeitig vor der «Gefahr durch Linksextremisten» zu warnen.

Die Konturen des vielstrapazierten Extremismusbegriffs sind bis heute schemenhaft geblieben. Die Querelen um die Einstufung von REPs und PDS (vgl. Kapitel 1.6) zeigen beispielhaft, daß die Frage des Extremismus nichts anderes als eine unbestimmte Variable aus Definitionsmacht und politischem Zeitgeist ist. Dem hierzulande inflationären Gerede über Extremisten liegt jedenfalls keine klare Begrifflichkeit zugrunde. Entsprechende Bemühungen, so sie denn überhaupt anzutreffen sind, gleichen den Verrenkungen, die sich unwillkürlich beim Versuch einstellen, eine Wendeltreppe zu definieren. So heißt es bei Hans Neusel (1990, 23), einem ehemaligen Staatssekretär im Bundesinnenministerium, über *Das Wesen des politischen Extremismus*:

> «Unter ‹extrem› versteht man allgemein jede übertriebene, maßlose Position – im Wortsinne – ganz *außen*. Während aber ‹extrem› auch positiv wertend gebraucht werden kann, wird mit ‹extremistisch› eine *übersteigert* extreme Haltung in einem spezifisch abwertenden Sinne bezeichnet.»

Statt nun das Konzept des politischen Extremismus zu verabschieden, werden immer neue Versuche gestartet, es in der wissenschaftlichen Literatur und publizistischen Debatte am Leben zu erhalten. Backes/Jesse (zuletzt 1993) versuchen ein um das andere Mal, der dezisionistischen Begrifflichkeit formale Konsistenz zu verleihen. Ihnen ist bewußt, daß die Unterschiede zwischen links- und rechtsextremen Parteien, Bewegungen, Ideologien und Doktrinen gewaltig sind. Aber sie bemühen sich, «eine Reihe von Gemeinsamkeiten im Denken und Handeln extremistischer Kräfte herauszudestillieren, die den erwähnten Unterschieden hinsichtlich ihrer politischen Konsequenzen mindestens ebenbürtig sind» – ein merkwürdiges Verfahren, das unterstellt, daß, wenn zwei Ursachen identische Folgen zeitigen, die Differenz der Ursachen verschwinden werde. Ihre «vergleichenden Betrachtungen» widersprechen allen Vorkehrungen der komparatistischen Methode und fallen entsprechend dürftig und gezwungen aus (1993, 224ff). So konstatieren sie etwa im Hinblick auf die Doktrinen bei beiden Extrempositionen «antipluralistische und antiparlamentarische Äußerungen» und den «Anspruch geistigen und politischen Vorrangs» sowie «eine aus dem eigenen Absolutheitsanspruch folgerichtig abgeleitete, somit wohlbegründete und als notwendig geltende Intoleranz» – was Doktrinen, gleich welcher Provenienz, eben so an sich haben. Wesentliche Unterschiede, zum Beispiel im Volksbegriff, der den jeweiligen antidemokratischen Vorstellungen zugrunde liegt und auf den es in der «geistigen Auseinandersetzung» – das eigentliche Ziel der politisch-pädagogischen Bemühungen aller Extremismusforscher – gerade ankommt, fallen bei ihnen durch das viel zu weite und unbestimmte Erkennungsraster.

Ideologische Absolutheitsansprüche, Dogmatismus, Freund-Feind-Stereotype und Verschwörungstheorien, die hier als Merkmale extremistischer Doktrinen entlarvt werden, gelten ironischerweise im hohen Maße gerade für die Extremismustheorie, die normativ höchst voreingenommen und empirisch überaus desinteressiert ist. Im zweiten Vergleichsfeld, Organisationen und Anhänger, fehlen deswegen präzise organisationssoziologische Kriterien, nach denen man das Wirken der inkriminierten «Personenzusammenschlüsse» bewerten könnte, im dritten Feld, ihren Strategien, gibt es keinerlei handlungstheoretische Prämisse.

Die Extremismustheorie bleibt eine doktrinäre und anschauungsarme Lehre, die alle Abweichungen vom vorangestellten Leitbild per se als extremistisch definiert und in den Handlungstypen keine Differenz zwischen ideologischer Opposition und Gewaltakt zuläßt. So kommt es zu der bezeichnenden Konklusion der Autoren:

> «Extremistische Strategien haben eine Gemeinsamkeit: Sie basieren auf der Verachtung demokratischer Kompromißkultur und zielen auf deren Beseitigung. Freilich weist das Arsenal des extremistischen Kampfes gegen die Demokratie eine beeindrukkende Zahl unterschiedlicher Methoden auf. Die Palette reicht von strikter Legalitätswahrung bis hin zum systematischen Einsatz massiver Gewalt (Terrorismus)» (Backes/Jesse 1993, 246).

Ähnlich nichtssagend ist ihre «Ätiologie» (Ursachenlehre) einer Rechts- wie Linksextremisten kennzeichnenden Persönlichkeitsstruktur, die auf die Wiederbegegnung mit einem alten Charaktertyp, dem «Fanatiker», hinausläuft. «Extremismus» dient lediglich als Widerlager zu einer normativen Theorie des demokratischen Verfassungsstaates, den aus sich selbst heraus zu begründen seinen Verfechtern offenbar nicht gelingt. Das Wegsacken eines «extremistischen Verfassungsfeindstaates» in Gestalt der DDR hat allerdings immer noch nicht zum Kollaps der Extremismustheorie geführt – dank eines «inneren Feindes» namens PDS, dessen Doktrin, der Antifaschismus, ein fatales Spiegelbild der die alte Bundesrepublik kennzeichnenden Extremismustheorie bietet.

3.2. Antifaschismus: zur verblichenen Staatsdoktrin der DDR

Auch wer selber im Ruf steht, «Fanatiker» zu sein, läßt sich deswegen noch lange nicht hindern, anderen «Fanatikern» das Maul zu verbieten. «Eine Demokratie muß das Recht haben, jene an der politischen Wirksamkeit zu hindern, die das demokratische System selber beseitigen wollen. Sonst ist sie ihren Feinden, die sich an demokratische Verhaltensregeln nicht gebunden fühlen, wehrlos ausgeliefert. Einzelne und Gruppen, die nicht bereit sind, allen Bürgern des Staates das Recht auf freie Entfaltung der Persönlichkeit, auf freie Meinungsäußerung und politische Mitbestimmung zuzuerkennen, haben selber keinen Anspruch auf eben diese Rechte», formulierte nicht etwa das Bundesverfassungsgericht in puncto Terroristen, sondern westdeutsche Marxisten gegenüber der NPD (Kühnl/Rilling/Sager 1969, 378).

Hier reproduziert der Antifaschismus auf seine Weise das Schema der streitbaren Demokratie, nur ist die Grenze weit nach rechts verschoben und der linke Gegenpol zum Juste milieu der Mitte erhoben, von dem aus antidemokratisch mit rechts(extrem) gleichzusetzen ist. Aus antifaschistischer Sicht besteht zwischen Faschismus und Konservatismus ohnehin nur eine graduelle Differenz mit zahlreichen Schwarz- und Brauntönen.

In der zitierten Formel verbirgt sich das ganze Elend der antifaschistischen Gesellschafts- und Staatsdoktrin, auf der die DDR nach 1945 aufbaute und auf der, um «Antiimperialismus» und «Antirassismus» erweitert, ost- und westdeutsche Traditionslinke bis heute argumentieren. Wehrhaftigkeit konzentriert sich bei ihnen auf die «Gefahr von rechts». Partei- und Organisationsverbote, ja selbst Berufsverbote sind in dieser Sicht kein Problem. In einer Ansprache zum 9. November 1991 wurde Klartext geredet:

> «Wir haben es in der sogenannten Ausländerfrage nicht nur mit Vorurteilen aggressiver Jugendlicher und Aktivisten faschistischer Banden zu tun. Wir haben es mit dem Imperialismus zu tun. Das soll uns nicht schrecken, aber das muß uns klar sein» (Kühnl 1992, 58).

Klar ist, daß sich Faschismus und Kommunismus schwer unter den Hut einer «Extremismustheorie» bringen lassen. Aber Antifaschismus und Antiextremismus, im Kalten Krieg aggressiv aufeinander fixiert, haben als Varianten der militanten (Volks-)Demokratie mehr gemeinsam, als ihren Protagonisten lieb sein kann. In der DDR übernahm der antifaschistische Code jene symbolisch-repressive Ordnungsfunktion, welche die doktrinäre Verpflichtung auf die «freiheitliche demokratische Grundordnung» im Westen besaß. Auch der Antifaschismus gründet auf einer falschen Theorie, und auch er begründet ein innergesellschaftliches Freund-Feind-Schema, das Meinungs- und Vereinigungsfreiheit an eine Loyalitätsverpflichtung zur vorgegebenen Verfassungsnorm koppelt und die Entwicklung einer autonomen politischen Kultur verhindert. Da dem Antifaschismus ein totalitär organisierter Staatsapparat zur Verfügung stand, der durch keinerlei Gewaltenteilung eingeschränkt war, fielen die Konsequenzen dieser Codierung sehr viel verhängnisvoller aus für Oppositionelle, die sich folglich nur als Dissidenten artikulieren konnten. Auch die paranoide Grundstruktur dieser Anti-Doktrin war viel ausgeprägter als im Westen.

Antifaschismus gilt selbst vielen Sozialismuskritikern als «Ehre» der untergegangenen DDR. Die Beschädigung im antifaschistischen Kampf wird SED-Größen wie Erich Honekker, der lange in Zuchthäusern der Nazis eingesperrt war, anerkennend zugebilligt oder als mildernder Umstand angerechnet. Die Beteiligung am Widerstand gegen Hitler soll nicht über das Maß hinaus diskreditiert werden, in dem sie sich selbst diskreditiert hat. Denn sie war fest eingebunden in den Kontext stalinistischer Ambitionen und Praktiken. Bereits vor 1933 diente der Antifaschismus der KPD den taktischen und strategischen Zielen der Sowjetisierung Deutschlands und dem Sturz der Weimarer Republik; der größte Mißgriff dabei war die Denunziation der Sozialdemokratie als «Sozialfaschisten» und die Mißinterpretation der Nationalsozialisten als «reaktionärsten Bestandteil der Großbourgeoisie und des Finanzkapitals». Auf Befehl Stalins kam ein ebenso großer Teil von großen und kleinen Kadern der KPD zu Tode wie auf Befehl der Gestapo und der SS.

Diejenigen, die die NS-Diktatur in Deutschland überlebt hatten oder aus dem Moskauer Exil kamen, konnten 1945 im Schlepptau der Roten Armee auf der Siegerbank der Geschichte Platz nehmen und, nach sowjetischem Vorbild, eine vermeintlich klassenlose sozialistische Gesellschaft in der DDR aufbauen. Die machtgestützte «Aufarbeitung der Vergangenheit» diente hier dem strategischen Ziel, einen totalitären Sozialismus aufzubauen. Die große, zum Teil bis heute konservierte Lebenslüge der DDR war, daß sie den Ostdeutschen Gelegenheit bot, sich aus der kollektiven Verantwortung der Deutschen für den Mord an den Juden und den Vernichtungskrieg herauszustehlen, ohne von den Mentalitäten der NS-Zeit Abschied zu nehmen. Selbst der pathetische Schwur von Buchenwald, mit dem die DDR sich auf ihre Variante des «Nie wieder!» verpflichtete, ist durch die gnadenlose Politik der KPD-Funktionäre gegenüber anderen Häftlingsgruppen schwer kompromittiert.

Die antifaschistische Mär, wonach die DDR die institutionelle Garantie für die endgültige Zerschlagung des Faschismus gewesen sei, diente als Mittel, Menschen- und Grundrechte von DDR-Bürgern nachhaltig zu beschneiden. Da der Kapitalismus als Hauptursache des Faschismus galt, fielen auch angebliche oder tatsächliche Überlebens- und Restaurationsversuche einer kapitalistischen Eigentums- und Produktionsordnung unter pauschalen Faschismusverdacht. Ausgestattet mit dem gestohlenen Renommee des «anderen Deutschland» und in ideologischer Abgrenzung zur «BRD» konnte die DDR unliebsame politische Positionen ausgrenzen und ein System der Bespitzelung und Unterdrückung errichten. «Antifaschistisch» war der gesamte Unterdrükkungs- und Volkserziehungsapparat: das Ministerium für Staatssicherheit, die politische Justiz, die Freie Deutsche Jugend, die Betriebskampfgruppen, Pädagogik und Wissenschaft. «Staatsfeinde» wurden drangsaliert und ausgebürgert, das Berufsverbot war institutionalisiert.

Die Wahrnehmung des Volksaufstandes vom 17. Juni 1953 als «faschistischer Putschversuch» und die Deutung des Mauerbaus vom 13. August 1961 als Errichtung eines «antifaschistischen Schutzwalls» zeigen, in welcher Weise der Antifaschismus als politische Devianztheorie innergesellschaftlich und im Verhältnis zum anderen deutschen Staat wirkte. In der Bestimmung des inneren und äußeren Feindes, in der mit historischer Bedeutung ausgestatteten Anti-Haltung also, lag die einzige Möglichkeit, einem System der Repression ein Stück Legitimation zu verleihen.

Dieser Legitimationsversuch mußte zusammenbrechen, als sich in der Zeit vor und nach der ostdeutschen Revolution erstmals rechtsradikale Skinheads im Gebiet der DDR bemerkbar machten. Von offizieller Seite, aber auch aus den Reihen der SED-Erneuerer und der Bürgerbewegung fand am mit NS-Parolen beschmierten sowjetischen Ehrenmal von Treptow noch die übliche «Kampfdemonstration» statt, die zur Wehrhaftigkeit gegen nazistische Infiltrationsversuche aus dem Westen aufrief, es aber an Wahrhaftigkeit fehlen ließ: Skinhead-Randale und Werwölfigkeit waren hausgemachte Produkte eines linksautoritären Herrschafts- und Erziehungssystems, Staatsanwaltschaften und Sozialwissenschaftlern seit längerem bekannt, aber aus antifaschistischer Staatsräson nicht einmal den SED-Spitzen gemeldet worden. Auch der Antisemitismus hat, durch den offiziellen Antizionismus befördert oder in ihm verkleidet, in der DDR weitergewirkt und tritt heute an die Oberfläche.

Die DDR scheiterte – ähnlich wie die BRD – mit ihren «Lehren aus der Geschichte» an der politischen Gegenwart; da es jedoch im «Arbeiter- und Bauernstaat» keine Gegenöffentlichkeit gab, die sich mit der offiziellen Staatsdoktrin kritisch auseinandersetzte, war dieses Scheitern total. Die antifaschistische Rhetorik lebt allerdings in den Bekundungen der PDS fort, die den Antifaschismus zu den gelungenen Teilen des DDR-Erbes rechnet und daraus ein moralisches Überlegenheitsgefühl gegenüber der alten Bundesrepublik bezieht, die immer noch mangelhafter «Vergangenheitsbewältigung» geziehen wird. Fatalerweise wirkt in dieser Konfrontation die Dialektik der beiden Anti-Haltungen fort. Die Eröffnung einer primitiven antikommunistischen Kampagne und die Aktualisierung antifaschistischer Rituale am gegenwärtigen Rassismus in Deutschland verlängern die Neigung, ständig Gefahr im Verzug zu sehen. So bleibt das Freund-Feind-Schema intakt, entweder als virtuelles Bürgerkriegsszenario oder in der einseitigen Recodierung des westdeutschen Antiextremismus als modernisierten Antifaschismus. Ein derart inspiriertes «Amt für Nationale Sicherheit» (als welches die Stasi nach der Wende ein paar Monate weitergeführt wurde) wäre ein Bärendienst für die Berliner Republik.

Der Versuch könnte leichter als zum Scheitern verurteilt angesehen werden, hätten sich nicht längst ost- und westdeutscher Antifaschismus in Gestalt von Antifa-Gruppen wiedervereinigt. Diese Fusion war möglich, weil der Antifaschismus in der kapitalismuskritischen Studentenbewegung ebenfalls zu einer Doktrin geworden war. Ursprünglich auf exegetische Exerzitien der Faschismustheorie beschränkt, gab er bald die Folie ab für eine militante, antiimperialistische Orientierung, die von den Ursprüngen der Rote-Armee-Fraktion bis zu heutigen «autonomen Antifa»-Gruppen reicht. Sie ziehen ihre Legitimation zu direkter Aktion gegen vermeintliche Faschisten aus der Tatsache, daß sie dem staatlichen Gewaltmonopol diesbezüglich wenig zutrauen («Deutsche Polizisten schützen die Faschisten!») oder es direkt im Bunde mit ihnen sehen.

Diese direkte Konfrontation erstreckt sich auch auf den Kampf gegen rechtsgerichtete Intellektuelle, Publikationsorgane, Druckereien und Einrichtungen. Wer den Disput mit Rechtsradikalen sucht, gilt aus solcher Warte als Kollaborateur und Verräter. Je länger diese Form der autonomen Selbstjustiz dauert, um so mehr beeinträchtigt sie das Klima, in dem (auch antidemokratische) Meinungen ungehindert ausgetauscht werden können, und um so mehr ähneln die Methoden der selbsternannten Bekämpfer des Neonazismus den Methoden der Bekämpften, bis hin zur Körperverletzung und zum Mordversuch.

3.3. Die offene Gesellschaft und ihre Feinde: das Betriebsrisiko der Demokratie

Demokratische Maßstäbe des politischen Kampfes wurden bereits in der Gründungsphase der Bundesrepublik verrückt und konnten bis heute weder theoretisch noch praktisch etabliert werden. Freie Meinungsäußerung wird mit Gewalt gleichgesetzt («Aus Schlagworten wurden Brandsätze», vgl. Kapitel 4.2), gegen Gewalt wird Gewalt gesetzt. Die Parole «Keine Freiheit für die Feinde der Freiheit», die von offizieller Seite zur Vorverlegung des Verfassungsschutzes in den Meinungsstreit gebraucht worden ist, wird vom alternativen Verfassungsschutz zur militanten Selbstjustiz herangezogen.

Dagegen muß in offenen Gesellschaften der radikale Grundsatz der Aufklärung gelten. «Ich mißbillige Ihre Meinung auf das schärfste, aber ich werde alles daran setzen, daß Sie sie verbreiten können», muß die Antwort an die Gegner der Demokratie und an die «Feinde der Freiheit» lauten. Indem man sie schützt, verhilft man der eigenen Freiheit zur Geltung. Zu dieser Möglichkeit der Verbreitung unliebsamer Meinungen zählt, daß es keine Instanz geben darf, die bereits vorab die Berechtigung und die Gültigkeit von Positionen im Kampf der Meinungen bestimmt. Dabei ist es gleichgültig, ob diese angemaßte Kontrolle von oben, also von «wehrhaften» Staats- und Verfassungsschutzorganen, oder ob sie von unten, von «wachsamen» Bürgern ausgeübt wird. Beide wollen die Freiheit beschränken – der anderen.

In Demokratien geht es jedoch hauptsächlich darum, die

Freiheit zu garantieren – ebenfalls der anderen. Dabei wird man sich einiges anhören und zumuten müssen, was einem mißfällt. «Auf deutschem Boden», werden Revisionisten behaupten, hätten Auschwitz und der Holocaust niemals stattgefunden, es werden Berliner und andere Manifeste erscheinen, in denen Frauenemanzipation, Multikulturalismus und «Vergangenheitsbewältigung» für alle Übel der Republik verantwortlich gemacht werden, es werden Islamisten den Gottesstaat befürworten und Fernsehprediger die Heilige Schrift zur einzigen Wahrheitsquelle erheben, es werden Kurden den türkischen Staat und Südtiroler den italienischen beschimpfen, es werden kommunistische Plat(t)itüden verkündet und zum x-ten Male die deutsche Alleinschuld am Zweiten Weltkrieg bestritten werden – es wird mit anderen Worten jeder blühende Unsinn artikuliert werden. Man kann das schärfstens kritisieren oder angewidert weghören, nur verbieten läßt sich das alles nicht – um der Demokratie willen, die manche mit einem solchen Verbot (der anderen) zu schützen meinen.

Natürlich wird damit der «Diskurs» (der weder jemals herrschaftsfrei noch immer rational sein wird) nicht regellos. Es gibt Grenzen, die das Strafrecht zieht (vgl. Kapitel 1.1), es gibt Grenzen, die eben im Respekt der Freiheit der anderen bestehen, und es gibt, nicht zuletzt, Grenzen in den Spielregeln der Diskurse selbst. Herrn Noltes unablässige Obsession, sich in die Gedanken der Judenmörder einzufühlen, verstößt (noch) nicht gegen Strafrecht, wohl aber ganz entschieden gegen die Regeln der historischen Wissenschaft und, nebenbei, des Anstands. Dasselbe gilt für die hanebüchene Art und Weise, wie die Redakteure der *Jungen Freiheit* sich ihre Artikel erschleichen und zusammenschustern oder wie im Hause des Buchkonzernchefs Fleissner Bücher und Manifeste kompiliert werden.

Aber auch solche Methoden legitimieren niemanden, zum Beispiel am 4. Dezember 1994 die Druckerei der Zeitung *Junge Freiheit* in Brand zu setzen, wie es sich «Revolutionäre Lesbenfrauengruppen und andere revolutionäre Gruppen» zugute halten, oder für Professor Nolte ein Lehrverbot zu beantragen oder einen Protagonisten der Nouvelle Droite zusammenzuschlagen, wie es geschehen ist. «Mit Rechten reden?!» – diese Frage entscheidet sich allerhöchstens anhand von Kriterien der Opportunität und des Geschmacks, auch der eigenen Fähigkeiten, in einem solchen Disput zu bestehen, oder der persönlichen Ekelschwelle, nicht aber grundsätzlich negativ mit Hinweis auf die Überzeugungen der «Verfassungsfeinde» oder «Faschisten» (vgl. Kap. 4.1).

Wie jetzt und künftig «politisch korrekt» zu sprechen sei, ist nicht den selbsternannten Gesinnungsprüfstellen zu überlassen. In einer Gesellschaft, die sich kulturell immer stärker ausdifferenziert, ist es ausgeschlossen, eine absolute Wahrheit festzustellen und die goldene Mitte zu definieren, an der entlang Wahrheit gefunden werden kann. «Nur gemeinsam können wir die Wahrheit finden, und sei es selbst im Streit», hat Dolf Sternberger diesen noblen und anstrengenden Versuch beschrieben, in einer Demokratie einem widerstrebende und antidemokratische Meinungen auszuhalten (Leggewie 1990). Er beschreibt damit lediglich das Betriebsrisiko der modernen Demokratie, das nicht durch Verordnung eines inhaltlichen Grundkonsenses (etwa einer christlich-säkularen Tradition Alteuropas) *gegen Andersdenkende* verringert werden kann, sondern nur, indem man auf Einhaltung der Regelwerke der Demokratie und ihrer «Subsysteme» (Pressewesen, politische Streitarenen, akademischer Betrieb) *gegenüber allen* insistiert.

Diese anspruchsvolle Selbstbeschränkung, die nichts mit eigener Indifferenz, wohl aber mit der Relativität politischer

Optionen, also Toleranz zu tun hat, wird um so notwendiger (und schwieriger), je mehr Gesellschaften nicht nur Toleranz gegenüber Minderheiten abverlangt ist, sondern sie sich selbst in Gesellschaften von Fremden transformieren, in denen schließlich nur noch Minderheiten leben, die um die Wahrheit konkurrieren und die miteinander im Streit liegen. Weder darf hier der (im Kern christlich-säkulare, also selber partikulare) Staat universal gültige Wertvorstellungen verbindlich machen (wohl aber Regeln des zivilen Verkehrs), noch dürfen Minderheiten sich im Besitz der alleinseligmachenden Wahrheit wähnen, die sie anderen bei Gelegenheit aufzwingen können. «Integration» einer Gesellschaft erfolgt nicht von oben, sondern durch die Konfiguration der diversen Beiträge der Verschiedenen, und diese wiederum gewinnen ihre «Identität» nicht aus sich heraus, sondern erst in der Anerkennung durch andere (Taylor 1993).

Minderheiten diese Pflicht aufzuerlegen ist um so schwieriger, je weniger politische Rechte sie haben und sich deshalb um so mehr auf die Betonung ihrer Verschiedenheit werfen. Die politische Betätigung von Ausländern ist in der Bundesrepublik stark beschränkt und suspekt. Man erwartet von ihnen, sich in einen bestehenden Verfassungskonsens einzufügen, mißtraut ihnen aber, am Streit um diesen Konsens mitzuwirken. Man verpflichtet sie, als Wirtschafts- und Steuerbürger zu funktionieren, beläßt sie aber durch die Exklusivität des deutschen Staatsangehörigkeitsrechts im übrigen in einem Status zweiter Klasse, auch wenn sie seit Jahrzehnten in Deutschland leben.

Es wäre fatal, wenn die elende Dialektik des westdeutschen Antiextremismus und des ostdeutschen Antifaschismus nunmehr zu einem neuen «Anti» konvergieren würde – zum Antiislamismus zum Beispiel oder zu einer anderen Frontstellung der «westlichen Wertegemeinschaft» gegen

Fremde aller Art. Daß Angehörige algerischer Terrorgruppen in der Bundesrepublik ein logistisches Netz unterhalten, ist Kennern der Szene seit längerem bekannt – auch den bundesdeutschen Geheimdiensten, ohne daß solche Aktivitäten gestoppt worden wären. Es war schon verblüffend, daß es BND und BfV Ende 1994 nach der Entführung einer Air-France-Maschine in Algier, sozusagen als «Spätwarnsystem», für opportun hielten, mit unklaren Alarmmeldungen eine undifferenzierte Pressekampagne gegen den Islam insgesamt auszulösen. Aber eine Fehlleistung sondergleichen leistete sich der Präsident des BfV, Werthebach, indem er aus diesem Anlaß das Ringen des Verfassungsschutzes «um die große Auseinandersetzung zwischen der christlich-abendländischen Kultur und dem Islam» bereicherte und eine Art Kulturkampf ausrief (*SZ*, 21. 1. 1995).

Wem derart die politische Integration verweigert wird, der wird auch am ehesten «fundamentalistische» Positionen einnehmen, die im Extremfall auch zur Verletzung der formalen Regelwerke führen können. Um dies zu verhindern, hilft nicht Verweigerung der demokratischen Beteiligung, sondern nur – erweiterte Demokratie.

Ralf Dahrendorf hat in seiner Schrift *Gesellschaft und Demokratie in Deutschland* vor Jahr und Tag nüchtern konstatiert: «Die deutsche Frage ist die Frage nach den Hemmnissen der liberalen Demokratie in Deutschland» (1965, 39). Heute, nach der staatlichen Einheit, ist die «deutsche Frage» vollends zur *demokratischen Frage* geworden. Zu den «Hemmnissen der liberalen Demokratie» zählt vor allem jener Antiextremismus, der sich aus dem Weimar-Syndrom speist. Es ist die Angst vor der vollen Entfaltung der Demokratie, ein Kleinmut vor den Konsequenzen der politischen Freiheit. Der Abschied von diesem «streitbaren» Kleinmut wird befreiend sein – nicht nur für die potentiell Ausgegrenzten.

Kapitel 4

Von der Prävention zur Gefahrenabwehr

Auf der Suche nach einem neuen Verständnis von Republikschutz war ein zerklüftetes Terrain des herkömmlichen Sicherheitsdenkens und seiner wenig reflektierten Praxis zu erkunden: Neben den Wechselfällen der Tageskonjunktur waren dies die Untiefen des Weimar-Syndroms, das Arkanum der freiheitlichen demokratischen Grundordnung und der konturlose Extremismusbegriff. Das Gelände des bundesrepublikanischen Verfassungsschutzes ist durchmessen. Die Kritik hat das Ihre getan, die freiheitlichen demokratischen Trümmer der Demokratiegründung in Westdeutschland beiseite zu räumen. Woran aber soll man sich halten, wenn nicht an die überlebten und zutiefst widersprüchlichen Regeln der «streitbaren Demokratie»? Worin müßte sich aufgeklärter Republikschutz von der überlebten Verfassungsschutzideologie unterscheiden? Es ist an der Zeit, die eigenen Maßstäbe zur Verteidigung der Demokratie zu entwickeln. Wir wollen daher nun die Architektur des Republikschutzes in ihren Grundzügen skizzieren.

4.1. Die Funktion der demokratischen Verfassung: politische Einheit im Dissens

Allem Sicherheitsdenken wohnt die Tendenz inne, die Freiheit der Individuen und Gruppen verzerrt zu betrachten, nämlich von der Seite ihrer Einschränkung her. Diese Tendenz ist je nach der favorisierten Konzeption verschieden stark, sie ist jedoch in ausnahmslos allen Modellen wirksam. Wer aber abweichende Politik (die keineswegs immer die Politik von Dissidenten, Oppositionellen ist, wie etwa die überschäumende Angepaßtheit der Stammtischrepublikaner veranschaulicht) lediglich von der Seite ihrer Gefährlichkeit betrachtet, muß gewärtigen, den Normalfall der politischen Freiheit zu verfehlen: Dieser Normalfall ist die ungezügelte politische Freiheit. Es ist daher nützlich zu fragen, was eigentlich politische Freiheit im demokratischen Verfassungsstaat charakterisiert. Wer rationale Maßstäbe für die *Einschränkung* der Freiheit sucht, tut gut daran, sich zunächst einmal über deren *Entfaltung* Rechenschaft abzulegen.

Demokratie als Herrschaft des Volkes meint dessen Selbstregierung in bestimmten institutionellen Bahnen und Verfahren. Die Idee der Selbstregierung speist sich aus unterschiedlichen kontinentaleuropäischen und nordamerikanischen Traditionen (Preuß 1994 a). In welcher Gestalt die Demokratie auch ausgeprägt sein mag, es wird in ihr ein Grundmotiv variiert: das Bestreben, mit der Verfassung einen gesicherten, möglichst von vielen akzeptierten (das heißt von potentiell allen akzeptierbaren) Rahmen zu schaffen, innerhalb dessen die Fülle der gesellschaftlichen Konflikte friedlich reguliert werden kann.

Die demokratische Verfassung ist also ihrer Funktion nach auf eine ganz basale Weise das *Buch der Konfliktregelung.* Sie setzt die Erfahrung voraus, daß es tiefgehende Interessengegensätze ökonomischer und politischer Art gibt, aber auch nicht auf bestimmte Interessen zurückführbare Meinungsdifferenzen, konkurrierende Weltanschauungen und religiöse Bekenntnisse. Eben deshalb werden Spielregeln statuiert, die es erlauben, all diese Konflikte auszutragen. «Austragen» meint nicht Stillegen, Niederkämpfen oder Ein-für-allemal-Entscheiden, sondern einen Spielraum zu schaffen für Verhandlungen und Kompromisse, die in weitere Verhandlungen und neue Bündnisse, schließlich in andere Abstimmungsergebnisse münden.

Da im säkularisierten, weltanschaulich neutralen Staat keine Instanz zu inthronisieren ist, die autoritativ über den «richtigen» Weg, das allesüberwölbende große Ziel, kurz: die politische «Wahrheit» entscheiden könnte, besteht die wichtigste Funktion der Verfassung darin, vielfältig ausdifferenzierte Mechanismen und Prozeduren der Entscheidungsfindung zu aggregieren. Die friedliche Konfliktregelung vollzieht sich im Medium von Freiheit und Gleichheit, das heißt auf der Basis des allgemeinen Wahlrechts und der Grundrechte und schließt alle politischen Richtungen ein. Entscheidungen, die früher oder später getroffen werden müssen (und mehr oder weniger folgenreich und reversibel sind), werden durch die *Mehrheitsregel* möglich. Diese Regel erlaubt es der vorläufig unterlegenen Partei, um neue Mehrheiten zu kämpfen und morgen vielleicht andere Entscheidungen herbeizuführen.

Insofern ist die Demokratie nicht nur minderheitenfreundlich, vielmehr ist sie allein die Form der politischen Herrschaft, in der die Notwendigkeit von Opposition begründet liegt:

> «Die für die Demokratie so charakteristische Herrschaft der Majorität unterscheidet sich von jeder anderen Herrschaft dadurch, daß sie eine Opposition – die Minorität – ihrem innersten Wesen nach nicht nur begrifflich voraussetzt, sondern auch politisch anerkennt und in den Grund- und Freiheitsrechten (...) schützt» (Kelsen 1929, 101 f).

Dies gilt in besonderem Maße dort, wo die Demokratie ein Verhältniswahlrecht ausgebildet hat, das es allen Gruppen erlaubt, im Parlament entsprechend ihrer Stärke vertreten zu sein: Denn eine authentische Form der Kompromißbildung kommt nur dann zustande, wenn alle gesellschaftlichen Kräfte an ihrer Aushandlung beteiligt sind. Das auf diese Weise ermittelte *«Gemeinwohl»* ist stets relativ, deshalb mögen seine Lösungen nicht die besten, ja schlecht oder sogar abwegig sein – und doch bleiben sie Ausdruck des jeweiligen Willens der Mehrheit, genauer der Mehrheit der im Parlament vertretenen Repräsentanten des Volkes. Daß diese irren können, versteht sich von selbst. Nur eine naive Demokratietheorie könnte sich zu der Behauptung versteigen, das Volk, und nur das Volk, sei im Besitz der Wahrheit und werde daher stets «richtige» Entscheidungen treffen. Darauf aber kommt es – wenn man die Spielregeln reflektiert – auch gar nicht an, weil selbst eine «falsche» Entscheidung dadurch legitimiert bleibt, daß sie von der Mehrheit in einem demokratischen Verfahren getroffen wurde.

Wer die eigene Meinung nicht als die einzige absolut setzt, muß auch die fremde, gegenteilige Meinung zumindest der Möglichkeit nach für zutreffend halten. Skeptischer Relativismus – man könnte auch sagen: aufgeklärte Toleranz – ist darum die Haltung, die der demokratische Gedanke voraussetzt: Denn wer auf den Zweifel der Kritik, wer «nur» auf relative Erkenntnis setzt, der kann das staatliche Gewaltmonopol nicht mit politischen Gewißheiten aufladen, der kann mithin den zur Verwirklichung politischer Ziele «unvermeidlichen Zwang kaum anders rechtfertigen als durch die Zustimmung wenigstens der Mehrheit derjenigen, denen die Zwangsordnung zum Heile gereichen soll. Und diese Zwangsordnung darf nur so beschaffen sein, daß auch die Minderheit, weil nicht absolut im Unrecht, nicht absolut rechtlos, jederzeit selbst zur Mehrheit werden kann. Das ist der eigentliche Sinn jenes politischen Systems, das wir Demokratie nennen (Kelsen 1929, 102f).

Mit anderen Worten: Wo eine authentische, absolute, ja göttlich offenbarte Wahrheit aus vernünftigen Gründen nicht erstrebt wird, kommt alles darauf an, in der ungehemmten öffentlichen Debatte so etwas wie eine relative Wahrheit herzustellen, eine prozedurale, verfahrensbezogene Gerechtigkeit zu ermöglichen. Jürgen Habermas (1992, 600) hat diesen Grundgedanken der Demokratie in die prägnante Formel von der «Volkssouveränität als Verfahren» gefaßt. Dem liegt ein evolutionäres, wenn man so will: reformistisches Modell von Politik und Gesellschaft zugrunde. Der *freie Wettbewerb* um das *Wie* und *Wohin* darf nicht durch staatliche Bevormundung reglementiert werden.

In der Bundesrepublik ist noch immer eine selbstgerechte Haltung verbreitet, die das Grundgesetz am liebsten dann für sich reklamiert, wenn es dazu taugt, als Ausgrenzungsinstrument gegen «Verfassungsfeinde» geschwungen zu werden (daß diese «Feinde» immer die anderen sind, versteht sich). Eine demokratische Verfassung ist aber kein Instrument der Ausgrenzung, auf das sich die verschiedenen Gruppen beziehen könnten, um sich in ihrem Namen wechselseitig die Existenz streitig zu machen. Ein halbwegs gereiftes demokratisches Bewußtsein begreift die Verfassung vielmehr als ein Instrument der *Inklusion*, der Einbindung in den politischen Prozeß, mit dessen Hilfe auch radikale Gegensätzlichkeiten eine gemeinsame Form finden können. Kurz: Die Verfassung der demokratischen Republik markiert das Ensemble der selbstgegebenen Spielregeln und ermöglicht auf diese Weise «politische Einheit im Dissens» (Preuß 1994a, 118).

Aber, so ließe sich einwenden, wenn alles für relativ erklärt wird – mündet das nicht am Ende in eine politisch vollkommen indifferente Beliebigkeit? Der politische Prozeß mag diese oder jene Resultate haben – aber sind wir uns nicht wenigstens in der Frage der Spielregeln «absolut» sicher? Wie soll denn der freie Wettbewerb auf Dauer gestellt werden, wenn es jedermann erlaubt ist, seine Bedingungen zu zerstören?

Solche Fragen zielen unter der Hand auf die Substantialisierung der demokratischen Spielregeln als solcher. Dem liegt jedoch ein Trugschluß zugrunde. Es kommt praktisch gar nicht darauf an, alle auf einen «Minimalkonsens» (Eisel 1986) zu verpflichten, zu dem es sich zu bekennen gilt. Entscheidend bleibt vielmehr die politische Praxis, das heißt die Taten, nicht die Bekenntnisse der betreffenden Akteure. Es ist einerlei, welche verbalradikalen Phrasen eine politische Partei im Munde führt (über die Diktatur des Proletariats, den Führerstaat und so fort). Solange sie sich an die Spielregeln des politischen Meinungskampfes hält, haben wir nicht das Recht, sie auszuschließen. Wir sind vielmehr verpflichtet, die wirkliche Entwicklung der Lage aufmerksam zu beobachten – und können dies auch gelassen tun: Wer auf demokratische Weise eine Mehrheit von der Diktatur zu überzeugen hat, muß diese Mehrheit erst einmal gewinnen. Gewinnt er sie nicht, so bleibt es bei der verbalradikalen

Phraseologie; diese mag zwar nervtötend sein, ist aber nicht gefährlich. Gewinnt hingegen eines Tages irgendeine politische Gruppe eine Mehrheit für die Diktatur, dann ist die Demokratie auf demokratische Weise eben nicht mehr zu verteidigen. Das ist eine banale Erkenntnis, gewiß, verdient jedoch hervorgehoben zu werden, denn Einsichten in das kleine Einmaleins der politischen Macht sind hierzulande nicht sehr geläufig. Die Volksherrschaft ist also gegen das Volk nicht zu verteidigen. Diesen Grundwiderspruch der Demokratie schafft niemand aus der Welt. Auch nicht mit der Erfindung einer für die Ewigkeit ersonnenen freiheitlichen demokratischen Grundordnung.

An der Demontage des Asylrechts läßt sich das Problem veranschaulichen. Wer oder was, wenn nicht am Ende eine standfeste politische Sperrminorität von mindestens einem Drittel der Bundestagsabgeordneten oder ein Generalstreik, hätte diese Demontage des Asylrechts verhindern sollen? Das Asylrecht zählt nicht zum änderungsfesten Bestand der sogenannten Ewigkeitsklausel des Art. 79 Abs. 3 GG, derzufolge die Grundsätze der Art. 1 und 20 auch von einer Zweidrittelmehrheit des Parlaments nicht geändert werden dürfen. Aber gesetzt, dies wäre der Fall: Dürfte man sich dann auf ein Rechtsurteil in einem Verfassungsstreit verlassen? Das Bundesverfassungsgericht hat 1970 im Fall des Abhörgesetzes (das im Gefolge der Notstandsgesetzgebung nach Art. 10 Abs. 2 GG verabschiedet wurde und eine Rechtskontrolle durch ordentliche Gerichte ausschloß) entschieden, die «elementaren Verfassungsgrundsätze» der Ewigkeitsklausel dürften zwar nicht angetastet werden, könnten aber «systemimmanent modifiziert» werden (BVerfGE 30, 1). Eine ganze Reihe von klageführenden Rechtsprofessoren sah das anders – was im praktischen Ergebnis freilich bedeutungslos blieb. Die «Ewigkeitsklausel» des Grundgesetzes ist ein Produkt der deutschen juristischen Weltanschauung. Im Ernstfall, und das meint hier keine bloße Asyldebatte, sondern eine zur Diktatur entschlossene, tendenziell mehrheitsfähige Massenbewegung, helfen keine juristischen Vorkehrungen. Es gibt keinen wirksamen verfassungsrechtlichen Schutz vor dem politischen Willen einer verfassungsändernden Zweidrittelmehrheit (vgl. Kapitel 2.2). Allein Politik, die eben als ungesicherte, risikobehaftete erkannt werden muß, allein parlamentarische wie außerparlamentarische Politik ist vielleicht imstande, eine Gesellschaft vor solchen Brüchen zu bewahren – indem sie entsprechende Mehrheiten nach Kräften verhindert. Gelingt dies nicht, bleibt am Ende ziviler Ungehorsam (Dreier 1983), der sich auf die Verteidigung der alten Verfassung beruft – oder notfalls militanter Widerstand.

All dies erhellt, daß eine demokratische Verfassung Spielregeln für die Austragung politischer Konflikte bereitstellen kann. Sie taugt jedoch nicht dafür, den Prozeß der politischen Freiheit, der niemals beendet und stets gefährdet ist, ein für allemal zu garantieren.

4.2. Die Grenze des politischen Kampfes: das Gewaltkriterium

Von diesen Prämissen aus läßt sich die Frage nach der Einschränkung der politischen Freiheit präziser stellen: Wer könnte vom politischen Wettbewerb ausgeschlossen werden und mit welcher Rechtfertigung? Da radikaler Pluralismus keine «falschen» politischen Ziele kennt, kommen *inhaltliche* Aspekte von vornherein nicht in Betracht. Schließlich kann jeder den Versuch unternehmen, potentiell jedes Ziel mehrheitsfähig zu machen.

Wenn aber niemand, kein einzelner und keine politische Gruppe, mit dem Argument, sie verträten «falsche», schädliche, verwerfliche Inhalte, vom demokratischen Willensbildungsprozeß ausgeschlossen werden darf, so bleibt als Ausgrenzungskriterium nur ein Anknüpfungspunkt übrig: die *Form* der politischen Konkurrenz, das heißt die Verletzung der Spielregeln. Wer immer sich des Mittels stummer Gewalt bedient, kündigt den Diskurs, den freien Wettbewerb auf. Wer Gewalt androht oder anwendet, verletzt die Grundregel des politischen Meinungskampfes – denn dieser bleibt Meinungskampf nur so lange, wie er mit den friedlichen Mitteln der Überzeugung, des Appells, der öffentlichen Rede und Überredung geführt wird. Erst wenn Gewalt gegen Personen oder Sachen angewandt wird, darf (und muß) der Staat eingreifen – erst dann also, wenn konkrete Gefahren drohen. Damit markiert das Gewaltkriterium die Grenze, deren Überschreitung Eingriffe in die politische Freiheit rechtfertigt. Diese Grenze markiert eine hohe Eingriffsschwelle, weil sie weit gezogen ist; sie ist aber auch rigide, denn niemand überschreitet sie, ohne zur Rechenschaft gezogen zu werden.

So weit diese systematischen Überlegungen. Wer die vielbeschworene «politische Kultur» der Bundesrepublik aufmerksam beobachtet, wird schnell feststellen, daß hierzulande im Alltag recht häufig und bedenkenlos ausgegrenzt wird – ohne Reflexion auf die Maßstäbe, je nach den Bedürfnissen der Tageskonjunktur und des eigenen politischen Dafürhaltens.

Exkurs: «Aus Schlagworten wurden Brandsätze»

Als Mitte der siebziger Jahre die «verfassungsfeindliche Befürwortung von Gewalttaten», der berüchtigte (und 1981 wieder gestrichene) § 88a des Strafgesetzbuches heftig diskutiert wurde, entwarf Klaus Staeck ein Plakat, das ein Buch zeigte, eingeklemmt in Schraubzwingen; es trug die Unterschrift: «Lesen macht dumm und gewalttätig». Das traf das Milieu der Sympathisantenhetze und RAF-Hysterie recht gut und wurde verstanden als ironische Replik auf die wahllose Dingfestmachung «geistiger Helfershelfer» der RAF (Améry 1972). Heute indessen scheint das kritische Bewußtsein, das einst vehemente Kampagnen gegen die Staatszensur trug, so gut wie erloschen. Schlimmer noch: Seit den mörderischen fremdenfeindlichen Attacken gewinnt die nie offen formulierte, aber unterschwellig nahegelegte These Anhänger: Wer Böses denke und höre und sage, der tue am Ende auch Böses – eine Art Verführungstheorie auf dem Gebiet des Politischen.

Nehmen wir ein unspektakuläres Beispiel: In der *Zeit* vom 15.4.1994 wurde eine Buchbesprechung *(Hauptsache rechts)* veröffentlicht, in der vor der «Zerstörung der offenen Gesellschaft» gewarnt wurde:

> «So ist auch Bodo Morshäuser keineswegs ein Anhänger nationalkonservativen Wertewandels, sondern ein libertärer Linker, der die Jugend gegen die Ansprüche der ‹Erziehung› in Schutz nimmt und die Heilung gesellschaftlicher Gebrechen alleine von herrschaftsfreier Selbstaufklärung erwartet. Doch zu der Selbstreflexion einer liberalen Gesellschaft, die Morshäuser zu Recht einklagt, muß ihre Bereitschaft treten, sich gegen ihre Feinde zu behaupten. Dazu gehört auch, solche Stimmen (!) zum Schweigen zu zwingen, deren Rede (!) die Bedingungen für rationales Sprechen auslöscht. Wer sich auf die Ebene eines in sich lückenlosen Diskurses einläßt, dessen einziges Ziel die Auslöschung der Wahrheit ist, der hat schon verloren; dem physischen Terror geht der Terror der Rede (!) voraus.»

Der Streit um dieses oder jenes Erziehungsmodell tut hier nichts zur Sache – doch «Stimmen zum Schweigen zwingen» und «Terror der Rede», das ist ein starkes Stück.

Weitere Beispiele für den Kurzschluß zwischen bösem Denken und böser Tat gibt es en masse; einige wenige mögen genügen. «Entscheidenden Stellenwert im Kampf gegen den Rechtsextremismus hat auch die geistig-politische Auseinandersetzung. Die Ausstellung ‹Biedermänner und Brandstifter›, die in diesem Jahr (...) gezeigt wird, soll einen kleinen Beitrag hierzu leisten. Sie macht deutlich, daß rechtsextremistische Gewalt oft die Folge geistiger Brandstiftung ist, die vor allem den Ideologen der rechtsextremistischen Organisationen angelastet werden muß.» – «Oft» und «vor allem», Frieder Birzele, Innenminister von Baden-Württemberg, scheint sich seiner Sache doch nicht so sicher zu sein. Sein Geleitwort für den Verfassungsschutzbericht 1993 bedient sich jedenfalls einer Redewendung, die seit dem Anschlag von Mölln eine Hochkonjunktur erlebte: die von den «geistigen Brandstiftern». Ja, man kann sagen, sie war in aller Munde, einerlei, wo die jeweils passenden Biedermänner dingfest gemacht wurden.

«Jetzt hat es also die ‹Wiking Jugend› erwischt, die der Bannstrahl des Bonner Innenministers Kanther traf. Für ein solches Verbot spricht einiges. Beispielsweise, daß jetzt den ideologischen Brandstiftern der neonazistischen Szene (...) die finanziellen Mittel, die organisatorische Basis und die Möglichkeit, öffentlich aufzutreten, entzogen werden. Die Verbotsverfügung dokumentiert auch, daß Staat und Gesellschaft nicht bereit sind, rechtsextremistische Umtriebe weiterhin zu dulden» – meint der *taz*-Kommentar vom 11. November 1994 zum Verbot der «Wiking Jugend»: «Ideologische» Brandstifter, das ist eine kleine Variante, dic immerhin den Nebel dieser Redewendung verrät. Aber «Umtriebe»? Da ist der *taz*-Kommentator unversehens in den Jargon der fünfziger Jahre gerutscht, als die Umtriebe einer «fünften Kolonne Moskaus» Westdeutschland in Atem hielten.

Apropos «Wiking Jugend» – diese neonazistische Pfadfindersekte treibt ihr Unwesen seit 1952, zählt seit Jahren ziemlich konstant 400 Mitglieder und hat es darauf abgesehen, so Innenminister Kanther, «einen nationalsozialistischen Staat zu schaffen» – was offenbar, trotz mancher Wehrsportertüchtigung, nicht so recht geklappt hat in den letzten 42 Jahren. – Aber nein, man soll die Rhetorik dieser Verbotsverfügungen nicht so wörtlich nehmen. Bei Niedersachsens Innenminister Glogowski (SPD), der die Anordnung Kanthers (die er zuvor angemahnt hatte) «mit großer Genugtuung» zur Kenntnis nahm, liest sich die Programmatik der Westentaschen-HJ so: Die Wiking Jugend habe sich das Ziel gesetzt, die verfassungsmäßige Ordnung der Bundesrepublik Deutschland zu untergraben und letztlich zu beseitigen (*FAZ*, 11. 11. 1994). Auf das «letztlich» kommt es an – also auf die phantastischen «Fernziele» jener Wirrköpfe. Denn die lassen sich, nimmt man sie nur vollkommen humorlos beim Wort, am besten für Verbotsverfügungen ausschlachten.

Ein letztes Beispiel in Sachen Geist und Gewalt: In der bereits zitierten Presseerklärung vom 2.9.1993, die Bundesinnenminister Kanther zum Verbotsantrag gegen die FAP abgab (vgl. Kapitel 1.3), wird unter anderem die forsche Absichtserklärung formuliert:

> «Die Bundesregierung wird konsequent die Mittel des Rechtsstaates gegen die geistigen Wegbereiter von Gewalt, Ausländerfeindlichkeit und Intoleranz einsetzen.»

Da sind sie also ausgemacht – die gefährlichen Feinde der Demokratie, die «geistigen Wegbereiter der Gewalt»! *Aus Schlagworten wurden Brandsätze* – in Mölln, Solingen und anderswo!

Es ist quer zum Rechts-Links-Schema populär geworden, von der politischen Propaganda auf die kriminelle Gewalttat zu schließen. Dieser Kurzschluß eint den «Law and order»-Mann Kanther mit Antifaschisten verschiedener Couleur. Nüchtern betrachtet, ist indes festzustellen, daß bis heute nirgendwo der direkte, ursächliche Zusammenhang zwischen Worten und Brandsätzen je empirisch nachgewiesen wurde. Wer solche Parolen nachplappert, findet sich schnell in der schlechten Gesellschaft jener wieder, die vor Jahr und Tag Leute wie Heinrich Böll als «geistige Wegbereiter», als «Sympathisanten» des RAF-Terrors denunzierten.

Natürlich gibt es so etwas wie ein *öffentliches* Klima. Es wird beeinflußt durch Stammtischgerede und Meinungsumfragen, durch Medienkampagnen und Lichterketten. Und nicht zuletzt durch Volksvertreter, die eine «Asyldebatte» führen, anstatt zunächst einmal den Brandstiftern das Handwerk zu legen. Dieses öffentliche Klima ist aber keine Sache der staatlichen Politikhygiene. Es wird von allen beeinflußt und muß gesellschaftlich verantwortet werden.

Es gilt daher, sorgfältig zwischen anstößiger, ja mitunter ekelhafter Propaganda und strafbaren Gewalttaten zu unterscheiden. Haßtiraden mögen «wortgewaltig» sein, verletzen aber allenfalls verbal, nicht mit blutigem Ernst. Von anderem Kaliber sind freilich sogenannte «Anti-Antifa-Listen», wie sie neuerdings von Neonazis in Umlauf gebracht werden: Wer Namen und Adressen von politischen Gegnern veröffentlicht und seine Kameraden zu deren «Bestrafung» aufreizt, führt nicht den Meinungskampf, sondern geht zum Terror über. Das gilt freilich auch für die Gegenseite.

Die Rückbesinnung auf die grundlegende Unterscheidung zwischen *Form* und *Inhalt*, *Mitteln* und *Zielen* der Politik ist überfällig. Natürlich finden sich immer wieder wirkliche oder eingebildete Bedrohungen, die zu einem inhaltlichen Durchgriff verleiten. Bei kühler Überlegung läßt sich aber erkennen, daß substantialistisches Rechtsdenken hoch gefährlich ist, weil es «falsche» Politik sanktioniert und somit zur Aushöhlung der formalen Freiheitsgarantien tendiert. Ein unscheinbares, vom Ansatz her durchaus sympathisches Beispiel aus dem Bereich der Polizeiführung: Gefragt, ob die von ihm seit Jahren vertretene Deeskalationsstrategie auch für Rechtsradikale gelte, brachte der nordrhein-westfälische Innenminister Herbert Schnoor (SPD) seine neue Polizeistrategie gegen rechts auf den Begriff:

> «Während die Friedensbewegung die Grundwerte unserer Demokratie immer bejaht hat, wollen rechte Rattenfänger sie gerade abschaffen. Wer bei einer Demonstration ‹Deutschland den Deutschen – Ausländer raus› skandiert oder Rudolf Heß und

> Adolf Hitler verherrlicht, stellt die Demokratie in Frage. Deshalb will ich Rechtsextremisten nicht auf unseren Straßen haben. Das verlangt unsere Selbstachtung auch heute noch, 48 Jahre nach dem Zusammenbruch des Nationalsozialismus. (...) Der neue Ansatz lautet: Bei Demonstrationen, die ein legitimes Ziel verfolgen, müssen wir für einen friedlichen Verlauf sorgen. Demonstrationen von Rechtsextremisten verfolgen in aller Regel ein verfassungswidriges Ziel. Also müssen und werden wir nach Gründen suchen, um solche Aufmärsche zu verbieten» (*Spiegel*, Nr. 41, 11. 10. 1993).

Und wer sucht, der findet bekanntlich auch. Ein «legitimes» Demonstrationsziel? Merkwürdig. In Art. 8 Abs. 1 des Grundgesetzes heißt es: «Alle Deutschen haben das Recht, sich ohne Anmeldung oder Erlaubnis friedlich und ohne Waffen zu versammeln.» Von polizeilich lizenzierten legitimen, verfassungsmäßigen Zielen ist da keine Rede, auch nicht im Versammlungsgesetz, das Kundgebungen unter freiem Himmel gewissen organisatorischen Regelungen unterwirft. Die Polizei mag gegen bestimmte Parolen einschreiten (denn sie können Straftaten, etwa Volksverhetzung darstellen). Aber seit wann ist es ihre Aufgabe, Demonstranten in Bejaher und Verneiner von «Grundwerten» zu unterteilen? Und seit wann ist es verboten, die Demokratie (oder sonst irgend etwas) verbal in Frage zu stellen? Wo immer anstößige politische Ziele als Rechtfertigung für staatliche Eingriffe herangezogen werden, ist die Freiheit aller in Gefahr.

Der Entformalisierung der Freiheitsrechte ist nur entgegenzuwirken, wenn man sich, wir betonen es noch einmal, auf die grundlegende Unterscheidung zwischen *Form* und *Inhalt*, *Mitteln* und *Zielen* der Politik rückbesinnt.

Am Beispiel des Parteiverbots läßt sich die praktische Auswirkung der Gewaltgrenze veranschaulichen. Wie wir bereits gezeigt haben, enthält das heutige Parteiverbot nach Art. 21 Abs. 2 GG einen ideologisch harten Kern, weil es neben dem «Verhalten» der Parteianhänger die bloße Verfolgung verfassungswidriger «Ziele» als selbständige Verbotsalternative statuiert (vgl. Kapitel 1.3). Eine demokratieverträglichere, auf die Gewaltgrenze zurückgenommene reformierte Regelung könnte als Alternative zum ideologischen Verfassungsschutz so aussehen: Im Gegensatz zu «falschen», verfassungswidrigen Zielen würde künftig allein verfassungswidriges *Verhalten* von Parteianhängern als eine *Verletzung der rechtlichen Regeln des politischen Machterwerbs* verstanden (Schumpeter 1980, 427 ff). Inhaltliche Aspekte der Politik spielten hierbei grundsätzlich keine Rolle. Ihre Berücksichtigung käme nur so weit in Betracht, als der Gesetzgeber solche Vorstellungen verbindlich geregelt hat, wie dies zum Beispiel bei einer Reihe von Kommunikationsdelikten im Strafrecht geschehen ist (Volksverhetzung und dergleichen, vgl. Kapitel 1.8).

Das grundlegende Kriterium für eine Verletzung der Regeln des politischen Machterwerbs ist der *organisierte* und *gezielte Bruch der Rechtsordnung* durch die Mitglieder einer Partei. Das Grundgesetz und die mit ihm vereinbare einfache Gesetzgebung bietet den verschiedensten politischen Strömungen auf der Basis demokratischer Freiheit und formaler Gleichheit die Möglichkeit, den öffentlichen Meinungskampf um die Gestaltung der Politik zu führen. Es ist, wie gezeigt, ein ganz charakteristisches Merkmal dieses von den Parteien maßgeblich geprägten Prozesses der politischen Willensbildung, daß er sich im *Medium der Gewaltlosigkeit* vollzieht. Neben das Kriterium der Illegalität einer Handlung müßte daher in aller Regel (abgesehen von besagten Kommunikationsdelikten) das zweite Merkmal der Gewaltanwendung treten. Nur Parteien, die gegen ihre politischen Konkurrenten, gegen politisch Andersdenkende oder bestimmte Gruppen der Bevölkerung – aus welchen Motiven auch immer – Gewalt und Einschüchterung in strafbarer Weise einsetzen, verhielten sich dann verfassungswidrig im Sinne von Art. 21 Abs. 2 GG. Dieser Verhaltensbegriff ist insofern neutral, als eine bestimmte Form ausnahmslos jeden Politikinhalt disqualifiziert.

Eine politische Partei dürfte demnach erst dann verboten werden, wenn ihre Mitglieder systematisch und auf strafbare Weise die Regeln des friedlichen Meinungskampfes verletzen. Der staatliche Eingriff wäre damit an das Bestehen einer konkreten Gefahrenlage gebunden. Im Gegensatz zur bloßen propagandistischen Störung der «freiheitlichen demokratischen Grundordnung» durch verfassungswidrige Ziele sind mit der Erfüllung bestimmter Straftatbestände konkrete Rechtsgüter bereits verletzt oder wenigstens, wie beim strafbaren Versuch, gefährdet. Wo Gewalt zum Mittel politischer Auseinandersetzung wird, steht die körperliche Unversehrtheit und das Leben von Menschen auf dem Spiel. Am *Beispiel des Parteiverbots* zeigt sich wiederum, daß der Unterscheidung zwischen Form und Inhalt der Politik eine ganz grundlegende Bedeutung zukommt, wenn Staatseingriffe in die politische Freiheit zur Debatte stehen.

Zusammenfassend ist die Frage, wann es gerechtfertigt ist, jemanden vom politischen Wettbewerb auszuschließen, so zu beantworten: Die Gewaltgrenze ist im Rahmen demokratischer Selbstverteidigung das Kriterium schlechthin, zwischen legaler und illegaler Politik zu unterscheiden. Diese Grenzziehung ist klar, berechenbar und politisch neutral, weil das gewaltsame Mittel ausnahmslos jede Politik als illegal disqualifiziert. Als *illegal* – das ist etwas völlig anderes und ungleich Solideres als jene nebulöse Verfassungswidrigkeit, die sich bei einem bestimmten Intensitätsgrad der fdGO-Verneinung ergeben soll. Die immer wieder aus dem KPD-Urteil (BVerfGE 5, 141) kolportierte Formel heißt: «aktiv-kämpferische, aggressive Haltung» und wird gern im Dienste maßvoller Streitbarkeit bemüht – ein ganz und gar fruchtloses Unterfangen, hat doch das Verfassungsgericht bereits die Parteischulung marxistischer Literatur als eine solche «Haltung» sanktioniert. Das Gewaltkriterium ist daher für einen unideologischen Republikschutz ohne rationale Alternative. Wer die grundlegende Unterscheidung zwischen Meinungskampf und handfester Gewalt, zwischen Form und Inhalt nicht reflektiert, hat nicht begriffen, was es eigentlich zu verteidigen gilt – Freiheit und Gleichheit.

Wir plädieren daher für «militante Toleranz» bis zur Gewaltgrenze (Rödel/Frankenberg/Dubiel 1989, 177f). Die herrschende Verfassungsschutz-Doktrin hat bis heute kein rationales Kriterium für die Unterscheidung zwischen verfassungswidrigem und verfassungsmäßigem Verhalten gefunden. Der Gewaltbegriff spielt in ihr allenfalls eine marginale Rolle und wird, wenn überhaupt, nicht klar ins Auge gefaßt. So nimmt man etwa abstrakt auf die «Einstellung zum Gewaltmoment im Grundsätzlichen» (Boventer 1985, 245f) Bezug, anstatt sich auf die tatsächliche Anwendung oder wenigstens konkrete Planung von Gewalt zu beschränken.

Ein Beispiel aus der Tagespolitik liefert eine Einschätzung aus dem Hamburger Verfassungsschutz. Der Leiter dieser Behörde, Ernst Uhrlau, der gewiß zu den aufgeklärten Verfassungsschützern der Republik zählt, erklärte mit Blick auf die REPs, die Partei habe «billigendes Verständnis» für Gewalt und sei rechtsextremistisch. Das ganze Belastungsmaterial könne man freilich nicht auf den Tisch legen: «Das ist nun mal der Charme nachrichtendienstlicher Mittel» (*taz*

Hamburg, 11.4.1994). Charme hin oder her, wir halten dagegen, daß es kein politisches Denken gibt, das nicht an irgendeinem Punkt in die Verlegenheit kommen könnte, «Gewalt» billigend zu verstehen. «Billigendes Verständnis» läßt sich je nach Bedarf jedermann für nahezu alles unterschieben: DKP-Mitgliedern wegen ihrer Idealisierung der Oktoberrevolution, bürgerlichen Demokraten wegen ihrer distanzlosen Haltung zum Sturm auf die Bastille (immerhin ein staatliches Gefängnis!) oder eben REPs, die ihre ekelhafte Freude über Brandanschläge auf Flüchtlingswohnheime nicht verhehlen können.

Das gestörte Verhältnis von Verfassungsschützern zum Gewaltkriterium (von dem sie ahnen, daß es ihre «Vorfeldaufklärung» überflüssig machte) hat freilich Methode, wie eine programmatische Äußerung aus dem nordrhein-westfälischen Jahresbericht von 1993 belegt. Es heißt dort im Zusammenhang des neuen Verfassungsschutzgesetzes:

> «Die Zulässigkeit der Beobachtung extremistischer Bestrebungen wird nicht davon abhängig gemacht, daß diese einen Gewaltbezug erkennen lassen. Gerade die derzeitige politische Situation in Deutschland sowie in vielen Teilen Europas macht deutlich, daß die wirklichen (!) Gefahren für die Demokratie nicht nur von den gewalttätig operierenden, sondern auch von den sich gewaltfrei gerierenden (!) Organisationen ausgehen» (S. 224).

Ein anderes Beispiel für die abstrakte Behandlung der Gewaltfrage findet sich in der Debatte um die PDS, über deren nachrichtendienstliche Ausforschung der Verfassungsschutz im September 1994 laut nachdachte (*FAZ*, 8.9.1994 – nicht von ungefähr lancierte man das im Vorfeld der Bundestagswahl; mit dem Etikett «Verfassungsfeind» wird in der Bundesrepublik seit Jahr und Tag Politikersatz getrieben). Im

Bundesamt für Verfassungsschutz ist vom «Prüfstein Gewalt» die Rede, ganz so, als habe man sich jetzt auf Handfestes besonnen – doch weit gefehlt: Man verspricht im Fall der PDS die Gretchenfrage zu prüfen, «wie sie es mit der Gewalt halte» (*FAZ*, 22.9.1994), und meint, wie üblich, programmatische Äußerungen oder Kontaktschuldzurechnungen wegen gewisser Bündnisse, die die Partei mit ihrerseits «gewaltbereiten» Gruppen eingehe. Diese ideologischen Verrenkungen wären zum Lachen, fiele solcher Unfug in der Öffentlichkeit nicht immer noch hier und da auf fruchtbaren Boden. So versteigt sich zum Beispiel der Leitartikler der *FAZ* vom 8. September 1994 zu der These, bei der Debatte um die Koalitionsfähigkeit der PDS gehe es «vor allem um die Stabilität der Demokratie».

Das also ist die Lage: Wo der freiheitliche demokratische Nebel noch immer auf dem Bewußtsein lastet, ist schwerlich ein klarer Gedanke zu fassen – am wenigsten einer über die Grenze des politischen Kampfes. Es käme aber gerade darauf an, die wirkliche politische Praxis einer Partei oder einzelner von ihrer womöglich verbalradikalen Phraseologie unterscheiden zu lernen. Ein Verfassungsschutz, dem solch grundlegende Differenzierungen von Anbeginn nicht geläufig waren, kann freilich keine rationalen Ausgrenzungskriterien entwickeln und fischt wie gehabt im trüben.

Wir hören sie schon, die Einwände der präventionsgewohnten *Praktiker* der Polizei und – vielleicht eher noch – des Verfassungsschutzes: Man könne unmöglich Gefahren erst dann bekämpfen, wenn Extremisten darangingen, zur handfesten Tat zu schreiten. Dann nämlich sei es meist zu spät, man müsse folglich schon im Vorfeld der Gefahr tätig werden, um wirkliche Gefahren erst gar nicht aufkommen zu lassen. Außerdem könne man doch nicht allen Ernstes die Existenz von übler Propaganda bestreiten, die bereits als solche, in Gestalt verbaler Attacken, ein hohes Maß an gesellschaftlichem Zündstoff darstelle. – Gewiß, ein grundlegender Maßstab kann nicht ein für allemal befriedigende Ergebnisse liefern, es gibt keine glatte Lösung für alle nur erdenklichen Fallkonstellationen. Am Ende bleibt ein Grenzbereich zwischen wortgewaltiger Agitation und dem Aufruf zur Mordhetze, bleibt die Grauzone zwischen verbalradikaler Phraseologie und der Vorbereitung des Umsturzes. Dies ist unvermeidlich. Ungeachtet der Abgrenzungsprobleme im Detail, kommt es aber zunächst einmal darauf an, dem Republikschutz ein *Gravitationszentrum* zu geben, damit der hiesige Verfassungsschutz endlich vom Kopf auf die Füße gestellt werden kann.

Ein weiterer naheliegender Einwand gilt dem über die Maßen schwammigen und extensiven Gewaltbegriff, wie er in der Rechtsprechung der Strafgerichte zum Nötigungsparagraphen, insbesondere im Fall der Sitzblockaden, entwickelt wurde (Laker 1986, 177ff). Diese hart an das grundgesetzliche Analogieverbot im Strafrecht heranreichende Interpretation (vgl. Art. 103 Abs. 2 GG) konnte 1986 vom Bundesverfassungsgericht wegen Stimmenpatts bei einer Verfassungsbeschwerde nicht gestoppt werden (BVerfGE 73, 206ff). Der von uns verwendete Gewaltbegriff meint dagegen allein körperliche Gewalt im Sinne der klassischen Definition, wie sie dem Reichsgericht noch geläufig war.

Aufgeklärter Republikschutz steht jenseits des ideologischen Verfassungsschutzes und seiner anmaßenden Politikkontrolle vor der Aufgabe, noch unter weit schwierigeren Bedingungen, als wir sie heute vorfinden, *zwischen Worten und Taten* sorgfältig zu unterscheiden. Wer Gesinnungsdruck vermeiden und demokratische Freiheitsrechte verteidigen will, wird dabei ohne das Gewaltkriterium nicht auskommen.

Zwischen einer formal-pluralistischen Demokratietheorie und der Beschränkung auf die Sanktionierung gewaltsamer Mittel gibt es einen Zusammenhang (Dreier 1981, 155f), der nicht deutlich genug hervorgehoben werden kann. Hans Kelsen, brillanter Rechtstheoretiker, Professor der Universität Köln, nach der Machtübergabe im Frühjahr 1933 von den Nazis als Jude und Demokrat amtsenthoben, schrieb 1953 im amerikanischen Exil:

> «Aber kann Demokratie tolerant bleiben, wenn sie sich gegen anti-demokratische Umtriebe verteidigen muß? Sie kann es! In dem Maße, als sie friedliche Äußerungen anti-demokratischer Anschauungen nicht unterdrückt. Gerade durch solche Toleranz unterscheidet sich Demokratie von Autokratie. Wir sind berechtigt, Autokratie abzulehnen und auf unsere demokratische Staatsform stolz zu sein, nur so lange wir diesen Unterschied aufrecht erhalten. Demokratie kann sich nicht dadurch verteidigen, daß sie sich selbst aufgibt. Aber es ist das Recht jeder, auch einer demokratischen Regierung, Versuche, sie mit Gewalt zu beseitigen, mit Gewalt zu unterdrücken und durch geeignete Mittel zu verhindern. Die Ausübung dieses Rechts ist weder mit dem Prinzip der Demokratie noch mit dem der Toleranz in Widerspruch. Es mag mitunter schwierig sein, eine klare Grenzlinie zu ziehen zwischen der Verbreitung gewisser Ideen und der Vorbereitung eines revolutionären Umsturzes. Aber von der Möglichkeit, eine solche Grenzlinie zu finden, hängt die Möglichkeit ab, Demokratie aufrecht zu erhalten. Es mag auch sein, daß solche Grenzziehung eine gewisse Gefahr in sich schließt. Aber es ist das Wesen und die Ehre der Demokratie, diese Gefahr auf sich zu nehmen; und wenn Demokratie diese Gefahr nicht bestehen kann, dann ist sie nicht wert, verteidigt zu werden» (Kelsen 1975, 42).

Gerade an den *Rändern der Legalität* muß sich erweisen, was politische Freiheit praktisch wert ist. Die öffentliche Wertschätzung der Freiheit wird sich darin bewähren, daß Freiheit auch dann durchgehalten wird, wenn Außenseiter sie arg strapazieren (und man gerade nicht der Versuchung erliegt, im Namen eines imaginären «Ernstfalles» die lästigen Fesseln des Rechts abzustreifen). Die Struktur der Republikschutznormen eines Landes verrät einiges über die demokratische «Verfassung» eben jener Ordnung, die diese Normen stabilisieren sollen.

4.3. Politische Polizei statt Verfassungsschutz: Strafverfolgung ohne innerstaatliche Feinderklärung

Die hier entwickelte Gewaltgrenze ist, wir sagten es bereits, das inhaltliche Gravitationszentrum des Republikschutzes. Eine neue Sicherheitsstrategie bedarf indes auch einer angemessenen institutionellen Umsetzung: Wer für den ungehemmten Meinungskampf optiert, also nicht «Verfassungsfeinde» zur Strecke bringen will, sondern (potentielle) Gewalttäter, muß auch das Ensemble der hierzulande eingerichteten Sicherheitsbehörden neu überdenken. Wir haben bereits gezeigt, daß die in dieser Gestalt nur in Deutschland existierenden Verfassungsschutzbehörden entbehrlich sind und folglich abgewickelt gehören (vgl. Kapitel 1.5). Mit der Politischen Polizei wenden wir uns einer Institution zu, die ungeachtet mancherlei Schmähungen eine angemessene und ausreichende Alternative zum Verfassungsschutz darstellt. Daß auch die Politische Polizei eine Behörde ist, der man nicht ohne reflektiertes Mißtrauen begegnen darf, versteht sich und kann nur jene irritieren, die aus der luftigen Höhe einer abstrakten Staatskritik über praktische Probleme hinwegsehen.

Der reguläre Einsatz des staatlichen Gewaltmonopols gehört zur Normalität des demokratischen Verfassungsstaats. Das meint, er ist jedenfalls als solcher kein Skandal, sondern aus dem Behördenalltag geläufig. Daß die Gewaltanwendung durch Staatsbedienstete Ultima ratio bleiben muß, wohldosiert und streng nach parlamentarisch gesetzten Regeln geschieht und außerdem der Kontrolle durch unabhängige Gerichte unterliegt, zählt zu den Errungenschaften des bürgerlichen Rechtsstaats. Dem liegt die Erfahrung zugrunde, daß öffentliche Gewalt noch als Ultima «ratio» stets prekär bleibt und leicht in Unvernunft umschlagen kann.

Neben den allgemeinen Verwaltungsbehörden übt die Polizei sichtbar und gelegentlich spektakulär das staatliche Gewaltmonopol aus. Daß es wie seinerzeit in Rostock-Lichtenhagen so flagrant und mit schlimmer Symbolwirkung aufgegeben wurde, geschieht nicht alle Tage. Die Polizei verfügt über die einschlägigen Zwangsmittel, um der Gewalt, wo immer sie sich offen zeigt (oder konkret vorbereitet wird), ein Ende zu bereiten. Im Gegensatz zum flächendeckenden und in der Tendenz uferlosen Verfassungsschutz, der politischen Gesinnungen nachspäht, wirken Polizeieinsätze stets gefahrenbezogen und punktuell, eben am Tatort. Das ist kein Mangel, sondern der Vorzug einer Polizei, die in die Mechanismen des demokratischen Verfassungsstaats eingebunden ist; nur die Büttel des Polizeistaats legen es darauf an, omnipräsent zu sein. Es versteht sich, daß gegen offenen Straßenterror und gewalttätige Unruhen Einheiten der Bereitschaftspolizei notwendig sind. Die federführende Ermittlungsarbeit gegen Straftäter ist allerdings ein klarer Fall für die Kriminalpolizei. Das gilt für die sogenannte repressive Verfolgung und Aufklärung bereits geschehener Straftaten, es gilt aber auch für die sogenannten präventiven Aspekte der Gefahrenabwehr, beispielsweise der Verhütung von Straftaten. Wo ein politischer Hintergrund eine Rolle spielt, sind besondere Dienststellen der Kriminalpolizei zuständig.

Vor Jahr und Tag, als die deutsche Behördensprache die Dinge noch schnörkelloser beim Namen nannte, hießen diese besonderen Dienststellen treffend «Politische Polizei» –

heute dagegen «Polizeilicher Staatsschutz», der sich zudem schamhaft hinter Kürzeln wie «FD 7» (Hamburg) oder «14. K» (Nordrhein-Westfalen) verbirgt. Diese bis zur Ebene der Polizeipräsidenten eingerichteten Dienststellen der Kriminalpolizei sind neben dem Objekt- und Personenschutz vor allem für politische Straftaten zuständig. Das sind zum einen «Staatsschutzdelikte» im engeren Sinn wie Hochverrat, Verunglimpfung des Staates oder Störpropaganda gegen die Bundeswehr und so fort, die oftmals auf fragwürdigem Sonderstrafrecht beruhen. Zum anderen jene Allerweltsdelikte, die einen «politischen Bezug» haben, das heißt potentiell *alle* Straftaten, wenn sie nur aus politischen Motiven begangen werden: Wer sein Haus anzündet, um bei der Versicherung abzukassieren, ist ein Fall für das Betrugsdezernat; wer die Häuser von Fremden anzündet, weil er «Streß mit Ausländern» hat, dagegen ein Fall für den Staatsschutz.

Die *Geschichte der modernen Politischen Polizei* in Deutschland geht auf die Anfänge der preußischen Bürokratie zurück (Weiss 1928, 48ff). Ihr im 19. Jahrhundert zunächst wachsendes, dann wieder abgebautes Eigengewicht entwickelte sich innerhalb einer Staatsbürokratie, die bestrebt war, das fürstlich-monarchische Herrschaftsmonopol so lange wie möglich gegenüber einer politisch aufgerüttelten, zur Selbstregierung strebenden Gesellschaft zu verteidigen (Siemann 1985). Ihre Rolle bei der «Demagogenverfolgung» im Zuge der Karlsbader Zensurbeschlüsse von 1819 oder bei der Durchsetzung des Sozialistengesetzes von 1878 bewog die SPD, die Abschaffung der Politischen Polizei zu fordern. So hatte Eugen Ernst, der in der Berliner Organisation der Sozialdemokratie vor dem Umsturz von 1918 eine führende Rolle spielte und später Berliner Polizeipräsident werden sollte, seine 1911 erschienene Schrift *Polizeispitzeleien und*

Ausnahmegesetze mit dem flammenden Aufruf geschlossen: «Fort mit der politischen Geheimpolizei, diesem schmachbeladenen Herd der schlimmsten Korruption!» (Weiss 1928, 53).

Der traditionelle Schwerpunkt der Politischen Polizei lag in der Hauptstadt Berlin. Die Auflösung der entsprechenden Abteilung V beim Berliner Polizeipräsidium und ihre Ersetzung durch Leute aus den Arbeiter- und Soldatenräten während der Novemberrevolution von 1918 blieb Episode. Besagter Eugen Ernst, der Anfang 1919 Nachfolger des sozialdemokratischen Polizeipräsidenten Emil Eichhorn wurde, reorganisierte umgehend eine mit Berufsbeamten ausgestattete Politische Polizei zum Schutz der neuen Republik, die freilich mit Rücksicht auf die Außendarstellung der Sozialdemokratie zunächst als Anhängsel einer mit anderen Aufgaben betrauten Abteilung I ihre Arbeit aufnahm. Erst durch einen Erlaß vom Mai 1925 wurde die Politische Polizei wieder offiziell als Abteilung IA des Berliner Polizeipräsidiums eingerichtet (Weiss 1928, 53f). Sie wurde als Polizei mit besonderen Aufgaben in die allgemeine Polizei eingegliedert und war dementsprechend föderal strukturiert. Ihre Aufgaben bezogen sich auf die Verfolgung politischer Delikte, aber auch auf deren vorbeugende Beobachtung sowie auf allgemeine Verwaltungsaufgaben, zum Beispiel das Waffenrecht und das Verbot von Versammlungen oder die Beschlagnahme von Presseorganen. Von 23000 Bediensteten des Berliner Präsidiums waren ungefähr 300 hauptamtlich für die Politische Polizei zuständig. Ihre strukturelle Schwäche lag darin begründet, daß sie mit Ausnahme Berlins über keine eigenen Vollzugskräfte verfügte; Erfolgsmeldungen über die Aufklärung von Straftaten gab es daher vor allem aus der Hauptstadt. Der Schwerpunkt der polizeilichen Arbeit lag in der nachrichtendienstlichen Tätigkeit, also der

Beobachtung der politischen Gegner der Republik. Diese «nachrichtendienstliche» Tätigkeit schöpfte ihre Informationen weniger aus den Spitzelberichten (obgleich diesen eine besondere Bedeutung bei der Aufdeckung konspirativer Politik zukam), sondern aus offenen Quellen wie Zeitungen und Flugblättern, aus Anzeigen der Bevölkerung oder dem Besuch politischer Veranstaltungen.

Das kommt der Praxis des heutigen Verfassungsschutzes recht nahe, der seine Informationen ebenfalls zum überwiegenden Teil aus allgemein zugänglichen Quellen bezieht. Es gibt indes einen entscheidenden Unterschied: Die Politische Polizei der Weimarer Republik war Polizei und als solche auf die herkömmlichen polizeilichen Standards wie Strafverfolgung und Gefahrenabwehr bezogen. Diese Einengung des Tätigkeitsbereichs ist in einer Demokratie unverzichtbar. Sie hat die Politische Polizei zwar stets bei der Ausdehnung ihrer vorbeugenden Tätigkeit, das heißt der straftatgelösten Bespitzelung demokratiegerecht behindert, jedoch ihre Arbeit keineswegs unmöglich gemacht. Dies lag unter anderem daran, daß mit der ausufernden Interpretation des Hochverratsparagraphen durch die Justiz (vgl. Kapitel 2.3) praktisch eine Beobachtung der gesamten politischen Tätigkeit der KPD möglich war. Im Mittelpunkt des Interesses standen allerdings schon aus pragmatischen Gründen des effektiven Einsatzes begrenzter Ressourcen die unmittelbaren Gefahren und strafbaren Handlungen, wie sie sich aus den Nahzielen politischer Organisationen ergaben. Die Politische Polizei interessierte sich also mehr für die illegalen Mittel, die Formen des politischen Kampfes, als für die allgemeinen republikfeindlichen Ziele der radikalen Flügelparteien.

Neben der Politischen Polizei gab es in Preußen und im Reich zeitweise *«Kommissare für öffentliche Ordnung»*, denen eine Koordinationsfunktion bei der Überwachung und der Abwehr von Umsturzbestrebungen zugedacht war. Sie erlangten jedoch keine eigenständige Bedeutung und wurden 1924 beziehungsweise 1929 wieder aufgelöst (Gusy 1991, 283ff).

Die Politische Polizei erstellte regelmäßig allgemeine *Lageberichte* für polizeiliche Zwecke und zur Information der Regierung. Aus diesen Berichten geht hervor, daß vor allem die KPD im Zentrum der Beobachtung stand. Erst mit Verspätung, Ende der zwanziger Jahre, erreichte die Berichterstattung über die NSDAP quantitativ das Niveau derjenigen über die politische Linke (Gusy 1991, 280f). Mit dem Amtsantritt der Regierung Papen und der Einsetzung Papens zum Reichskommissar für Preußen («Preußenschlag» vom 20. Juli 1932) war allerdings seit Sommer 1932 der politische Wille zur polizeilichen Bekämpfung der NSDAP nicht mehr vorhanden. Die Umfunktionierung der Politischen Polizei vom republikanischen Staatsschutz zum Machtinstrument einer autoritären Präsidialdiktatur (und schließlich des Naziregimes) setzte ein. Zudem gab es bereits vor dem Papenputsch eine quantitativ zwar bescheidene, qualitativ aber nicht zu unterschätzende nationalsozialistische Infiltration der preußischen Polizeiverwaltung und auch der Politischen Polizei (Graf 1983, 92ff).

Mit der Machtübergabe an die Nationalsozialisten war die kurze Periode einer demokratisch kontrollierten und rechtsstaatlich gebundenen Politischen Polizei besiegelt. Republiktreue Polizeibeamte wie der einstige Chef der Politischen Polizei in Berlin, Bernhard Weiss, der zudem noch Jude war und mit Goebbels in der Weimarer Zeit einen langen Presse- und Gerichtsstreit geführt hatte, wurden aus dem Dienst «entfernt». Es folgte der Aufbau einer «Geheimen Staatspolizei» unter dem Dach des Reichssicherheitshauptamtes (Graf 1983, 108ff), die einen bis dahin in Deutschland unbekannten Terror gegen vermeintliche und wirkliche politische Gegner des neuen Regimes entfesselte. Erst nach 1945 konnte unter alliierter Aufsicht der Aufbau demokratischer Polizeistrukturen auf Gemeinde- und Länderebene beginnen. Die Politische Polizei fand sich in Gestalt der bereits erwähnten «Staatsschutzkommissariate» der Kriminalpolizei wieder – und konnte mit der Kommunistenverfolgung in den fünfziger Jahren an die unheilvolle Kontinuität einer Feinderklärung anknüpfen, die vor die Zeit des NS-Staats zurückreicht.

So weit diese kleine geschichtliche Skizze. «Politische Polizei», Republikschutz und demokratischer Verfassungsstaat – wie soll das heute zusammengehen? Nicht besonders gut, was in der Natur der Sache liegt, und schon gar nicht ohne Reibungsverluste zwischen behördlicher Ordnungsaufgabe und politischer Freiheit. Die Einrichtungen der Politischen Polizei sind gleichwohl angemessener und demokratieverträglicher als der ideologische Zauber eines Verfassungsschutzes, dessen sogenannte Inlandsaufklärung der *legalen politischen Dissidenz* aufmüpfiger Bürgerinnen und Bürger gilt.

Die sogenannten Staatsschutzkommissariate der Kriminalpolizei beschäftigen sich seit jeher mit Handfesterem: mit «politisch motivierten Straftaten», also *krimineller Dissidenz*. Das heißt, ihr Geschäft ist die Aufklärung von Straftaten oder deren Prävention, zum Beispiel durch Spitzel, heute «Verbindungs»-(V-)Leute genannt, deren Einsatz gerade in diesem Sektor eine lange Tradition hat (zur Problematik eingehend Lüderssen 1985; ein jüngeres Beispiel ist der V-Mann im Prozeß gegen die mutmaßlichen Attentäter von Solingen, vgl. Kapitel 1.2).

Wo Polizei und Politik zusammentreffen, liegen Skandale in der Luft. Schon Karl Marx wußte davon als Chronist des

Kölner Kommunistenprozesses anno 1852 ein Lied zu singen: präparierte Zeugen, gefälschte Dokumente, Provokateure und Horrorgemälde über «staatsfeindliche» Organisationen vom Hörensagen (Siemann 1985, 17). Kurzum: jede Menge staatlich inspirierte kriminelle Energie. Es gibt indes einen kleinen, aber folgenreichen strukturellen Unterschied: Dort, wo der Verfassungsschutz von Gesetzes wegen ganz ungeniert ausforscht und seine Spitzel lanciert, um «verfassungsfeindliche» politische Bestrebungen zu überwachen, genau dort ist bei der Politischen Polizei der Skandal fällig (eine wachsame Öffentlichkeit und kritische Polizisten vorausgesetzt). Anders gesagt: Der eigentliche Skandal namens Verfassungsschutz vollzieht sich lautlos als korrekte Erfüllung seiner dubiosen gesetzlichen Aufgaben; er ist legaler Dauerexzeß im Kampf gegen politisch Andersdenkende. Die Skandale der Politischen Polizei hingegen beginnen in aller Regel erst dort, wo diese über ihre gesetzlichen Aufgaben hinausschießt; ihren Alltag bestimmt kriminalistische Arbeit gegen (potentielle) Straftäter – und bleibt damit an das Vorliegen konkreter Gefahren gebunden. Sobald aber die Politische Polizei in den originären Aufgabenbereich des Verfassungsschutzes vorstößt, wird ihre Arbeit rechtsstaatlich fragwürdig und für die politische Freiheit bedrohlich.

Hier, wo es um den gesetzlich definierten Schutz handfester Rechtsgüter wie Leben, körperliche Unversehrtheit oder Eigentum geht, liegt der entscheidende rationale und politisch kontrollierbare Anknüpfungspunkt, der jede rechtsstaatliche Polizeiarbeit vom trüben Geschäft unserer Verfassungsschützer geradezu wohltuend unterscheidet. Auf diesen *strukturellen Unterschied* kommt es ungeachtet aller Fragwürdigkeiten der Politischen Polizei an, eben weil «Verfassungsschutz» bereits seiner Idee und gesetzlichen Aufgabe nach die demokratische Freiheit korrumpiert. Sich fortschrittlich gebende Kritik, die solche Unterschiede nicht kennt, verfehlt ein wesentliches Problem der landesüblichen «inneren Sicherheit» im grauen Einerlei des von ihr beschworenen «Repressionsapparats».

Politische Polizei ist auch keine verkappte «Gestapo». Charakteristisches Merkmal dieses NS-Terrorapparats war gerade die rechtlich nicht gebundene und kontrollierte Konzentration polizeilicher und geheimdienstlicher Macht, die alles, aber auch alles tun durfte, was sie im Sinne der Sicherheitsdoktrin des NS-Staats für zweckmäßig erachtete. Eben deshalb haben die Alliierten in ihrem sogenannten «Polizeibrief» vom April 1949 für das Grundgesetz die Vorgabe gemacht, es müsse eine institutionelle Trennung von Geheimdiensten und Polizei gewährleistet sein (abgedruckt bei Bull 1989, 756). Die Politische Polizei, eine spezialisierte Abteilung der Kriminalpolizei, ist eine Behörde, die den der Polizei eigenen Vorgaben und Grenzen unterliegt. Ihre rechtsstaatliche und politische Kontrolle wird übrigens besser gelingen, sobald sich erst einmal das Gestrüpp der Sicherheitsbehörden gelichtet hat. Die Trennung von Politischer Polizei und den herkömmlichen Geheimdiensten wie Bundesnachrichtendienst (BND) und Militärischem Abschirmdienst (MAD) muß selbstverständlich gewahrt bleiben.

Die Politische Polizei, bis auf weiteres ein notwendiges Übel, kann ohne die nachrichtendienstliche Beihilfe des Verfassungsschutzes auskommen – und tut dies heute auch schon weitgehend. Verläßliche Informationen sind im abgeschotteten Bereich solcher Staatsaktivitäten rar und natürlich auch von Behördenkonkurrenz geprägt. Manchmal aber öffnet sich die Tür einen kleinen Spalt. 1992 beklagte der damalige Vizechef des Bremer Landesamtes, Lothar Jachmann, ÖTV-Mitglied und kritischer Verfassungsschützer, die zunehmende «Konkurrenz» zwischen polizeilichem Staatsschutz und Verfassungsschutz. Mit Blick auf die Informationsbedürfnisse der Polizei räumte er ein: «Die Prognosefähigkeit des (...) Verfassungsschutzes reicht objektiv betrachtet (...) selten aus, diese berechtigten Erwartungen der Polizei zu erfüllen» (Jachmann 1992, 39). Mit dem Funktionieren des «Frühwarnsystems», als das sich der Verfassungsschutz unentbehrlich zu machen versucht, war es noch nie weit her (vgl. Kapitel 1.5). Das kommt davon, möchte man sagen. Eine Behörde, die um der blanken Selbsterhaltung willen öffentliche Erwartungen weckt, die sie regelmäßig enttäuschen muß, unterstreicht nur ein um das andere Mal ihre Entbehrlichkeit.

Wie die Wellen fremdenfeindlicher Gewalt seit Hoyerswerda 1991 zeigen, mangelt es heutzutage nicht an Anknüpfungspunkten für polizeiliches Handeln: Da eröffnet sich ein weites Betätigungsfeld für die zahlreichen Sonderkommissionen, die inzwischen bei den Landeskriminalämtern gebildet wurden (Diederichs 1993). Kriminalisten, die auf die Verfolgung politisch motivierter Straftaten spezialisiert sind, vermögen, so sie denn kunstgerecht ermitteln, dafür zu sorgen, daß gegen Festgenommene, soweit ein hinreichender Tatverdacht auf rechtsstaatliche Weise zu begründen ist, Strafprozesse geführt werden können. Auch die gehen freilich nicht so reibungslos über die Bühne, wie ein aufschäumendes öffentliches Strafbedürfnis das gern einklagt (vgl. Kapitel 1.2).

Die systematische Ermittlungsarbeit gegen politisch nicht organisierte Tatverdächtige (und das ist heute die Mehrzahl)* obliegt ebenfalls der Politischen Polizei. Der Terror

* 1993 gehörten von insgesamt 2971 Tatverdächtigen 211 oder 7,1 Prozent rechtsradikalen Gruppen oder Organisationen an, 255 oder 8,6 Prozent wurden Skinheads zugeordnet. 1992 waren von 3669 Tat-

gegen Andersdenkende, Flüchtlinge oder einfach Fremdaussehende hat in der Sprache des Strafgesetzbuches konkrete Namen: Körperverletzung in schweren Fällen oder mit Todesfolge, gezielter Totschlag und Mord, Brandstiftung, Nötigung, Sachbeschädigung, Landfriedensbruch und so fort. All diese Straftaten sind, weil aus Fremdenhaß oder sonstigem Fanatismus begangen, «politisch motiviert». Das gilt auch für jene blaß-verstörten, erschreckend gefühlskalten Attentäter, so unausgegoren die psychische Verfassung dieser Halbwüchsigen auch sein mag. Die verrohten Übergriffe auf Obdachlose und Behinderte fallen in einen Grenzbereich; entscheidend für die Qualifizierung als politisches Delikt dürften jeweils Selbstverständnis und Motivlage der Tatverdächtigen sein.

Aufs Ganze gesehen zeigt eine realistische Lageeinschätzung, daß die nicht unproblematische, aber zu Unrecht dämonisierte Politische Polizei eine vernünftige Alternative zum Verfassungsschutz ist. Sie verfügt über die Mittel, politisch motivierter Kriminalität Einhalt zu gebieten. Das aber genügt, um die Spielregeln des politischen Meinungskampfes zu sichern. Dort, wo wirkliche Gefahren in Verzug sind, ist das Schielen auf den merkwürdigen deutschen Inlandsgeheimdienst «Verfassungsschutz» schlicht verfehlt: Solange der Meinungskampf friedlich als ein solcher geführt wird, brauchen wir keinen Verfassungsschutz. Sobald aber gesellschaftliche Konflikte in Gewalt umkippen, kann und darf ein Verfassungsschutz, dem exekutive Zwangsmittel nicht zu Ge-

verdächtigen 326 oder 8,9 Prozent rechtsradikal organisiert, 505 oder 13,8 Prozent Skinheads. – Das ergibt einen hohen Anteil Unorganisierter von 84,3 Prozent (1993) bzw. 77,3 Prozent (1992); statistische Angaben nach einer Antwort der Bundesregierung auf eine große Anfrage von Bündnis 90 / Die Grünen, vgl. *FAZ*, 19. 3. 1994.

bote stehen, gar nicht weiterhelfen. Aus diesen Kalamitäten führt weder die *Verpolizeilichung des Verfassungsschutzes*, wie sie mit dem Einsatz gegen die «Organisierte Kriminalität» von Drogen- und Waffenhändlern seit Jahren lanciert wird, noch die bereits in Gang gesetzte *Vergeheimdienstlichung der Polizei* (Vorfeldermittlungen, Verdachtsschöpfung, Gefahrenvorsorge und Undercover-Agenten – vgl. Lisken 1994).

Das Szenario des Bundesinnenministeriums ist aber eben dies – Ausbau des Verfassungsschutzes zum Alibi- und Propagandainstrument und obendrein schleichende Entsicherung der Polizeigewalt. Rückkehr zum Landfriedensbruchparagraphen der Kaiserzeit, «großer Lauschangriff» oder Vorbeugehaft lauten die vielfach variierten Losungen in der Gunst der Stunde. Bunt zusammengewürfelte «Verbrechensbekämpfungsgesetze» werden auf den Weg gebracht. Solche Konjunkturen rufen die selbsternannten Wächter des starken Rechtsstaats auf den Plan. So goutierte etwa die *Frankfurter Allgemeine Zeitung* (28.9.1992) den gedankenlosen Zuspruch, den Polizei und Verfassungsschutz in den Wochen nach Rostock-Lichtenhagen erfuhren, und frohlockte: «Gab es da nicht einmal das Wort vom ‹Schnüffelstaat›?»

Jene, die kein instrumentelles Verhältnis zu Rechtsstaat und Demokratie pflegen, sollten angesichts der konjunkturellen Schwankungen auf der Skala der «inneren Sicherheit» nicht den Kopf verlieren: Der Weg aus dem Irrgarten der «inneren Sicherheit» führt über die Abwicklung des Verfassungsschutzes zur *rechtsstaatlichen Domestizierung der Politischen Polizei*. Bei kühler Überlegung erweist sich das als weniger riskant, als landläufige Vorurteile suggerieren. Die Politische Polizei stellt die angemessene institutionelle Entsprechung eines Sicherheitsverständnisses dar, das sich bei der Verteidigung der Demokratie an der Gewaltgrenze orientiert. Diese Grenze ist politisch neutral und berechenbar; sie ist so weit gefaßt, wie es die freie Kommunikation in einer volldemokratischen Gesellschaft verlangt; und sie ist so rigide, daß, wer immer sie überschreitet, mit entschlossenen Reaktionen zu rechnen hat.

Gewiß, noch die gelungene Arbeit der Politischen Polizei steht für die Verteidigung des Status quo. Dieser Status quo bezieht sich jedoch auf die Verteidigung demokratischer Spielregeln – und entpuppt sich listigerweise als *Stabilität dynamischer Veränderungspotentiale*. Die kunstgerechte Verteidigung der Demokratie erschöpft sich daher niemals in der Affirmation gegebener gesellschaftlicher Verhältnisse, sondern sichert stets auch die freie Debatte über deren Veränderung. Polizei und Gewaltmonopol sind unerläßliche, aber keineswegs hinreichende Faktoren des Republikschutzes: Auch Politische Polizei kann wenig ausrichten, solange der Schutz der Republik nicht zur radikalen bürgerlichen Tugend vieler wird.

Kapitel 5

Neonazismus und Bürgerrechte

Freiheit und Gleichheit sind in der Demokratie unteilbar. Deshalb ist der von uns vorgeschlagene Republikschutz mit seiner Rückbesinnung auf die Gewaltgrenze politisch neutral konzipiert: Er gilt der Sicherung der freien Konkurrenz um Ideen und Wählerstimmen. Wo es keine «falschen» politischen Ziele gibt, darf keine staatliche Gewalt «verfassungswidrige» Bestrebungen sanktionieren – auch nicht im Namen einer «freiheitlichen demokratischen Grundordnung». In diesem Sinne ist das allgemeine Diskriminierungsverbot des Art. 3 Abs. 3 GG beim Wort zu nehmen: «Niemand darf wegen (...) seiner politischen Anschauungen benachteiligt oder bevorzugt werden.»

Niemand? Seit dem Mordanschlag von Mölln wächst mit der politischen Ächtung, die zu begrüßen ist, der administrativ-polizeiliche Verfolgungsdruck gegen rechts. Der fremdenfeindliche Furor, der offen in antisemitischer Gestalt auftritt und sich mit Hitlergruß und Hakenkreuz der Insignien des Nationalsozialismus bedient, rührt an ein Tabu der deutschen Nachkriegspolitik. Das fordert nicht nur Richter und Staatsanwälte heraus. Gewiß, fremdenfeindliche Militanz ist ein klarer Fall für die Polizei, und grobe verbale Entgleisungen erfüllen Tatbestände des geltenden Strafrechts, etwa den der «Volksverhetzung» oder der «Aufstachelung zum Rassenhaß». Wie aber soll eine demokratisch verfaßte Gesellschaft den übrigen Äußerungsformen neonazistischer Politik begegnen? Im erstmals 1993 erschienenen Hamburger Verfassungsschutzbericht, der im Gegensatz zu anderen Schriften dieses Genres analytische Passagen aufweist, wird nicht ohne Genugtuung bilanziert:

> «Als Reaktion auf das mit dem Aufmarsch in Fulda verbundene Medieninteresse meldete die FAP in der Folge zahlreiche weitere Veranstaltungen an, um erneut in die Schlagzeilen zu gelangen. Die Kundgebungen wurden jedoch sämtlich untersagt bzw. verbotene oder unangemeldet durchgeführte Demonstrationen von der Polizei aufgelöst» (S. 79).

Gegen die FAP läuft zwar ein Verbotsantrag (vgl. Kapitel 1.3), sie ist jedoch (noch) eine legale Partei. Die Plausibilität der Vollzugsmeldung lebt von der Gewißheit, es sei ohnehin ausgemacht, daß neonazistische Aktivitäten, wenn es nur mit rechten Dingen zugeht, kompromißlos unterdrückt gehören. Antifaschisten, die solche Ausgrenzungsreflexe mit Beifall quittieren, haben noch immer nicht verstanden, daß mit der Wiederbelebung «streitbarer Demokratie» praktisch wenig ausgerichtet, dafür aber um so gründlicher vordemokratisches Bewußtsein tradiert wird.

Auch Neonazis genießen den Schutz der verfassungsmäßigen Rechte, selbst wenn sie erklärtermaßen nicht «auf dem Boden des Grundgesetzes» stehen. Sie sind die nervenzehrende Probe auf das Selbstbewußtsein der deutschen Demokratie; an ihnen, dem derzeitigen Grenzfall der politischen Freiheit, muß sich aufgeklärter Republikschutz bewähren.

Wir haben die fragwürdigen Wiederbelebungsversuche in Sachen «streitbare Demokratie» vorgestellt. Im folgenden möchten wir anhand zweier Ausgrenzungsstrategien die Frage diskutieren, ob die *bestehende* Rechtsordnung der Bundesrepublik Ansatzpunkte enthält, neonazistische Aktivitäten *gezielt* zu unterdrücken. In zwei Durchgängen ist daher die Rechtslage mit Blick auf vorkonstitutionelles alliiertes Besatzungsrecht und auf Sonderstrafrecht gegen Neonazis zu reflektieren. Dabei zeigt sich im Ergebnis, daß alliiertes Besatzungsrecht nicht mehr gilt und bundesdeutsches Sonderstrafrecht gegen Neonazis verfassungswidrig ist.

Weil wir aber die entschiedene Unterdrückung neonazistischer Politik – im Bewußtsein naheliegender Einwände – am Ende befürworten, jedoch einen Rückgriff auf die Instrumente abstrakter, freiheitlicher demokratischer Streitbarkeit ablehnen, stellen wir abschließend einen Vorschlag zur Diskussion. Er zielt auf eine Verfassungsreform in dezidiert einseitiger, das heißt antinazistischer Absicht.

5.1. Die «Befreiung des deutschen Volkes vom Nationalsozialismus und Militarismus»

Daß mit dem Grundgesetz keine Selbstbefreiung, sondern eine Befreiung zugunsten Dritter beurkundet wurde, kommt am deutlichsten in Art. 139 zum Ausdruck:

> «Art. 139 (Befreiungsgesetz)
> Die zur ‹Befreiung des deutschen Volkes vom Nationalsozialismus und Militarismus› erlassenen Rechtsvorschriften werden von den Bestimmungen dieses Grundgesetzes nicht berührt.»

Die Frage, welche «Rechtsvorschriften» damit in Bezug genommen sind und welche praktische Bedeutung Art. 139 für den Legalstatus von neonazistischen Parteien haben könnte, ist immer wieder aus aktuellem politischem Anlaß strittig gewesen. Unter rechtgläubigen Antifaschisten fungierte Art. 139 GG lange Zeit als eine Art Allzweckwaffe gegen jegliche Politik rechts von der CSU. So wurde in der politischen Tagespolemik unter Rückgriff auf Art. 139 immer wieder ein Verbot der NPD und neuerdings der «Freiheitlichen Deutschen Arbeiterpartei» (FAP) oder der «Republikaner» gefordert. Bei näherer Analyse erweist sich diese Waffe jedoch als stumpf; hinter der oft pathetisch vorgetragenen Berufung auf den «antifaschistischen Charakter» des Grundgesetzes verbirgt sich eine in verfassungsrechtliche Scheinargumente gekleidete politische Option.

Durch verschiedene alliierte Rechtsvorschriften wurde 1945 die NSDAP beziehungsweise deren Neubildung – unter welchem Namen auch immer – verboten. Art. 139 entfaltet seit der Aufhebung der Entnazifizierungsvorschriften keine unmittelbare Rechtswirkung mehr, worauf Verfassungsjuristen zutreffend hinweisen (Ladeur 1989, Herzog 1981). Für den heutigen Umgang mit neonazistischen Organisationen ist jedoch genauer zu fragen, ob die alliierten Organisationsverbote überhaupt «Befreiungsgesetze» im Sinne von Art. 139 sind. Dem schließt sich die weitere Frage an, ob und wann diese besatzungsrechtlichen Verbote außer Kraft gesetzt wurden.

«Auf den ersten Blick liegt die Vermutung nahe, daß Art. 139 GG alle bis zu seinem Inkrafttreten erlassenen Rechtsvorschriften erfaßt, die in sachlichem Zusammenhang mit dem Ziel der Ausrottung des Nationalsozialismus und Militarismus im Nachkriegsdeutschland stehen. Danach wäre ein Normenkomplex erfaßt, der von den zahlreichen Gesetzen zur Liquidation militärischer Verbände und Aktivitäten über die Regelungen zur Auflösung nationalsozialistischer Organisationen bis zu Bestimmungen über die Aufhebung nationalsozialistischen Rechts, die Einziehung von Literatur und Werken nationalsozialistischen Charakters und die Beseitigung der Denkmäler und Museen nationalsozialistischen Charakters reichte» – so Gertrude Lübbe-Wolff (1988, 1292), die überzeugend dargelegt hat, daß sich Art. 139 nur auf Entnazifizierungsvorschriften im engeren Sinne bezog. Dabei geht es um die *landesrechtlichen* Entnazifizierungsgesetze, die im Gefolge der Kontrollratsdirektiven Nr. 24 und 38 erlassen wurden, um die Entfernung von Nationalsozialisten aus allen Schaltstellen des öffentlichen Lebens zu regeln. Vom Länderrat der amerikanischen Besatzungszone war am 5. März 1946 das «Gesetz zur Befreiung von Nationalsozialismus und Militarismus» erlassen worden. Entsprechende Gesetze in den anderen westlichen

Besatzungszonen folgten. Aus der Entstehungsgeschichte zu Art. 139 läßt sich belegen, daß allein diese landesrechtlichen Entnazifizierungsregelungen als «die zur ‹Befreiung des deutschen Volkes von Nationalsozialismus und Militarismus› erlassenen Rechtsvorschriften» von Art. 139 erfaßt werden sollten.

Diese Lesart von Art. 139 liegt in der Logik der Normenhierarchie, wie sie dem Verfassungsgeber eines besiegten und besetzten Landes in der Nachkriegszeit vorgegeben war. Die Länder waren aufgrund *alliierter Rechtsakte*, die ihrerseits keineswegs mit dem Grundgesetz vereinbar sein mußten, zum Erlaß von Entnazifizierungsvorschriften verpflichtet, die die Entfernung politisch belasteter Nationalsozialisten aus dem öffentlichen Dienst vorsahen. Da diese Gesetze indes als *westdeutsches Landesrecht* am künftigen Grundgesetz und seinen Diskriminierungsverboten (vgl. Art. 3 Abs. 3 und Art. 33 Abs. 3) zu messen sein würden, war es zwingend erforderlich, insoweit über Art. 139 eine verfassungsdurchbrechende Wirkung zu ermöglichen.

> «In bezug auf Normen des Besatzungsrechts selbst wäre dagegen, eben weil sie der Kontrolle am Maßstab des Grundgesetzes ohnehin nicht unterlagen, eine solche verfassungsrechtliche Absicherung ganz überflüssig und sinnlos gewesen» (Lübbe-Wolff 1988, 1293).

Die alliierten Organisationsverbote gehören demnach nicht zu den «Befreiungsgesetzen» des Art. 139. Für den Streit um die Frage, ob die Parteienfreiheit des Grundgesetzes durch Besatzungsrecht womöglich hier und heute noch eingeschränkt ist, bedeutet dies im Ergebnis, daß es – entgegen einer weitverbreiteten Annahme – auf Art. 139 gar nicht ankommt. Eine Fortgeltung des Verbots der NSDAP und entsprechender Nachfolgeorganisationen ist damit aber keineswegs ausgeschlossen. Da Besatzungsrecht das Grundgesetz durchbricht, ohne auf eine Rechtfertigung durch Art. 139 angewiesen zu sein, gilt es «unabhängig von seiner Vereinbarkeit mit dem Grundgesetz fort, soweit es nicht durch die Besatzungsmächte selbst oder nach dem Inkrafttreten des Überleitungsvertrages (1955), der dem deutschen Gesetzgeber mit gewissen Vorbehalten die Dispositionsbefugnis über das Besatzungsrecht verschaffte, durch diesen geändert oder aufgehoben worden ist» (Lübbe-Wolff 1988, 1293). Für den verfassungsrechtlichen Status von neonazistischen Organisationen kommt es daher allein darauf an, ob die betreffenden alliierten Organisationsverbote fortgelten.

Das ist nicht der Fall, da das einschlägige Besatzungsrecht lange vor der Wiedererlangung der vollen deutschen Souveränität aufgehoben wurde (vgl. Meier 1993a, 251f). Das Kontrollratsgesetz Nr. 2, das in Art. I Nr. 3 die Neubildung der NSDAP verbot, und die Kontrollratsproklamation Nr. 2 wurden durch das Gesetz Nr. 16 der Alliierten Hohen Kommission vom 16. Dezember 1949 außer Kraft gesetzt. Gleiches gilt für das Kontrollratsgesetz Nr. 8. Weil aber das Gesetz Nr. 16 die Funktion hatte, «die gesetzlichen Vorschriften über die Ausschaltung des Militarismus und Nazismus zusammenzufassen», traten an die Stelle der für unwirksam erklärten Gesetze neugefaßte Verbote, die neben «militärischen» auch «nationalsozialistische Organisationen» betrafen. Diese neugefaßten Verbote entfielen erst am 5. Mai 1955, als durch das Gesetz Nr. A-38 der Alliierten Hohen Kommission das Gesetz Nr. 16 ersatzlos aufgehoben wurde. Die Organisationsverbote des bisher genannten Besatzungsrechts galten daher bis Mai 1955.

Das Gesetz Nr. 5 der Militärregierung-Deutschland («Auflösung der Nationalsozialistischen Deutschen Arbeiterpartei») wurde dagegen durch den westdeutschen Gesetzgeber aufgehoben. Diese Parteiverbotsnorm, die in Ziffer 4 auch jegliche Handlungen zum Zwecke der Erneuerung der NSDAP verbot, wurde durch das Dritte Gesetz zur Aufhebung des Besatzungsrechts vom 23. Juli 1958 außer Kraft gesetzt. Weitere besatzungsrechtliche Organisationsverbote gab es, soweit ersichtlich, nicht. Im Ergebnis kann daher festgestellt werden, daß das dem Grundgesetz vorgehende Besatzungsrecht gegen neonazistische Parteien seit Juli 1958 nicht mehr in Geltung ist.

Im Oktober 1952, als das SRP-Verbotsurteil erging (vgl. Kapitel 1.3), waren Nachfolgeorganisationen der NSDAP kraft Besatzungsrecht also noch verboten, ohne daß dem die Parteienfreiheit des Grundgesetzes entgegengestanden hätte. Diese (noch) geltenden besatzungsrechtlichen Verbote hat das Bundesverfassungsgericht nicht gesehen oder wenigstens nicht thematisiert. Das ist gerade im Verfahren gegen eine Partei, die als Nachfolgeorganisation der NSDAP eingestuft wurde, erstaunlich. Zumal damit bereits eine Frage der Zulässigkeit (und damit eine Option auf Nichtbefassung) berührt gewesen wäre: Denn für alliierte Rechtsakte, die nicht am Grundgesetz zu messen waren, verneinte das Gericht von Anbeginn seine Zuständigkeit (BVerfGE 1, 5). Die Tatsache, daß weder der Verbotsantrag der Bundesregierung noch das Verfassungsgericht das alliierte Sonderrecht gegen das Fortwirken des Nationalsozialismus problematisierten, darf wohl als Indiz dafür gewertet werden, daß ein Vorgehen gegen die SRP nach dem abstrakt formulierten Art. 21 Abs. 2 politisch opportuner erschien, weil man das zugleich in Gang gesetzte Verfahren gegen die KPD im Auge hatte:

> «Im Jahr 1951 war die Bundesregierung peinlich darauf bedacht, den Eindruck zu vermeiden, als sei die Konzeption der ‹abwehrbereiten Demokratie› einseitig gegen Links orientiert. Drei Tage,

bevor sie am 22. November 1951 den Verbotsantrag gegen die KPD nach Karlsruhe schickte, hatte sie einen entsprechenden Antrag gegen die SRP eingereicht. Für die Optik war das vorzüglich, gleichwohl beschleicht den aufmerksamen Beobachter der politischen Szene, die in diesen Jahren durch und durch vom Koreakrieg im Auswärtigen und vom Kalten Krieg im Innern beherrscht war, das ungute Gefühl, als habe der Schlag gegen die SRP, gegen eine eher ephemere Erscheinung des Rechtsradikalismus oder besser: des Neo-Nazismus, als Feigenblatt für den wesentlich einschneidenderen Schlag gegen die KPD gedient; das timing, wie man heute sagen würde, war zu perfekt, um ganz glaubwürdig zu sein» (Schuster 1968, 420).

Das Unbehagen, gegen eine neonazistische Organisation nach dem «Sonderrecht der Besatzer» vorzugehen und damit womöglich den Anschein zu setzen, man tue dies nicht aus freien Stücken, mag ebenfalls eine Rolle gespielt haben.

Für den heutigen administrativen Umgang mit Parteien, die als neonazistische Nachfolgeorganisationen verdächtigt werden, bedeutet die Aufhebung des alliierten Verbotes der Neubildung der NSDAP, daß nur im Parteiverbotsverfahren nach Art. 21 Abs. 2 GG gegen sie vorgegangen werden darf. Als *Zwischenergebnis* kann daher formuliert werden: Auch für neonazistische Parteien gilt die verfassungsrechtlich garantierte Parteienfreiheit des Art. 21; sie können frei gegründet werden und sich auf alle Rechtsgarantien berufen, die jeder anderen legalen Partei auch zustehen. Das Grundgesetz findet also ohne Einschränkung auf alle Parteien Anwendung. Zu einem ähnlichen Schluß kam im übrigen auch das Verfassungsgericht im KPD-Verbotsurteil von 1956 (vgl. Kapitel 1.3), als es anläßlich der Aufhebung des von der KPD reklamierten Lizenzierungsrechts feststellte: «Damit haben die alliierten Mächte das Parteienrecht für die Zukunft in vollem Umfang zur Disposition der deutschen Organe gestellt.»

Gleichwohl stilisierten verschiedene Autoren in «fortschrittlicher» Absicht das Grundgesetz zu einer antifaschistischen Wertordnung und machten dabei Art. 139 zum Dreh- und Angelpunkt ihrer Interpretation (zur Kritik Borchers et al. 1976). Nach dieser Lesart, die in den siebziger Jahren eine Hochkonjunktur hatte, geriet Art. 139 zum Ausdruck des «eindeutig» antifaschistischen und antimilitaristischen Charakters der freiheitlichen demokratischen Grundordnung, in der «neofaschistische» Organisationen naturgemäß keinen Platz haben. Zur Grundsatzentscheidung überhöht, wurde Art. 139 als originäre, selbständige Eingriffsnorm gegen schlechthin alles «Faschistische» verstanden.

Bei der Beratung von Art. 139 waren jedoch die Mitglieder des Parlamentarischen Rates darüber einig gewesen, die Entnazifizierung zwar fortzusetzen, diese aber ausdrücklich nicht auszuweiten. Lediglich der Zeitpunkt, wann entsprechende Maßnahmen einzustellen seien, war zwischen KPD und SPD einerseits sowie den bürgerlichen Parteien andererseits umstritten (Pawlita/Steinmeier 1980, 401). Es ist daher abwegig, «in einer Vorschrift, die mehr notgedrungen als mit Begeisterung in das Grundgesetz aufgenommen wurde, um eine besatzungsrechtlich aufgegebene Entnazifizierung zu ermöglichen, die man eigentlich für verfassungswidrig hielt, in einer solchen Vorschrift den prononciertesten Ausdruck der antifaschistischen Ausrichtung des Grundgesetzes zu sehen» (Lübbe-Wolff 1988, 1294).

Wie die Entstehungsgeschichte deutlich zeigt, ist Art. 139 mithin keine antinationalsozialistische Generalklausel, die unter Umgehung des Bundesverfassungsgerichts (vgl. Art. 21 Abs. 2 GG) ein exekutivisches Einschreiten gegen neonazistische Parteien erlaubte.

> «Die Bestimmung ist zwar durchaus symptomatisch für die politische Akzentuierung des Grundgesetzes als einer Gegenverfassung zum Nationalsozialismus; entscheidend ist jedoch, daß das Grundgesetz jedenfalls keine konkrete normative Entscheidung darüber enthält, wie im einzelnen NS- und Neo-Nazi-Aktivitäten mit rechtlichen Mitteln zu bekämpfen seien» (Ladeur 1989).

Da also besatzungsrechtliche Verfassungsdurchbrechungen nicht mehr greifen und Art. 139 keine normative Wirkung entfaltet, bietet das Grundgesetz Abwehrmöglichkeiten gegen parteiförmig organisierte Neuauflagen des Nationalsozialismus nur in der abstrakten Form des Parteiverbots nach Art. 21 Abs. 2 (gegen Einzelpersonen käme die Anwendung der Grundrechteverwirkung nach Art. 18 in Betracht, vgl. Kapitel 1.4).

In der neueren *Praxis der Gerichte* hat das hier skizzierte Verhältnis von Art. 139, Besatzungsrecht und dem Parteiverbot gelegentlich eine Rolle gespielt. Dabei wurde durchgehend übersehen, daß die umstrittenen alliierten Organisationsverbote nicht zu den «Befreiungsgesetzen» im Sinne von Art. 139 zählen. Episode geblieben sind zwei Entscheidungen des Verwaltungsgerichts Frankfurt aus den Jahren 1985/86.* Offensichtlich unter dem Eindruck des Todes von Günther Sare, der während einer Demonstration gegen eine Wahlkampfveranstaltung der NPD am 28. September 1985 in Frankfurt von einem Wasserwerfer der Polizei überfahren worden war, erklärte das VG Frankfurt eine Entscheidung der von der Stadt Frankfurt betriebenen «Saalbau GmbH» für rechtmäßig, mit der diese der NPD die Vermietung von Versammlungsräumen verweigert hatte. In seiner ersten

* VG Frankfurt, Beschluß vom 14. 11. 1985, Demokratie und Recht (DuR) 1986, 89. – VG Frankfurt, Beschluß vom 9. 1. 1986, Neue Juristische Wochenschrift (NJW) 1986, 2661, und DuR 1986, 92.

spektakulären Entscheidung berief sich das Gericht auf Art. 139 und ging irrtümlich von der Fortgeltung alliierten Besatzungsrechts aus. Außerdem bescheinigte es der NPD unter Berufung auf den Verfassungsschutzbericht und eine Entscheidung des Bundesverwaltungsgerichts «Verfassungswidrigkeit»*. Die Entscheidung des Verwaltungsgerichts Frankfurt ist kurze Zeit später vom Verwaltungsgerichtshof Kassel (NJW 1986, 2660) wegen Verletzung des Entscheidungsmonopols des Bundesverfassungsgerichts (Art. 21 Abs. 2 Satz 2) aufgehoben worden. Das Verwaltungsgericht Frankfurt hatte übersehen, daß das in Bezug genommene «Befreiungsgesetz», nämlich das Gesetz Nr. 5 der Militärregierung-Deutschland, außer Geltung gesetzt worden war.

Das Verwaltungsgericht Frankfurt indes blieb bei seiner Rechtsauffassung und berief sich in einem zweiten Beschluß (NJW 1986, 2661) nunmehr darauf, der Bundesgesetzgeber sei gar nicht befugt gewesen, die alliierte Verbotsnorm aufzuheben. Art. 139 habe vielmehr die «Befreiungsgesetze» auch von der Geltung des regulären Gesetzgebungsverfahrens nach dem Grundgesetz veränderungsfest ausgenommen. Dieser Beschluß wurde vom VGH Kassel (NJW 1986, 2662) wiederum aufgehoben. Die «Befreiungsgesetze» seien keineswegs der deutschen Rechtsetzungsgewalt entzogen, da es sich bei Art. 139 um eine ausgesprochene Ausnahmevorschrift handele. Dem ist im Ergebnis zuzustimmen. In den Materialien zur Entstehungsgeschichte findet sich nicht «der geringste Hinweis darauf, daß Art. 139 GG (...) auch den Sinn einer positiven Garantie des Fortbestandes der von ihm

* VG Frankfurt, DuR 1986, 90f, unter Bezugnahme auf BVerwG NJW 1984, 813f (dort sprach das BVerwG von «verfassungsfeindlichen Zielen» der NPD und verglich diese mit den Zielen der verbotenen SRP).

erfaßten Vorschriften haben sollte» (Lübbe-Wolff 1988, 1291). Dagegen spricht zudem klar der Wortlaut sowie die Aufnahme in den XI. Abschnitt der Übergangs- und Schlußbestimmungen des Grundgesetzes.

5.2. Strafrechtliche Verbote nationalsozialistischer Propaganda und Kennzeichen

In der verfassungsjuristischen und politischen Diskussion wird die ungeteilte Geltung der Parteienfreiheit regelmäßig nicht klar ins Auge gefaßt beziehungsweise in ihrer vollen Tragweite nicht zur Kenntnis genommen. Während etwa die Gerichte bei NPD und «Republikanern» der Meinungs- und Parteienfreiheit meist zur Geltung verhelfen, ist die Situation bei neonazistischen Organisationen eine andere: In diesem Bereich scheint ein «lager»übergreifender Konsens davon auszugehen, daß explizit an die NSDAP anknüpfende Organisationen per se illegale Propaganda betreiben. In der Praxis der Strafverfolgungsbehörden und Gerichte spielen hier wenig bekannte Normen des Strafgesetzbuches eine Rolle. Es sind dies die §§ 86 und 86 a StGB, in denen das «Verbreiten von Propagandamitteln verfassungswidriger Organisationen» beziehungsweise das «Verwenden von Kennzeichen verfassungswidriger Organisationen» unter Strafe gestellt werden. Auch wenn sich über die Hälfte aller Strafurteile gegen Rechtsradikale auf diese Normen stützen, ist ihre praktische Bedeutung aufs Ganze gesehen bescheiden. Kalinowsky (1993, 388) zählte in seiner Studie, die als bislang umfangreichste gelten darf, für den Zeitraum von 1978 bis 1987 *insgesamt* 745 Verurteilungen.

Bei den mit Propagandaverbot belegten Organisationen handelt es sich einerseits um Parteien, die das Bundesverfassungsgericht für verfassungswidrig erklärt hat (§86 Abs. 1 Nr. 1 StGB), sowie um Vereinigungen, die nach Art. 9 Abs. 2 unanfechtbar verboten sind (§86 Abs. 1 Nr. 2). §86 Abs. 1 Nr. 3 bezieht sich ferner auf eine «Regierung, Vereinigung oder Einrichtung außerhalb des räumlichen Geltungsbereichs dieses Gesetzes, die für die Zwecke einer der in den Nummern 1 und 2 bezeichneten Parteien oder Vereinigungen tätig ist». Dabei hatte der westdeutsche Gesetzgeber vor allem die ehemalige DDR im Auge. Andererseits werden Propagandamittel sanktioniert, «die nach ihrem Inhalt dazu bestimmt sind, Bestrebungen einer ehemaligen nationalsozialistischen Organisation fortzusetzen» (§86 Abs. 1 Nr. 4 StGB). §86a StGB nimmt auf diese Verbote Bezug und stellt die Verwendung entsprechender Kennzeichen unter Strafe. Als nationalsozialistische Organisation kommt nach der Rechtsprechung des Bundesgerichtshofs in erster Linie die NSDAP mit ihren Untergliederungen in Betracht (BGHSt 23, 76).

Unter Strafrechtlern war §86 Abs. 1 Nr. 4 StGB von Anbeginn vielfältigen Bedenken ausgesetzt. Kritisiert wurde vor allem, daß «die Vorschrift nur scheinbar» an nationalsozialistische Organisationen, «tatsächlich jedoch an nationalsozialistisches Gedankengut» anknüpft (Sonnen 1986). Im Gegensatz zu den Fällen der Nr. 1 bis 3 brauchten hier die Propagandamittel nämlich nicht unmittelbar von den betreffenden Organisationen herzurühren. Diesen systematischen Bruch habe der Gesetzgeber gleichwohl in Kauf genommen, weil er das kriminalpolitische Bedürfnis gesehen habe, neonazistische Propaganda strafrechtlich zu verfolgen. Das verstoße allerdings gegen die verfassungsrechtliche Meinungsfreiheit nach Art. 5 Abs. 1. Denn die Koppelung des Begriffs «Bestrebungen» mit dem der nationalsozialistischen Organisationen stelle «ein gesetzestechnisches Scheinmanöver (dar), da diese Organisationen tatsächlich nicht mehr existieren». Ein Strafgesetz, das sich darauf beschränke, «ideologisch an nationalsozialistisches Gedankengut» anzuknüpfen, sei indes verfassungswidrig:

> «Denn daß ein Nationalsozialist sich solange auf seine Meinungsäußerungsfreiheit berufen kann, als er sich nur als ein solcher bekennt und für nationalsozialistische Ziele, Forderungen und Auffassungen eintritt, ist heute einhellige Meinung» (Wagner 1971, 221).

Man mag füglich bezweifeln, ob diese Meinung zu irgendeiner Zeit «einhellig» geteilt wurde – die Verfassungsrechtslage ist gleichwohl gerade im Hinblick auf Art. 18, der eben auch gegen Einzelpersonen ein entsprechendes Verwirkungsverfahren vor dem Verfassungsgericht erfordert, denkbar eindeutig.

Um die skizzierten Probleme zu umschiffen, hat der Bundesgerichtshof §86 Abs. 1 Nr. 4 dahingehend interpretiert, daß die Propagandamittel nicht nur ihrem Inhalt nach geeignet sein müßten, allgemein für das NS-System und seine Ideologie zu werben. Sie müßten überdies dazu bestimmt sein, Bestrebungen ehemaliger nationalsozialistischer Organisationen fortzuführen (BGHSt 23, 76). Diese Engführung des Tatbestandes ist zwar weithin begrüßt, jedoch mit dem Hinweis quittiert worden, eine konsequente Fortsetzung dieser Linie führe dazu, daß praktisch – entgegen der Absicht des Gesetzgebers – keinerlei neonazistische Propaganda mehr strafbar sei.

Ungeachtet der Zwickmühle zwischen drohender Grundrechtsverletzung und Leerlaufen der Norm ist in der Literatur, die ohnehin §86 Abs. 1 Nr. 4 mehrheitlich für gesetzestechnisch mißlungen und überflüssig erachtet, zum Teil gefordert worden, die Vorschrift solle verfassungskonform «als Organisations- und Rechtsfolgedelikt» zu den alliierten Verboten verstanden werden (Sonnen 1986). Einmal abgesehen davon, daß jede halbwegs konsequent gehandhabte restriktive Interpretation zum Leerlaufen der Norm führt, steht diese grundrechtsfreundlich gemeinte Forderung vor einem neuen, unüberwindlichen Problem: Seit 1958 gibt es, wie wir gesehen haben, gar keine besatzungsrechtlichen Organisationsverbote mehr, denen verfassungsdurchbrechende Wirkung zukäme. Da folglich für ausnahmslos alle Parteien von der Geltung des Grundgesetzes auszugehen ist, müssen sich auch die hier zur Rede stehenden Strafrechtsnormen an der Verfassung messen lassen. Das gilt nicht nur im Hinblick auf die Meinungsfreiheit, sondern auch bezüglich des Parteienstatuts des Grundgesetzes.

Damit aber gelangt man zu dem verblüffenden Ergebnis, daß die §§ 86 Abs. 1 Nr. 4 und 86a StGB als *Sonderrecht gegen neonationalsozialistische Politik* weder mit der Parteigründungsfreiheit noch mit dem Entscheidungsmonopol des Verfassungsgerichts (Art. 21 Abs. 2 Satz 2 GG, sogenanntes Parteienprivileg) vereinbar sind. Die Aufhebung der alliierten Organisationsverbote hat, nimmt man diese verfassungsrechtlich ernst, zur Konsequenz, daß unmittelbar an nationalsozialistische Ideen anknüpfende Parteien, ja selbst eine Neugründung der NSDAP zunächst unter dem Schutz des Grundgesetzes stünden – bis zum entsprechenden Ausgang eines verfassungsgerichtlichen Verbotsverfahrens. Denn es kann keinem Zweifel unterliegen, daß mit der Illegalisierung der «Propagandamittel» und «Kennzeichen» einer Partei, die sich anschickt, «Bestrebungen einer ehemaligen nationalsozialistischen Organisation fortzusetzen», diese Partei als solche gerade wegen ihres politischen Selbstverständnisses und Wirkens verfolgt würde. Dem kann auch nicht entgegengehalten werden, die Parteienfreiheit gelte unter dem bekannten Vorbehalt, Parteien dürfen sich nur «allgemein erlaubter Mittel» bedienen. Denn im Fall der neonationalsozialistischen Partei wird mit den §§ 86 Abs. 1 Nr. 4 und 86 a StGB evidentermaßen ein «Sonderrecht gegen die Parteien», so das Verfassungsgericht in anderem Kontext (BVerfGE 69, 268), statuiert. Hier geht es gerade nicht darum, ob die Mitglieder einer Partei bei Gelegenheit ihrer politischen Tätigkeit andere beleidigen, volksverhetzend agitieren, den Staat und seine Symbole verunglimpfen oder zum Beispiel in verfassungsfeindlicher Weise auf Angehörige der Bundeswehr einwirken. Illegalisiert werden vielmehr ganz gezielt bestimmte Politikinhalte: eben die politische Artikulation jener Partei, die sich ihrem Selbstverständnis nach anschickte, «Bestrebungen einer ehemaligen nationalsozialistischen Organisation» programmatisch fortzusetzen.

Damit wird aber nicht bloß die Einhaltung eines politisch neutralen, potentiell gegen alle durchzusetzenden Rahmens sanktioniert, sondern der zentrale Zweck, der ideologische Kristallisationskern einer politischen «Parteiung». Die §§ 86 Abs. 1 Nr. 4 und 86 a StGB sind daher nicht nur wegen Verletzung der Parteienfreiheit des Grundgesetzes verfassungswidrig, sondern auch wegen Verletzung der Meinungsfreiheit und des Diskriminierungsverbots (vgl. Art. 5 Abs. 1 und Art. 3 Abs. 3 GG). Ein strafrechtliches Sonderrecht gegen neonazistische Parteien darf nicht statuiert werden; hier gilt eine Einsicht, die die Verfassungsrichter einmal so formulierten (BVerfGE 12, 307): «Was das Grundgesetz gestattet, kann das Strafgesetz nicht verbieten.»

Die seit geraumer Zeit um die Verschärfung dieser Paragraphen geführte Diskussion, die darauf abzielt, auch fintenreiche Varianten der NS-Symbole strafrechtlich zu erfassen, erschöpft sich in legislatorischer Spiegelfechterei, anstatt die Diskriminierung von Neonazis auf eine verfassungsrechtliche Grundlage zu stellen. Das Hakenkreuz und der «deutsche Gruß», sozusagen unter staatlichen Designschutz gestellt, werden Richter und Staatsanwälte lediglich in noch diffizilere Subsumtionsprobleme stürzen. Deshalb ist die jüngste Novellierung des § 86 a StGB, die im Zuge des «Verbrechensbekämpfungsgesetzes» erfolgte, ein Schritt in die falsche Richtung: «Den genannten Kennzeichen stehen solche gleich, die ihnen zum Verwechseln ähnlich sind» (vgl. Bundesrat-Drucksache 416/94). Damit werden, populistischen Anwandlungen folgend, fehlgeleitete bürokratische Energien auf die Spitze getrieben. Die in der Tagespresse des öfteren anzutreffende Formulierung von den «naziähnlichen» Symbolen zeugt von der Kuriosität des Unternehmens. Es wirft außerdem ein weiteres verfassungsrechtliches Problem auf: das des Analogieverbots des Art. 103 Abs. 2 GG. Mit seiner vagen Ergänzung hat der Gesetzgeber ein Terrain bereitet, das der Anstiftung von Richtern zur analogen Ausweitung des Strafrechts «zum Verwechseln ähnlich» sieht. Wir werden sehen, ob sich in Karlsruhe Verfassungsrichter finden, die solchem Unfug ein Ende bereiten.

5.3. Exkurs: Meinungsfreiheit und Neonazismus in Dänemark

*Von Alexander Molter**

Im Sommer 1994 siedelte der 39jährige Neonazi Meinolf Schönborn, Leiter der 1992 verbotenen «Nationalistischen Front», aus dem Westfälischen nach Dänemark über. Dort hatte er bereits im Frühjahr 1994 ein Haus in dem kleinen Ort Kværs am Nordufer der Flensburger Förde gekauft. Hier wollte er nicht nur wohnen, sondern auch neonazistisches Propagandamaterial drucken, das dann nach Deutschland geschmuggelt werden sollte. Bereits seit 1986 wohnt der 76jährige Altnazi Thies Christophersen im unweit von Kværs gelegenen Kollund. Christophersen gibt ebenfalls nazistische Publikationen heraus.

Deutsche Neonazis zieht es nach Dänemark, weil es einen Unterschied zwischen der deutschen und der dänischen Strafgesetzgebung gibt. Während es in Deutschland strafbar ist, nazistische Propaganda zu verbreiten, ist es das bisher in Dänemark nicht. Zwar enthält das dänische Strafgesetzbuch einen Antirassismusparagraphen, den § 266 b. Aber dieser wird von den Gerichten im Hinblick auf den § 77 des Grundlov, der dänischen Verfassung, so eng ausgelegt, daß Nazipropaganda nicht erfaßt wird. Der § 77 des Grundlov lautet:

* Alexander Molter, geb. 1955, Jurist, arbeitet an einer Dissertation über den dänischen Rechtswissenschaftler Alf Ross, lebt in Kiel. – Die Übersetzungen aus dem Dänischen stammen vom Autor.

> «Jeder ist berechtigt, in Druck, Schrift und Wort seine Gedanken öffentlich zu machen. Er ist jedoch den Gerichten verantwortlich. Zensur und andere vorbeugende Verhaltensregeln können niemals wieder von neuem eingeführt werden.»

Nach § 266 b wird mit Geldstrafe oder Gefängnis bis zu zwei Jahren bestraft, wer öffentlich «eine Gruppe von Personen auf Grund ihrer Rasse, Hautfarbe, nationalen oder ethnischen Herkunft, Glaubens oder sexuellen Orientierung bedroht, verhöhnt oder herabwürdigt».

Als strafbar nach dem Antirassismusparagraphen sahen dänische Gerichte zum Beispiel folgende Äußerung aus einem Artikel über Arbeitsimmigranten aus der Türkei und Pakistan an: «Der größte Teil arbeitet nur wenig oder überhaupt nicht. Sie vegetieren als Arbeitslose auf Kosten fleißiger und tüchtiger Dänen, während sie sich durch Einwanderung und Kinderreichtum wie Ratten vermehren.»

Diese Äußerung wurde insgesamt sowohl ihrer Form als auch ihrem Inhalt nach als Verhöhnung und Herabwürdigung angesehen. Bestraft wurde im übrigen nicht nur der Autor selbst, sondern auch der Zeitungsredakteur, auf dessen Aufforderung jener Artikel geschrieben worden war.

Im Jahre 1988 hatten dänische Gerichte über ein deutsches Auslieferungsersuchen für Thies Christophersen zu entscheiden. Hierbei kam es darauf an, ob die Tat, derentwegen von Deutschland die Auslieferung begehrt wurde, nämlich Volksverhetzung, auch nach dänischem Recht strafbar ist. Es ging hierbei um folgende Äußerung Christophersens:

> «Ich hege Zweifel daran, ob es einen Holocaust, so wie ihn unsere Feinde uns gegenüber beschreiben, gegeben hat. Die Armenier und die Indianer wurden ausgerottet. Erlauben Sie mir, Zweifel daran zu hegen, inwiefern dies im gleichen Umfang mit den Juden geschehen ist. Von diesen Zweifeln kann ich mich nicht befreien.

> (...) Zehntausende von Menschen sollen jeden Tag vergast worden sein, und dann noch diese Leichen zu verbrennen, ohne daß eine Spur zurückbleibt – das kann ich nicht glauben. (...) Aber dann stelle ich mir die Frage: ‹Warum immer 6 Millionen?› Sollte es wirtschaftliche Gründe für diese Zahl geben? Nahum Goldmann hat ein Buch geschrieben. Lest selbst, was er sagt: ‹Ich übertreibe kaum, das jüdische Leben besteht aus zwei Elementen: Geld anhäufen und protestieren.›»

Die dänischen Gerichte hatten zu prüfen, ob das von Christophersen angeführte Goldmannzitat im Zusammenhang mit dem zuvor Gesagten «eine grobe Verhöhnung und Herabwürdigung des jüdischen Volkes» darstellt. Das wurde verneint. Der Rassismusparagraph erfasse lediglich Äußerungen «von einer gewissen, nicht unbedeutenden Grobheit». Das von Christophersen angeführte Zitat von Nahum Goldmann überschreite diese Schwelle nicht. Die Grobheitsschwelle sei vom Gesetzgeber mit Rücksicht auf das Grundrecht der Meinungsfreiheit gewollt. Deshalb habe er die im Entwurf des Antirassismusparagraphen vorgesehene Formulierung «herabsetzen» durch «herabwürdigen» ersetzt. Wie weit hier dänisches und deutsches Strafrecht auseinanderliegen, zeigt sich daran, daß die dänischen Gerichte noch nicht einmal prüften, ob bereits die bloße Leugnung des Holocaust das jüdische Volk herabwürdige. Christophersen wurde nicht ausgeliefert.

Bereits wenige Tage nachdem bekannt geworden war, daß Meinolf Schönborn im Begriffe sei, seine Aktivitäten nach Dänemark zu verlegen, wurde dort die Forderung nach staatlichen Gegenmaßnahmen laut. Der damalige sozialdemokratische Justizminister Erling Olsen hatte zuvor festgestellt, daß staatlicherseits nichts unternommen werden könne, solange Christophersen und Schönborn weder Gewalt anwendeten noch dazu aufriefen. Dafür, daß sie von der im Grundlov verbrieften Meinungsfreiheit Gebrauch machten, könnten sie weder bestraft noch ausgewiesen werden.

Hiermit wollte sich Kent Kirk, Abgeordneter der Konservativen Partei im Folketing, dem dänischen Parlament, nicht zufriedengeben:

> «Es kann nicht richtig sein, daß neonazistische Bewegungen ihre geschichtsverfälschenden Aktivitäten in Dänemark mit dem eindeutigen Ziel betreiben können, die Deutschen in nazistischer Richtung zu beeinflussen. Wir dürfen an unsere im Grundlov gesicherte Meinungsfreiheit nicht rühren, aber es muß möglich sein, Aktivitäten zu verhindern, deren einziges Ziel es ist, die deutsche Gesetzgebung zu brechen.»

Der sozialdemokratische Bürgermeister von Gravenstein, zu dessen Bezirk Kværs gehört, schlug in dieselbe Kerbe:

> «Wohl sollen wir unsere Meinungsfreiheit bewahren, aber es muß einen Ausweg geben, um das zu verhindern. Es schadet unserem Ruf. Viele Deutsche können nicht verstehen, warum wir diesen Menschen Asyl gewähren.»

Diesen Stimmen trat die linksliberale Kopenhagener Tageszeitung *Politiken* in einem Leitartikel vom 26.8.1994 entgegen. Ihrer Ansicht nach «wäre es äußerst tragisch, wenn eine neonazistische Druckerei Anlaß zu Tricksereien mit den fundamentalen dänischen Freiheitsrechten geben würde».

> «Meinungs- und Pressefreiheit haben wie andere Freiheiten Unkosten. Und es wäre unerträglich, wenn Neonazis – ausgerechnet Neonazis – eine Einschränkung dieser Freiheiten verursachten, was auch keinem verantwortungsbewußten Politiker im Traume einfiele. Das heißt natürlich nicht, daß die Neonazis nicht zur Verantwortung gezogen werden können, wenn von der Druckerei kriminelle Handlungen ausgehen (...). Aber was machen die gewöhnlichen Bürger in Kværs mit ihrer verständlichen Wut? Nun, keiner ist ja dazu gezwungen, mit der neonazistischen

> Druckerei Geschäfte zu machen, Papier oder Farbe zu liefern. Oder die Buchführung zu prüfen, einen Kredit einzuräumen oder Transportmittel zur Verfügung zu stellen. Und im übrigen gilt die alte Regel, daß Lügen – auch neonazistische Lügen – am besten mit der Wahrheit bekämpft werden. Dazu kann man die Pressefreiheit glücklicherweise auch gebrauchen.»

Verständliche Wut trieb nicht nur die Bewohner von Kværs, sondern Bürger aus ganz Dänemark zu einer großen Demonstration am 24.9.1994 vor Schönborns neuem Domizil. Nachdem die meisten Demonstranten, darunter auch Autonome aus Kopenhagen, bereits wieder friedlich abgezogen waren, gaben einige ihrer Wut auf weniger friedliche Weise Ausdruck, indem sie das Schönbornsche Anwesen mit einem Regen aus Flaschen und Steinen überschütteten. Dem zeigten sich die Neonazis nicht gewachsen. Einer von ihnen fuhr noch in derselben Nacht mit dem Auto durch Kværs und warf dabei Flugblätter aus dem Fenster, in denen die Neonazis ankündigten, daß sie sich aus dem Ort zurückzögen. Der nächste Tag sah Kværs im «Siegesrausch» (*Politiken*, 26.9.1994).

Der nach Deutschland zurückgekehrte Meinolf Schönborn wurde Ende November in Detmold verhaftet. Der Haftbefehl war bereits Ende Juli wegen Fortführung der verbotenen «Nationalistischen Front» erlassen worden, als feststand, daß er von Dänemark aus seine neonazistischen Aktivitäten fortsetzen wollte.

Der Schwerpunkt des antinazistischen Protestes verschob sich nunmehr ins unweit von Kværs gelegene Kollund, dem Wohnsitz von Thies Christophersen, und in das südlich von Kopenhagen gelegene Greve, wo der Vorsitzende von «Danmarks National-Socialistiske Bevægelse» Jonny Hansen, ein 28jähriger arbeitsloser Krankenpfleger, wohnt. Die Bürger von Kollund beriefen sogleich eine Bürgerversammlung ein. Auf der sehr gut besuchten Versammlung erklärte der der rechtsliberalen Venstre angehörende Bürgermeister von Bov, zu dem Kollund gehört, daß Demonstrationen zwar eine gute Sache seien, daß sie aber das Problem nicht lösten:

> «Wir können die Nazis vielleicht aus unserem Ort herausbekommen, so wie es in Kværs geschehen ist, aber dann wird das Problem nur in einen anderen Ort verschoben. Wir brauchen eine Gesetzesänderung, nicht des Grundlov, sondern des Rassismusparagraphen des Strafgesetzbuches.»

Sowohl in Kollund als auch in Greve fanden in der folgenden Zeit große Demonstrationen statt. Hierzu bemerkte *Politiken* am 10.10.1994:

> «Da wohnen in Kollund an der Flensburger Förde zwei erklärte Nazis, einige meinen sogar, es wären sechs, und sie wohnen dort immer noch, nach dem beharrlichen Versuch von ungefähr 1800 Demonstranten, sie gestern aus ihren Wohnsitzen zu verjagen. Es war die bisher größte Demonstration im Rahmen der Welle von Naziaustreibung, die über das Land geht, und alles verlief friedlich.»

Es sieht so aus, als wäre es gelungen, zumindest Thies Christophersen aus Kollund zu vertreiben. Kurz vor Weihnachten 1994 verließ er sein dortiges Domizil mit Sack und Pack.

Obwohl die Demonstrationen in Kollund und Greve überwiegend friedlich verliefen, gab es Ausschreitungen. So wurde das Haus des dänischen Neonazis Jonny Hansen in Greve mit Steinen und Brandflaschen beworfen. Der linksliberale Vorsitzende des Rechtsausschusses des Folketings Bjørn Elmquist kommentierte dies mit den Worten:

> «Wir können die Stärke unserer Zivilisation daran messen, ob auch die Rechte derer gesichert werden, die wir nicht leiden können (...). Für friedliche Fackelträger habe ich große Sympathie. Aber wenn man mit Flaschen und Steinen wirft (...), dann ist man zu weit gegangen. Es darf nicht so weit kommen, daß diese

Demonstrationen allmählich in ihrer Ausdrucksform nur schwer von dem zu unterscheiden sind, was die Nazis zum Beispiel gegenüber den Fremden in Deutschland gemacht haben, wo sie Häuser belagert und in Brand gesteckt haben.»

In der dänischen Presse gab es unterdessen eine engagierte Debatte darüber, ob es die Unterdrückung des aus Deutschland importierten Nazismus rechtfertige, die Meinungsfreiheit durch eine Verschärfung des Antirassismusparagraphen weiter einzuschränken. Die Befürworter einer solchen Verschärfung, die Bürger von Kollund und Kværs sowie überregionale antinazistische Bürgerbewegungen, führten im wesentlichen zwei Argumente an: erstens, daß der Gebrauch der Meinungsfreiheit durch Nazis für die Demokratie gefährlich sei, und zweitens, daß es dem Ruf Dänemarks in Deutschland schade, wenn der Nazismus hier nicht ebenso unterdrückt werde wie dort.

Einige Beispiele mögen veranschaulichen, welch hohes Maß an demokratischer Skepsis gegenüber antinazistischer Zensur in der dänischen Debatte herrschte.

Erstes Beispiel – ein Kommentar von Lasse Ellegaard in der Tageszeitung *Information* vom 22./23.10.1994. Diese Zeitung wurde während der deutschen Besatzung im Zweiten Weltkrieg als illegales Informationsblatt gegründet. Ellegaard zieht zunächst eine Parallele zu den dreißiger Jahren, als Dänemark Flüchtlinge aus Deutschland abgewiesen habe, um Hitler nicht zu verstimmen. Heute wiederum überlege man nun ernsthaft, ein Postfach in Randers zu schließen, um Kohl nicht zu verstimmen:

«Die eigentliche Überlegung muß wohl sein, ob es im Grunde nicht reichlich unverschämt von den Deutschen ist, Druck auf das Folketing auszuüben, um es dazu zu bringen, die Presse- und Meinungsfreiheit einzuschränken. Man kann mit Recht fragen, ob es nicht allein das Problem des Bundestages ist, wenn er ein Verbot von neonazistischer Propaganda aus dem Postfach in Randers wünscht. (...) Man kann fragen, (...) ob es ‹Freiheit für die Feinde der Freiheit› geben soll. Und man kann den Gedankengang mit folgendem Argument fortsetzen: ‹Für die demokratischen Rechte der Nazis in Dänemark zu agitieren bedeutet in Wahrheit, die Demokratie lächerlich zu machen.› Die Antwort muß natürlich heißen, daß man die Demokratie lächerlich macht, wenn man für die Einschränkung der demokratischen Rechte der Nazis in Dänemark agitiert. Diese Rechte haben sie, und das kann man beklagen, aber es wäre für die Demokratie gefährlicher, ihnen diese Rechte zu verwehren, als sie reden zu lassen. Denn wo sollte die Demokratie dann die Grenze ziehen?»

Zweites Beispiel – ein auf Einladung von *Politiken* geschriebener Essay der Studentin Susse Grøn in der Ausgabe vom 21.11.1994:

«Die Autonomen sind nun die Anführer im Kampf gegen die Nazis und versuchen ständig, eine Verschärfung des Rassismusparagraphen zu erreichen. In Wahrheit aber sägen sie an dem dünnen Ast, auf dem sie selbst sitzen. Es bedarf nur wenig Phantasie, um sich vorzustellen, daß ihre eigenen Blätter danach schnell verboten werden. Denn das Gesetz kennt keinen Unterschied zwischen dem Ruf: Tötet die Ausländer, und dem Ruf: Erschießt die Kapitalisten, oder der Aufforderung, die Shelltankstellen abzubrennen (...). Freiheit der Rede ist ein wichtiger Teil der Demokratie. Deshalb genügt es nicht, Meinungsfreiheit zu haben. Sie soll blühen und gedeihen und dazu beitragen, die Debatten am Leben zu erhalten. Nicht nur für eine politisch-kulturelle Elite, große Firmen und alle Experten, sondern auch für die breite Bevölkerung. Wenn das nicht geschieht, stirbt die Demokratie.»

Drittes Beispiel – ein Kommentar des Juraprofessors Vagn Greve in *Politiken* vom 29.9.1994:

«Die Gefahr für die Demokratie liegt nicht darin, daß es Leute gibt, die abscheulichen Ansichten huldigen. Die Gefahr liegt

> darin, daß man versucht, die Ansichten der Leute durch Zwang zu beeinflussen, und dabei ist es von untergeordneter Bedeutung, ob es sich bei diesen Leuten um einen Erasmus Montanus oder einen Galilei handelt. Und es ist gleichgültig, daß die beiden recht hatten. Die Demokratie beruht darauf, daß die Menschen in einem Dialog oder in einer Konfrontation ihre Ansichten überprüfen. Und das sind die einzigen Methoden, mit denen man hoffen kann, andere zu beeinflussen und einen Fortschritt zu erzielen. Man darf nicht vergessen, daß der Schutz der Meinungsfreiheit nur die Funktion hat, das Recht zu schützen, eine andere Meinung als die Mehrheit in der Gesellschaft zu haben. Es ist nicht die Aufgabe des Strafgesetzes festzustellen, was die historische Wahrheit ist. Das Strafgesetz soll auch nicht verbergen, daß es unsympathische und dumme Mitmenschen gibt. Es soll vor rassistischen Übergriffen schützen, nicht vor rassistischen Ansichten.»

Am 8.11.1994 beschloß die dänische Regierung auf Anregung des neuen Justizministers Bjørn West, der ebenso wie sein Vorgänger Erling Olsen der Sozialdemokratie angehört, dem Folketing eine Verschärfung des Antirassismusparagraphen vorzuschlagen. Danach soll die Strafe für eine systematische Verletzung dieser Vorschrift erhöht werden. Außerdem soll es für die Strafbarkeit bedeutsam sein, ob die entsprechende Tat auch im Ausland strafbar ist. Der eigentliche Tatbestand soll jedoch nicht erweitert werden, was vermuten läßt, daß der praktische Nutzen dieser Novelle gegen Null tendieren wird. Weiterhin beabsichtigt der Justizminister eine Verschärfung des Postgesetzes, um die Versendung nazistischer Propaganda aus Dänemark zu erschweren. Die Befürworter einer Verschärfung tendieren hierbei zu einer sympathisch widersprüchlichen Strategie: Einerseits wollen sie das Grundrecht der Meinungsfreiheit nicht antasten, andererseits aber eine bestimmte Meinung, nämlich die nazistische, verbieten. Diese Haltung hat zu einem Gesetzentwurf geführt, der weder Fisch noch Fleisch zu sein scheint.

Über die vorgeschlagene Verschärfung des Antirassismusparagraphen lud der Rechtsausschuß des Folketings am 28.11.1994 zu einer Anhörung ein. Die Mehrheit der Teilnehmer unterstützte den Antrag des Justizministers. Die Gesetzesnovelle müßte jedoch erst vom Folketing beschlossen werden: Da die Sozialdemokratie nicht über die absolute Mehrheit verfügt, braucht sie hierzu also die Unterstützung anderer Parteien. Und die ist keineswegs sicher. Denn die rechtsliberale Venstre, die konservative Partei und die rechtspopulistische Fremskridtsparti haben massive Kritik angemeldet. Die Venstre beispielsweise sah bereits im alten Antirassismusparagraphen eine unzulässige Einschränkung der Meinungsfreiheit und forderte dessen Streichung. Diese Ansicht vertritt sie bis heute.

Es bleibt zu hoffen, daß man in Dänemark von solch verwaschenen Auswegen aus dem Dilemma zwischen Bewahrung der Meinungsfreiheit und Unterdrückung von Neonazipropaganda Abstand nimmt und statt dessen eine klare Entscheidung für die Meinungsfreiheit trifft. Die Dänen täten gut daran, ihre Gelassenheit und ihr demokratisches Selbstbewußtsein zu bewahren. Hierzu gibt ihnen die Geschichte allen Grund, handelt es sich doch um ein Volk, das in entscheidender Stunde das Richtige getan hat, als es seine jüdischen Mitbürger vor deutscher Verfolgung in Sicherheit brachte.

Der deutschen Diskussion täte es gut, wenn sie sich von Ignoranz und Provinzialität frei machte, um zur Kenntnis zu nehmen, wie in Dänemark um eine Antwort auf die demokratische Frage gerungen wird. Dort gibt man sich nicht damit zufrieden, daß staatliche Repression die «Richtigen» trifft, sondern man untersucht mit einem gesunden Mißtrauen gegen jede Zensur die Maßstäbe für eine Einschränkung der Meinungsfreiheit.

5.4. Verfassungsreform: antinazistische statt freiheitliche demokratische Grundordnung

Weil das Grundgesetz eine *besondere* Vorkehrung gegen neonazistische Parteien nicht kennt und anderslautendes Sonderstrafrecht verfassungswidrig ist, steht auch gegen solche Parteien nur das *abstrakte*, das heißt unter Bezugnahme auf eine «freiheitliche demokratische Grundordnung» formulierte Instrumentarium des Parteiverbots zur Verfügung. Dieser verfassungs*rechtliche* Befund mag *politisch* unbefriedigend, ja skandalös erscheinen. Die Anwendbarkeit von Art. 21 auf ausnahmslos alle Parteien kann jedoch nach dem derzeit geltenden Verfassungsrecht auch für neonazistische Parteien keine andere Konsequenz haben. Hier ist Abhilfe, die sich den Formen des demokratischen Verfassungsstaates verpflichtet weiß, allein im Wege einer *Verfassungsänderung* möglich. Es fragt sich nur, ob eine solche politisch sinnvoll ist – schließlich ist es eine grundlegende Annahme des von uns entwickelten Republikschutzes, daß dieser der ungehemmten Konkurrenz *aller* Ideen und Ziele gilt. Warum sollte man ausgerechnet wegen einiger hundert neonazistischer Sektierer von diesem Stück für Stück reformulierten Prinzip abrücken?

Gegen die reine Vernunft des demokratischen Prinzips entscheiden wir uns – im Bewußtsein triftiger Einwände – am Ende für eine einzige, nämlich antinazistische Durchbrechung des politisch neutralen Republikschutzes. Ein Abschied vom ideologischen Verfassungsschutz der freiheitlichen demokratischen Grundordnung, der die volle Entfaltung politischer Freiheit postuliert, zugleich aber mit einem Vorschlag zur Verfassungsreform einhergeht, wonach eben diese Freiheit punktuell wieder zurückgenommen werden soll, bedarf freilich der eingehenden Begründung.

«Freiheitliche demokratische Grundordnung» – das ist der vage gebliebene begriffliche Ausdruck der Nachkriegsentscheidung für eine wertbewußt «streitbare Demokratie». Der bis heute tragfähigere «Grund des Grundgesetzes», sein Charakter als Gegenverfassung zum Nationalsozialismus, wurde im Milieu des Kalten Krieges von einer bornierten westdeutschen Variante des Antitotalitarismus überformt. Was anfänglich von antinationalsozialistischen Impulsen lebte und bei Öffnung der Lagertore unmittelbar plausibel schien, wurde am Ende antitotalitär, das heißt abstrakt ausformuliert.

Im Zwielicht «streitbarer Demokratie» sind alle «Verfassungsfeinde» grau. Ihre freiheitliche demokratische Abstraktion bietet gegen Neonazis *zuwenig* Handhabe, während sie zu Lasten der politischen Freiheit potentiell aller *zuviel* des Streitbaren birgt. So erlauben ihre konkreten Ausprägungen im Grundgesetz, vor allem das Vereins- und Parteiverbot sowie die individuelle Verwirkung von Grundrechten, weitreichende präventive Eingriffe in den politischen Meinungskampf (vgl. Kapitel 1.3 und 1.4). Praktisch läuft das auf eine freiheitliche demokratische Treuepflicht für unterschiedslos alle hinaus. In der bisherigen Verfassungspraxis erwiesen sich diese Instrumente nicht nur als überflüssig und untauglich zur Verteidigung der Demokratie, sondern als Stolpersteine auf dem Weg zu deren voller Entfaltung. Ohne auf fragwürdige Eingriffsreserven gegen Neonazis zu schielen, haben wir daher allen Anlaß, das Grundgesetz zunächst einmal auf jene Standards zurückzuführen, die in anderen westlichen Demokratien üblich sind. Wo der Begriff der politischen Freiheit schon im Ansatz korrumpiert ist, kann diese schwerlich verteidigt werden.

> «Nach den demokratischen Grundsätzen ist die Ächtung irgendeiner politischen Auffassung, was immer auch ihr unterstelltes, vorgegebenes oder wirkliches Ziel sei, unzulässig. Eine Staatsgesellschaft, die politische Meinungen als solche und an sich für ungesetzlich erklärt, kann nicht mehr als volldemokratisch gelten.»

Der Emigrant Karl Loewenstein (1975, 351), neben Karl Mannheim Urheber des Begriffs «militant democracy», formulierte mit diesen apodiktischen Sätzen seiner Verfassungslehre eben die Konsequenz, die dem Begriff demokratischer Legalität innewohnt: Die politischen Freiheits- und Gleichheitsrechte gelten unteilbar für ausnahmslos alle Bürgerinnen und Bürger – gerade auch für jene, bei denen uns dies als unerträgliche Zumutung erscheinen will. Die strikte Formalität der Grundrechte ist die Bedingung der Möglichkeit von politischer Freiheit.

«Verfassungswidrige» Ziele, wie sie derzeit durch die «streitbaren» Elemente des Grundgesetzes statuiert werden, sind mit einem demokratischen Konzept formaler Legalität unvereinbar. Jedwedes öffentliche Räsonnement muß unter dem vollen Schutz der Grundrechte stehen – solange eben nur die Spielregeln des politischen Meinungskampfes eingehalten werden und keine illegalen, das heißt in der Regel gewaltsamen Mittel zum Einsatz gelangen (vgl. Kapitel 4.2). Kurz gesagt: *Im demokratischen Verfassungsstaat gibt es keine «falschen» Meinungen.* Was Rosa Luxemburg im Sommer 1918 der Partei Lenins über die «Freiheit des Andersdenkenden» ins Stammbuch schrieb, gilt im Plural auch für die deutschen Parteien der freiheitlichen demokratischen Grundordnung:

> «Das öffentliche Leben der Staaten mit beschränkter Freiheit ist eben deshalb so dürftig, so armselig, so schematisch, so unfruchtbar, weil es sich durch Ausschließung der Demokratie die lebendigen Quellen allen geistigen Reichtums und Fortschritts absperrt. (...) Ohne allgemeine Wahlen, ungehemmte Presse- und Versammlungsfreiheit, freien Meinungskampf erstirbt das Leben in jeder öffentlichen Institution, wird zum Scheinleben, in der die Bürokratie allein das tätige Element bleibt. (...) Freiheit nur für die Anhänger der Regierung, nur für Mitglieder einer Partei – mögen sie noch so zahlreich sein – ist keine Freiheit. Freiheit ist immer nur Freiheit des Andersdenkenden. Nicht wegen des Fanatismus der ‹Gerechtigkeit›, sondern weil all das Belehrende, Heilsame und Reinigende der politischen Freiheit an diesem Wesen hängt und seine Wirkung versagt, wenn die ‹Freiheit› zum Privilegium wird» (Luxemburg 1975, 134).

Der überfällige Abschied von der «streitbaren Demokratie» samt freiheitlicher demokratischer Staatsreligion und Verfassungsschutz, mithin eine radikaldemokratische Verfassungsreform, die so etwas wie eine zweite Säkularisierung der Politik voraussetzte, stößt indes auf die Gegenwart der jüngsten deutschen Geschichte. Denn ein kompromißloses Verständnis von Meinungs- und Parteienfreiheit schlösse konsequenterweise auch Nationalsozialisten ein. Nationalsozialisten?! Selbst wer realistisch davon ausgeht, daß politische Freiheit und Gleichheit mitunter einen hohen Preis haben, zögert, diese letzte Konsequenz kaltblütig ins Auge zu fassen. Radikale Demokratie und aufgeklärter Republikschutz, das schon. Aber Freiheit für das Hakenkreuz? Hier, in diesem Land?

Anderen Gesellschaften ist eine unbefangenere Ausbildung demokratischer Verkehrsformen möglich. So gibt es zum Beispiel in den USA, wo ein radikales Verhältnis zu den Bürgerrechten praktiziert wird, eine kleine legale Nazipartei. Auch der Ku-Klux-Klan, der immerhin brisante nationale Erfahrungen von Bürgerkrieg und Sklaverei aktualisiert, ist nicht verboten. Vor dem Hintergrund einer solchen Toleranz, die Herbert Marcuse zu Zeiten des Vietnamkrieges als «repressiv» kritisierte, ist es keine Seltenheit, daß Organisationen der Civil-Rights-Bewegung anwaltliche Unterstützung selbst dann zur Verfügung stellen, wenn der Marsch einer Nazisekte durch ein jüdisches Wohnviertel (in dem auch dem Holocaust Entronnene leben) gegen das Verbot örtlicher Behörden erstritten werden soll. Auf eben diese Weise engagierte sich die «American Civil Liberties Union» 1977 in Skokie/Illinois (Hentoff 1993, 250ff). In den letzten Jahren ist zwar in Gestalt von «hate crime laws» in etlichen Bundesstaaten eine sich fortschrittlich gebende Tendenz zur Entformalisierung der Bürgerrechte zu beobachten; diese Auswüchse «politischer Korrektheit» sind aber höchst umstritten (Levinson 1992).

Hakenkreuzfahnen und SA-Uniformen in einer Straße New Yorks: das mag skurrilen, ja folkloristischen Charakter haben. Doch in den Straßen von Berlin und Greifswald, Nürnberg und Leipzig, Hamburg und Dresden sind solche Aufmärsche – und seien sie bloß von ein paar Dutzend Wirrköpfen organisiert – schlechthin unerträglich. Der Gedanke ist quälend, doch keine demokratischen Skrupel, kein rechtsstaatlicher Gefahrenbegriff und kein Hinweis auf die Unverbrüchlichkeit demokratischer Spielregeln helfen hier weiter. Nach welchen Kriterien aber könnte die politische Agitation von Neonazis geächtet werden?

Sicher ist es außerordentlich heikel und fragwürdig, die Unterdrückung von Meinungs- und Redefreiheit unter Berufung auf eine bestimmte Lesart der Geschichte zu rechtfertigen. Dennoch kommt im Fall des Nationalsozialismus und seiner Wiedergänger nur eine fallbezogene historische Begründung in Betracht. Daß damit keineswegs dem staatlichen Geschichtsunterricht mit der Knute des Strafrechts das Wort geredet werden soll, sei am Rande notiert: Wir diskutieren hier das administrative Vorgehen gegen kollektive neonazistische Aktivitäten, die sich zur Parteiorganisation verdichtet haben. Anders liegen die Dinge beim fragwürdigen Strafrecht gegen die «Auschwitzlüge», dem, wie vor allem die Novelle des Jahres 1994 zeigte, die Tendenz innewohnt, ein «richtiges» Geschichtsbild legislativ festzuschreiben (vgl. Kapitel 1.8).

Gegen die Freiheit neonazistischer Parteien kommt also nur eine fallbezogene historische Begründung in Betracht. Ein, wenn nicht das charakteristische Merkmal des Nationalsozialismus ist sein spezifischer Antisemitismus. Er mündete in die rassistische Vernichtung des europäischen Judentums, die mit den modernen technischen und bürokratischen Mitteln einer gleichgeschalteten Staatsgewalt ins Werk gesetzt wurde. Zwischen dieser bis heute nicht ergründeten «Endlösung» und den politischen Morden etwa des italienischen Faschismus liegen Welten (das gilt übrigens auch für die Regierungskriminalität des SED-Regimes und Exzesse fremdenfeindlicher Totschläger). Der Holocaust stellt die vormodernen Formen des Judenhasses und alle anderen, vergleichsweise harmlosen antidemokratischen Ziele der nationalsozialistischen Führer-Partei in den Schatten. Allein in der Theorie und Praxis des nationalsozialistischen Judenmordes könnte daher hierzulande die historische Legitimität einer antinazistischen Durchbrechung des Prinzips formaler Legalität liegen.

«Der Antisemitismus gehört nicht zu jener Art von Gedanken, die vom Recht der Gedankenfreiheit geschützt werden müssen», schrieb Jean-Paul Sartre 1945 in seinen *Betrachtungen zur Judenfrage.* Die These, Antisemitismus sei «vor allem eine Leidenschaft» und eben gerade keine Meinung im herkömmlichen Sinne, ist überzeugend ausgeführt. Der Antisemit, keineswegs nur determiniertes Objekt gesellschaftlicher Verhältnisse, entwirft sich selbst als verantwortungsscheu und haßerfüllt. Sein manichäischer Vernichtungsimpuls, der Argumenten nicht zugänglich ist, trachtet im letzten nach einer Welt, in der es den Anderen nicht gibt. Er ist «im Grunde seiner Seele ein Verbrecher», pointiert Sartre sein psychoanalytisch eingefärbtes Porträt des Antisemiten. Es gibt in der Tat «Meinungen, die keine solchen sind, vielmehr Vorbereitungen zur Mordveranstaltung großen Stils». Das, so Jean Améry, wirft im politischen Alltag die schwer zu beantwortenden Fragen auf, «ob diese oder jene Meinung noch Meinung oder schon Komplizität ist, wann dieser oder jener Mund den Maulkorb verdient» (1971, 206).

Für diesen Widerspruch des radikalen Liberalismus gibt es keine abstrakten, zeitlosen Lösungen. So viel aber scheint in unserem Fall klar: Es hieße, historische Erfahrung schlechthin zu leugnen, wollte man die Freiheit der politischen Betätigung in äußerster Konsequenz auch Nachfolgeorganisationen der NSDAP zubilligen. Nach dem «Tausendjährigen Reich», das für die Verfolgten wirklich tausend Jahre dauerte, kann formale Demokratie und Rechtsgleichheit bis auf weiteres nicht ausnahmslos garantiert werden. Es gibt triftige Gründe, strikt zwischen Worten und Taten zu unterscheiden; sie können gar nicht oft genug betont werden. Bei Propaganda, die direkt an den nationalsozialistischen Antisemitismus anknüpft, sind wir jedoch berechtigt, nicht erst den Beginn entsprechender Gewalt abzuwarten – jenseits jeder Gefahrenprognose. Weil Nationalsozialisten den Holocaust organisiert haben, darf die politische Gefährlichkeit ihrer Nachfolger unwiderleglich vermutet werden. Ohnehin wiederholt sich auch diese «Geschichte» nicht so umstandslos wie des öfteren beschworen. Es ist daher nicht zuletzt ein

Gebot der Rücksichtnahme den Überlebenden der Shoah und ihren Nachkommen gegenüber, eine Sache des Gedächtnisses der Ermordeten – und wird vielleicht auch einmal eine Sache deutscher Selbstachtung werden –, offen neonazistische Aktivitäten kompromißlos zu unterdrücken.

Dieser politisch-historischen Bestimmung des Verhältnisses von neonazistischer Meinung und Komplizität steht indes das Grundgesetz im Wege. Nach der derzeit geltenden Verfassung ist eine inhaltliche Unterscheidung zwischen (tolerablen) Meinungen und (intolerablen) Nicht-Meinungen offensichtlich unzulässig. An Art. 3 Abs. 3, den wir eingangs zitiert haben und der jedwede Benachteiligung wegen «politischer Anschauungen» verbietet, scheitert jede seriöse Verfassungsinterpretation. Es blieben nur die untauglichen Instrumente abstrakter Streitbarkeit (die zudem von den Antragsberechtigten nach freiem Ermessen, mithin opportunistischem Kalkül eingesetzt werden). Weil das Grundgesetz jegliche gezielte politische Diskriminierung ausschließt, ist ein *apriorisches Verbot* neonazistischer Politik nur im Rahmen einer dezidiert «einseitigen» Verfassungsänderung zu bewerkstelligen.

Die in das Grundgesetz eingelassenen Elemente abstrakter Streitbarkeit müssen zwar beseitigt werden, doch sollte dies nicht auf eben dieselbe unhistorische Weise erfolgen, wie jene einst positiviert wurden: Aufgeklärter Republikschutz darf nicht aus den Augen verlieren, daß seine Maßstäbe zur Verteidigung der Demokratie in Deutschland gelten sollen. Die Streichung der einschlägigen Artikel muß also mit der ebenso rigorosen Forderung nach Illegalisierung (neo)nationalsozialistischer Politik einhergehen. Für eine solche verfassungspolitische Option spricht nicht zuletzt, daß das Konzept der «militant democracy» keineswegs nur gegen den Totalitarismus, sondern auch als ein «einseitig» antinazistisches entwickelt wurde. Auch diese von der Tagespolitik verschüttete Tatsache legt eine dezidierte Engführung auf die konkrete Frontstellung des Entstehungszusammenhangs von «militant democracy» nahe. Wenn heute überhaupt irgendeine Spielart des alten ideologischen Verfassungsschutzes rational gerechtfertigt werden kann, dann diejenige einer antinazistischen Wertmilitanz.

Nach dem Beispiel der italienischen Verfassung von 1947 ist daher die Neugründung der NSDAP in jeglicher Form ausdrücklich für verboten zu erklären. Es heißt dort in Art. XII der Übergangsbestimmungen unmißverständlich: «Die Neubildung der aufgelösten Faschistischen Partei ist in jeder Form verboten.» Auch in Österreich gilt Ausnahmerecht gegen Neonazis, das NSDAP-Verbotsgesetz* aus der Nachkriegszeit, mit dem jede «Betätigung im nationalsozialistischen Sinne» unter Strafe gestellt wurde. Es hat verfassungsdurchbrechenden Charakter und wird (im Gegensatz zur italienischen deklaratorischen Praxis) gelegentlich mit harten Strafsanktionen durchgesetzt.

Ein nach italienischem Beispiel reformierter Parteiverbotsartikel, der zugleich die Freiheit aller anderen politischen Parteien bis zur Gewaltgrenze ausweitet, könnte so lauten: *Parteien, deren Mitglieder systematisch die Regeln des friedlichen Meinungskampfes verletzen und dadurch gegen Strafgesetze verstoßen, sind zu verbieten. Die Neugründung der NSDAP in jeglicher Form ist verboten. Das gilt für Parteien, die ausdrücklich an die Ziele der NSDAP anknüpfen, insbe-*

* Der brandenburgische Innenminister Alwin Ziel (SPD) bereitet eine Gesetzesinitiative vor, mit der nach dem österreichischen Vorbild das «Organisieren, Planen und Vorbereiten neonazistischer Aktivitäten» unter Strafe gestellt werden soll (*taz*, 29.8.1994) – ohne Verfassungsänderung wäre ein solch weitgehendes Gesinnungsstrafgesetz freilich wegen Verletzung verschiedener Grundrechte völlig verfehlt.

sondere deren Antisemitismus propagieren (Nachfolgeorganisationen).

Politische Aktivitäten von Neonazis unterfielen damit dem unmittelbaren Zugriff der Exekutive. Die «streitbare» Sanktionierung verfassungswidriger Ziele wäre exklusiv gegen Neonazis auf den Begriff gebracht.

Conditio sine qua non für den Einbau einer solchen zivilisatorischen Rückwärtssperre in die Verfassung ist es allerdings, daß diese ebenso *singulär* und *irreduzibel* bleibt *wie ihr historischer Anlaß*. Schon mit dem engen textlichen Bezug auf *nationalsozialistische*, nicht etwa: (neo)faschistische oder gar «faschistoide» Politik muß der naheliegenden Versuchung vorgebeugt werden, die Norm im innenpolitischen Kampf zur Ausbürgerung eines irgendwie als rechts«radikal» oder -«extrem» eingestuften Gegners zu instrumentalisieren. Auch wenn Abgrenzungsschwierigkeiten nicht zu vermeiden sind, so muß doch in jedem Fall die strikte Bezugnahme auf das historische Vorbild der NSDAP gewahrt bleiben. Nur unmittelbar daran anknüpfende Organisationen dürfen als konstitutionell verboten eingestuft werden. Parteien wie NPD und DVU oder die «Republikaner» unterfielen daher nicht dem hier vorgeschlagenen Ausnahmeartikel. Nach dem derzeitigen Stand der Dinge kämen dafür allenfalls neonazistische Sekten vom Zuschnitt der FAP in Betracht.

Die unmittelbar praktische Bedeutung einer antinazistischen Verfassungsdurchbrechung dürfte demnach gering sein. Es geht allerdings nicht um irgendeine «faschistische Gefahr». Unter dem Gesichtspunkt der Gefahrenabwehr brauchen wir kein Sonderrecht gegen neonazistische Parteien und ebensolche Propaganda. Gleichwohl könnte eine nachholende Ächtung des Nazismus sinnvoll sein: Sofern nicht als Bewältigungsalibi instrumentalisiert, käme ihr eine deklaratorische Bedeutung zu – als authentischer Verweis der Verfassungsurkunde auf die nicht vergangene Vorgeschichte des Grundgesetzes und des vereinten Deutschland. Abgesehen von dieser nationalgeschichtlichen Symbolik ist auch der faire Umgang mit dem Neonazismus eine Grundgesetzänderung allemal wert: Für die Sache des demokratischen Verfassungsstaates ist es von kaum zu überschätzender Bedeutung, daß niemand ohne eine wohlbedachte rechtliche Ausnahme politisch diskriminiert wird.

Darüber darf allerdings nicht übersehen werden, daß keine nachholende antinazistische Verfassungsrhetorik die politischen Defizite der westdeutschen Demokratiegründung heilen kann. Allein die traditionsbildende Kraft einer ungehemmten demokratischen Praxis wäre, wenn sie nur lange genug gutgeht, dazu imstande. In der Präambel seiner Verfassung konnte das italienische Volk selbstbewußt von «einer *aus der Widerstandsbewegung* geborenen Republik» sprechen. Man mag das feierliche Pathos in Rechnung stellen, das in Präambeln üblicherweise mitschwingt und im italienischen Fall einen nationalen Mythos der «Resistenza» konstituiert, der den italienischen Faschismus und Momente der Kollaboration verdrängt. Im Vergleich zu den Allerweltsformeln der Grundgesetzpräambeln von 1949 und 1990 sind die Unterschiede jedoch unverkennbar: Die Bonner Republik kam nicht durch Selbstbefreiung zustande, eben weil es einen machtpolitisch relevanten, bewaffneten Widerstand gegen die Nazi-Diktatur, eine revolutionäre Selbsteroberung der Demokratie nicht gab, sondern durch bedingungslose Kapitulation und das Regime der Besatzungsmächte, das dem «Zusammenbruch» folgte (vgl. Kapitel 2.1). Die Künstlichkeit dieser verordneten Demokratiegründung wirkt bis heute nach. Daß der Vorschlag des langjährigen Vorsitzenden des Zentralrats der Juden in Deutschland, Heinz Galinski, ungehört blieb, in der neuen Präambel des Grundgesetzes an die geschichtliche Verantwortung des vereinigten Deutschland für den Mord an den europäischen Juden zu erinnern, ist ein schwerer Fehler. Weigerungen wie diese werfen ein bezeichnendes Licht auf die Chancen einer «antinazistischen Grundordnung» im vereinigten Deutschland.

Eine klare politische Entscheidung ist fällig: Entweder hält man unsere Neonazis für eine zu vernachlässigende Größe, dann muß man sich und anderen deren haarsträubende Freiheit eben zumuten – und Aufzüge von Hakenkreuzlern unter Polizeischutz stellen. Oder man unterdrückt selbst Spurenelemente neonazistischer Politik kunstgerecht mit einem rigorosen Ausnahmeartikel. Beides zugleich, die Ächtung dieser «Ewiggestrigen» und das gute Gewissen des unbefleckten Verfassungsrechts, ist nicht zu haben. Der exzeptionelle, freiheitsverkürzende Charakter einer für notwendig erachteten Verfassungsdurchbrechung darf deshalb nicht in politischer Harmonie vernebelt werden. Sie muß im klaren Bewußtsein aller demokratischen Skrupel und ohne antifaschistische Verklärung offen beim Namen genannt werden: als gesinnungsbezogenes Meinungs- und Organisationsdelikt einer unausgewogen «antinazistischen Grundordnung».

Daß Auschwitz nicht noch einmal sei, ist die allererste Forderung auch an Verfassungspolitik. Weil das Konzept der freiheitlichen demokratischen Grundordnung, das in seinen besseren Anteilen von diesem kategorischen Imperativ inspiriert war, gescheitert ist, kommt es für die Berliner Republik darauf an, ein aufgeklärtes, das heißt prozedurales Verständnis von Demokratie zu entwickeln. Deren Verteidigung muß künftig als gefahrenbezogener Republikschutz konzipiert werden – mit einer Einschränkung für andersdenkende Neonazis.

Kapitel 6

Republikschutz – was sonst?

Republikschutz bezeichnet ein Konzept zur Verteidigung der Demokratie, das deren Sicherung stets mit den Bürgerrechten zusammendenkt. Er bezieht seine Maßstäbe aus den Prinzipien der zu schützenden Form politischer Herrschaft: demokratische Freiheit und Gleichheit. Republikschutz unterscheidet sich vom althergebrachten Staatsschutz, weil er dessen etatistische Fixierung auf die bare Behauptung staatlicher Ordnung überwindet und den Staat allein in Gestalt der demokratischen Republik verteidigt. Vom hiesigen Verfassungsschutz unterscheidet sich Republikschutz, weil er dessen ideologische Fixierung auf den Wertekanon einer «freiheitlichen demokratischen Grundordnung» löst und im Zuge seiner Unterscheidung zwischen politischer Form und Inhalt die Gewaltgrenze zieht. Wir haben die Grundzüge skizziert, nach denen die *institutionelle* Seite des Republikschutzes auszuformen wäre. Die Verteidigung der Demokratie ist jedoch mehr als eine Verwaltungsaufgabe des Staats: Solange und soweit sie nicht zur Sache selbstbewußter Bürgerinnen und Bürger wird, bleibt die politische Freiheit (die ohnehin nicht ein für allemal gesichert werden kann) eine sehr prekäre, labile Einrichtung. Die zivilgesellschaftliche Verteidigung der Freiheit muß sich *im Zweifel ohne den Staat* zu helfen wissen, sonst läuft Freiheit Gefahr, von der Dominanz der bürokratischen Apparate erstickt zu werden.

Abschließend möchten wir daher den Blick auf das Schutzobjekt selbst, die *demokratische Republik* lenken – und fragen, auf welche Weise diese im Bewußtsein ihrer Bürgerinnen und Bürger verankert werden kann. Seit der Wiedererlangung der staatlichen Einheit grassiert die Rede von der «nationalen Identität», und es hat den Anschein, als wollten manche die Gunst der Stunde nutzen und einer ethnisch homogenen deutschen Nation ein größeres Gewicht beimessen als der Demokratie (zur Kritik Oberndörfer 1993). Aufgeklärter Republikschutz muß daher auch das Verhältnis von nationaler Einheit und demokratischer Republik reflektieren – weil Republikschutz die politische Freiheit bis auf weiteres im territorialen Bezugsrahmen des Nationalstaats zu verteidigen hat.

6.1. Nation und Republik: Verfassungspatriotismus im vereinten Deutschland

Distanzloser vaterländischer Stolz wirkt überall auf der Welt lächerlich und mündet leicht in bornierten Nationalismus. Wer stolz darauf ist, Franzose zu sein – und nur das –, macht sich stumpf und blind, weil er von Folter und Mord der französischen Kolonialarmee in Algerien und Vietnam nichts wissen will oder seinen nordafrikanischen Nachbarn als «Kameltreiber» schmäht. Es gibt indes eine Steigerungsform der dumpfen Vaterländerei. Wer stolz darauf ist, Deutscher zu sein – und nur das –, ist nicht bloß national borniert und ein potentieller Rassist, sondern zieht den begründeten Verdacht auf sich, sein Stolz schließe Hitler und Eichmann mit ein. Diese Mentalität überbietet die durchschnittliche Stammtischphilosophie nationalgesinnter Totschläger und ist deshalb besonders gefährlich. Unausgegorener Nationalstolz ist in Deutschland auf beispiellose Weise kompromittiert. Von daher charakterisiert die Debatten über «deutsche Identität», «Normalisierung» und dergleichen ein ganz unglückliches Bewußtsein. Da mag sich die Sucht nach «Identität» noch so trotzig geben, sie verrät doch eine tiefgehende Verstörung, ein heilloses Selbstzerwürfnis.

Worauf aber wäre nach Hitler ein Nationalbewußtsein zu gründen, das weder die Deutschen noch ihre europäischen Nachbarn fürchten müßten? Der Sache mit der Nation fehlt hierzulande seit jeher ein vitaler demokratischer Impuls. Recht verstandener Verfassungspatriotismus könnte dazu beitragen, diesen Mangel zu beheben. Der in letzter Zeit eher beiläufig geschmähte denn halbwegs seriös verwendete Begriff repräsentiert den so spannenden wie hochaktuellen und überfälligen Versuch, ein aufgeklärtes Verhältnis zwischen Nation und Republik herzustellen.

Das Grundgesetz wurde dreißig Jahre alt, als im Mai 1979 jener Leitartikel in der *Frankfurter Allgemeinen Zeitung* zu lesen war, der den programmatischen Titel «Verfassungspatriotismus» trug. Der Begriff «Verfassungspatriotismus», wie ihn der Politologe Dolf Sternberger (1990, 13ff) prägte, meint eine «vaterländische Gesinnung», eine «Vaterlandsliebe», deren Stolz sich auf die politische Freiheit bezieht, wie sie in der demokratischen Verfassung eines Landes niedergelegt ist. Das meint keinen eitlen Paragraphenstolz, keine «ausgeleierten Rechtsfiktionen», sondern vor allem die gelebte, die wirkliche Verfassung und ihre Institutionen. Nach drei Jahrzehnten leidlich geglückter Verfassungspraxis erschien das einst als Provisorium gedachte Grundgesetz tragfähig genug, um darauf einen «neuen», einen «zweiten» Patriotismus zu gründen.

Den Einwand, der Nationalsozialismus habe schlechthin jeden Patriotismus ruiniert, läßt Sternberger nicht gelten. Natürlich verstanden es die Nazis, sich die nationalistischen Tugenden vieler dienstbar zu machen. Doch die NSDAP hat, so Sternberger, eine Herrschaft der «totalen Staatsverwilderung» betrieben und Patriotismus nicht einmal der Phrase nach propagiert.

Sternberger verwirft ausdrücklich den nationalen Patriotismus in Gestalt jenes aggressiven Chauvinismus, wie er seit Gründung der modernen Nationalstaaten die internationale Politik beherrschte. Die wechselseitigen Feindbilder und Kriege dieser Epoche gehören zum Inbegriff des abschrekkend Vaterländischen. Unter dieser vergleichsweise jungen

Erscheinungsform läßt sich aber die ältere Bedeutungsschicht eines «ursprünglichen» Patriotismus freilegen. Dessen Ethos findet nicht in irgendeiner beliebigen Art der staatlichen Ordnung seinen Grund, sondern in der Republik und dem Stand der bürgerlichen Freiheit. Dieses «vornationalistische Verständnis» sieht Sternberger tief verwurzelt «in der lateinisch-humanistischen Tradition», zumal in der antiken Republik, der Polis. Sein geläuterter Begriff des Patriotismus findet von daher allein in der Verfassung «Halt und Gehalt».

Sternberger, der im Juli 1989 im Alter von beinahe 82 Jahren starb, hat die Tage der deutschen Einheit nicht mehr erlebt. Taugt seine Vision auch für das vereinte Deutschland? – «Das Nationalgefühl bleibt verwundet, wir leben nicht im ganzen Deutschland», schrieb er 1979 – um fortzufahren: «Aber wir leben in einer ganzen Verfassung, in einem ganzen Verfassungsstaat, und das ist selbst eine Art von Vaterland.» Vielleicht haben Randbemerkungen wie diese den Argwohn gespeist, Verfassungspatriotismus sei bloß eine Verlegenheitslösung, ein fader Ersatz für den westdeutschen Teilstaat – und folglich nur noch Relikt, wie vieles andere der alten Bundesrepublik. Es ist jedoch ein Irrtum zu glauben, im vereinten Deutschland könne der Verfassungspatriotismus für obsolet erklärt werden, um endlich ans Ufer eines «normalen», eines nationalen Patriotismus zu gelangen. Sternberger hat 1987 ausdrücklich betont, daß «Verfassungspatriotismus» keineswegs als ein «Notbehelf» gedacht war (1990, 32). Das gilt auch unter den Vorzeichen der deutschen Einheit; die neu aufgeworfene nationale Frage bedarf einer rationalen Antwort.

Nicht Volk und Land, Herkunft oder deutsche Nation sind die Hauptsache des Sternbergerschen Patriotismus, sondern die Idee und Wirklichkeit des demokratischen Verfassungsstaats. Realistischerweise wird die Verfassung nicht nur als

Garant von Grundrechten in den Blick genommen, sondern zugleich als «gepanzerte Freiheit». Auch die demokratisch kontrollierte, die rechtsstaatlich gezügelte Staatsgewalt verfügt über das Monopol legitimen physischen Zwangs, etwa in Gestalt der Polizei. Man kann diesen liberal-konservativen, ein wenig zur Staatsseite neigenden Patriotismus als aufgeklärt bezeichnen: eben weil er die Fixierung auf Nation und Nationalstaat überwunden und die bürgerliche Freiheit zur strikten Bedingung seiner Vaterlandsliebe gemacht hat. In dem mehrfach zitierten Wort von La Bruyère, einem französischen Schriftsteller des 17. Jahrhunderts, fand Sternberger seine Vorstellung treffend aufgehoben: «Es gibt kein Vaterland unter der Despotie.»

Dieser anspruchsvolle, gleichsam sublimierte Patriotismus verdankt einen Gutteil seiner Resonanz dem Umstand, daß Jürgen Habermas sich seiner im westdeutschen Historikerstreit bediente (1987, 115ff). Diese 1986/87 mit Vehemenz und Schärfe geführte Kontroverse entzündete sich vorderhand an der Bestimmung des geschichtlichen Standorts des Nationalsozialismus. Im Grunde aber stand mit der «Historisierung des Nationalsozialismus» (Diner 1987) das Selbstverständnis der alten Bundesrepublik zur Debatte. Gegen die «apologetischen Tendenzen» einer Geschichtspolitik, so etwas wie ungebrochene nationale Identität zu stiften und die Vergangenheit zu «entsorgen», berief sich Habermas auf ein nichtkonventionelles Nationalbewußtsein, indem er apodiktisch feststellte: «Der einzige Patriotismus, der uns dem Westen nicht entfremdet, ist ein Verfassungspatriotismus» (1987, 135).

Während Sternberger von der traditionsbildenden Kraft des Grundgesetzes ausgeht und im Anschluß daran – eher begriffsgeschichtlich – das Ideal eines zivilen Patriotismus entwirft, fundiert Habermas die gemeinsame Sache auf theoretisch ausgreifendere Weise: Er entwickelt das sozialwissenschaftliche Konzept einer «posttraditionalen Identität». Die prekäre Balance zwischen den beiden Elementen des demokratischen Nationalstaats, dem Universalismus der Demokratie und dem Partikularismus der sich nach außen abgrenzenden Nation, diese Balance ist längst in Bewegung geraten (Habermas 1987, 165ff). Im Zeitalter weltweiter Kooperationsnetze und der großen Völkerwanderung nimmt die Bedeutung nationalstaatlich geschlossener Kollektive ab. Durch die blutige Renaissance des Nationalismus, der auf dem Balkan oder in Teilen des zerfallenen Sowjetimperiums aufflackert, wird diese Tendenz zwar konterkariert, aufs Ganze gesehen aber nicht umgekehrt.

Die Suche nach «nationaler Identität» stößt heute überall auf unüberwindliche Hindernisse, denn die fraglose, ungeprüfte Aneignung von Tradition verstrickt sich zusehends in Widersprüche – weil jede Überlieferung *ambivalent* ist (Habermas 1987, 175). In einer Welt wachsender Gewißheitsverluste ist der Wunsch nach Klarheit und Eindeutigkeit, der meist als Beschwörung von «Identität» auftritt, verständlich, doch nicht zu erfüllen. Für Deutschland hat sich diese Ambivalenz radikalisiert – im Gefolge der nationalsozialistischen Vernichtungspolitik: Dieser «Zivilisationsbruch» (Diner 1988) versperrt, ungleich stärker als anderswo, den direkten Zugriff auf die Selbstverständlichkeiten einer nationalen «Identität». Zwischen den Deutschen und jedem unschuldigen Nationalstolz steht Auschwitz. Eine düstere Erkenntnis, gewiß, doch erwächst aus ihr keineswegs die ewigwährende Pflicht zu moralisierender Selbstverwerfung – wohl aber dieses eine: Das Verständnis der deutschen Nation muß die Filter reflektierender Vernunft passieren.

Jene voraussetzungsvolle, ja wählerische Form der Vaterlandsliebe kann man mit Habermas so charakterisieren: Die

Identifikation mit der eigenen Überlieferung wird überlagert von einem «abstrakter gewordenen Patriotismus, der sich nicht mehr auf das konkrete Ganze einer Nation, sondern auf abstrakte Verfahren und Prinzipien bezieht» (1987, 173). Verfassungspatriotismus ist deshalb aber keine Ausflucht in ein wolkiges Vaterland in den Lüften, sondern *demokratische Vaterlandsliebe.* Deren Sorge gilt der gleichberechtigten Koexistenz verschiedener Lebensformen. Nicht irgendein «deutsches Wesen» stiftet politische Einheit, sondern die Verfassung der Vielfalt.

Diese Lesart des von Sternberger geprägten Begriffs darf durchaus als authentisch gelten. Beide nämlich machen am Ende die Verfassung der Freiheit, die demokratische Republik, zum Angelpunkt ihres Patriotismus. Habermas tut dies freilich mit einer charakteristischen Erweiterung: Wo Sternberger befremdet eine sonderbare Art des «Protest-Patriotismus» ausmacht, nämlich bei Bürgerinitiativen und Demonstranten, sieht Habermas wichtige Impulse einer, wie er sagt, «nicht-vermachteten politischen Öffentlichkeit».

Verfassungspatriotismus markiert den «universalistische(n) Gehalt einer um den demokratischen Verfassungsstaat kristallisierten Form des Patriotismus» (Habermas 1987, 168). Zu dieser demokratischen Vaterlandsliebe gibt es, denken wir, keine vernünftige Alternative. Die Nation kann nicht mehr länger als die vorpolitisch-völkische Einheit einer homogenen Gemeinschaft idealisiert werden. Im Prozeß der deutschen Einigung sind sie wieder häufiger zu hören, die Appelle an Nationalgefühl und «Schicksalsgemeinschaft». Solche Bemühungen, mit denen sich Leute wie Wolfgang Schäuble (1994, 217 ff) abplagen, sind jedoch nichts anderes als Wiederbelebungsversuche an einem Dinosaurier.

Nation ist, was eine sein will – und das heißt unter demokratischen Vorzeichen: was eine *freie Republik* sein will. Der moderne Nationalstaat wird nicht durch den Stallgeruch ethnischer Herkunft, landsmannschaftliche Folklore oder romantisches Geraune vom Wesen des einen Volkes zusammengehalten; auch nicht durch ein Heimatgefühl, das für den einzelnen kostbar ist. Der moderne Nationalstaat wird zusammengehalten durch das *Selbstbewußtsein vieler Bürgerinnen und Bürger, Subjekt und Ursprung, lebendige Quelle der Demokratie zu sein*; sein politischer Kitt ist die Volkssouveränität, die Verfassung der Vielfalt samt Minderheitenschutz.

> «Verfassungspatriotismus ist eine öffentliche Tugend, aber er schwebt nicht in der Luft. Verfassungen gelten für einen bestimmten Raum oder vielmehr für die in diesem Raum lebenden Menschen. Diese bilden eine Rechtsgemeinschaft. Ihr Stolz gilt ihren Institutionen. Er gilt sicher nicht ihren Grenzen. Die Kraft des Verfassungspatriotismus liegt darin, daß er den Regeln des Zusammenlebens gilt und nicht der Größe des Territoriums oder der Stärke der Wirtschaft oder gar der Überlegenheit der Rasse. Doch haben Verfassungen einen Geltungsbereich, und dieser ist einstweilen der Nationalstaat. Jetzt, da Deutschland kein Provisorium mehr, sondern ein normaler Nationalstaat ist, kann es auch einen normalen Verfassungspatriotismus entwickeln» (Dahrendorf 1990, 827).

Daß also der universalistische Patriotismus, bis auf weiteres jedenfalls, im Nationalstaat seinen territorialen Bezugsrahmen findet, ist im Grunde selbstverständlich und tut nichts zur Sache: Wenn nur dieser Nationalstaat nicht zur Zitadelle deutschtümelnder Ressentiments gegen alles Fremde wird.

Ein politisch aufgeklärter Patriotismus wird sich deshalb auch in der Frage der Staatsbürgerschaft bewähren müssen, das heißt in der grundlegenden Frage: *Wer soll mitbestimmen*? Versteht man die Zugehörigkeit zur Nation nicht vorrangig als Sache der Herkunft, sondern als eine der freien und gleichen Teilnahme an den öffentlichen Angelegenheiten, dann darf auch der Volkssouverän nicht länger auf die Fiktion ethnischer Homogenität reduziert werden. Dies wird aber nur in einer deutschen Republik möglich sein, in der nicht länger ein «jus sanguinis», ein atavistisches Blutsrecht der Abstammung, darüber entscheidet, wer gleicher und freier Staatsbürger ist. Verfassungspatriotismus wird sich daher auch als realistische Option für die multikulturelle Gesellschaft bewähren müssen (Leggewie 1993b). Das läuft keineswegs darauf hinaus, die besonderen Traditionen Deutschlands, seine Sprache, Kultur und Geschichte zu negieren oder diese Traditionen gar aus der entrückten Sphäre eines Weltbürgertums naserümpfend zu denunzieren. Ziel wäre vielmehr eine Art *Universalismus in den Farben der deutschen Republik*.

Verfassungspatriotismus verschafft keine pflegeleichte «nationale Identität», sondern zielt auf eine politische Form, in der die Probleme der Tagespolitik stets offen diskutiert und niemals endgültig geregelt werden können. Er markiert keinen deutschen Sonderweg, sondern ein modernes Konzept des demokratischen Nationalstaats westlicher Prägung: eben weil seine republikanische Emphase in die Frage nach der *Verfassung der politischen Freiheit* mündet. Dabei gelangen Nation und Republik zur Deckungsgleichheit. Nationale Einheit und demokratische Freiheit ergänzen einander, sind zwei Seiten ein und desselben Verfassungspatriotismus. In den Worten Sternbergers: *«Das Vaterland ist die ‹Republik›, die wir uns schaffen.»*

6.2. Die überfällige Zäsur: ein neues Sicherheitsparadigma für die Berliner Republik

Die zeitgeschichtliche Achse «Bonn» und «Weimar» hat ihre Funktion als politisches Koordinatensystem für jene Berliner Republik, «die wir uns schaffen», längst verloren. Diese Diagnose fällt heute nicht schwer, markiert doch die deutsche Einheit eine Zäsur, die den Rückblick auf die Zweite, die Bonner Republik erleichtert. Das gilt auch für den Blick nach vorn. «Berlin» wird weder «Weimar» werden noch als eine bloße Fortsetzung der «Bonner» Politik zu gestalten sein (Hamilton 1994, 19ff). Die des öfteren zu hörende salbungsvolle Rede, nichts werde mehr so sein wie ehedem, wirkt allerdings für Westdeutschland eigentümlich bemüht (mit Blick auf den Osten ist sie wohl diplomatisch, im schlechteren Fall pädagogisch gemeint).

Die Dritte, die Berliner Republik wird in wesentlichen Dingen stark von westdeutschen Erfahrungen und Traditionen bestimmt sein – wirtschaftlich, politisch, rechtlich und kulturell. Das gilt nicht zuletzt für das Grundgesetz, das 1990 als gesamtdeutsche Verfassung ausgerufen und hernach so zaghaft geändert wurde, daß von einer Verfassungsreform ernstlich keine Rede sein kann. Ungeachtet dieser westlichen Dominanz werden aber die Veränderungen, die mit der staatlichen Einheit und den grundstürzenden Brüchen in Ostdeutschland auf den Westen gleichsam zurückfallen, größer sein als all jene, die die Bonner Republik in den vierzig Jahren ihres Bestehens zu verkraften hatte. Bekanntlich spielen dabei gänzlich verschobene außenpolitische Koordinaten eine wichtige Rolle. Was aber die Innenpolitik, also das Selbstverständnis der deutschen Republik anbelangt, zählt ein gewandeltes, man kann sagen, reifer gewordenes Demokratieverständnis zu den wichtigsten Neuerungen. Dieses Bewußtsein wächst im Zuge der deutschen Einheit nicht einfach von selbst, es regt sich jedoch allenthalben: sei es als Kritik an Deformationen des Parteienstaats (die eben nicht in die vordemokratischen Ressentiments des «überparteilichen» Obrigkeitsstaats zurückfällt), sei es als Drängen nach Formen direkter Demokratie oder als selbstbewußtes, robustes Auftreten gegenüber rechten Agitatoren, die man politisch in ihre Schranken verweist, ohne sogleich auf juristisch-administrative Ausgrenzungspraktiken zu schielen.

Waren nach 1945 die Aussichten auf eine Neubegründung der Demokratie in Deutschland alles andere als rosig, so hat 45 Jahre später die Zweite Republik einen beachtlichen Traditionsbestand an demokratischen Institutionen und praktischen Erfahrungen in das vereinte Deutschland einzubringen. Er ist gewiß nicht spektakulär und gibt auch keinen Anlaß zu übermäßigem Optimismus, kann aber in seiner Bedeutung erst recht gewürdigt werden, wenn man die elenden Traditionsbestände des SED-Staats bedenkt, die alles andere als das Bewußtsein für demokratische Spielregeln und die Sensibilität für rechtsstaatliche Formen bergen. Den Westdeutschen, die sich vor eitler Selbstgefälligkeit hüten sollten, kommt hier eine besondere Verantwortung zu: die einst von ihnen nicht selbst erkämpfte Demokratie, die jedoch im Westen leidlich Wurzeln schlagen konnte, als nunmehr frei gewählte politische Form für ganz Deutschland zu vermitteln und gemeinsam mit den Ostdeutschen auszubauen.

Anders gesagt: Die in greifbare Nähe gerückte Möglichkeit, die halbe, «streitbare Demokratie» in der Berliner Republik zur ganzen Reife zu bringen, sollte tatkräftig genutzt werden. Es ist heute nicht mehr fraglich, *ob* Demokratie in Deutschland begründet, sondern nur noch, *wie* diese ausgebildet und befestigt, kurz: normalisiert werden kann. Mit den formalen Traditionen des liberalen Rechtsstaats, die, wie gezeigt, auch in die Weimarer Republik zurückreichen, sind die Anknüpfungspunkte dieser nachholenden Demokratisierung markiert.

Das von uns vorgestellte Konzept des Republikschutzes ist nichts anderes als der Versuch, am naturgemäß schwierigen Umgang mit den Gegnern der Demokratie das demokratische Selbstverständnis zu schärfen: An den Grenzfällen der politischen Freiheit zeigt sich nicht nur, was diese bei Belastungsproben praktisch wert ist, es erweist sich daran auch, inwieweit die Idee der politischen Freiheit im öffentlichen Bewußtsein vieler aufgehoben ist. Man wende nicht ein, die «überwältigende» Mehrheit dürfe schließlich ungehindert und frei artikulieren, was immer ihr in den Sinn komme, und die «verschwindend» geringe Zahl der «Extremisten», die eben mit dieser oder jener Einschränkung leben müßten, fiele nicht weiter ins Gewicht. Nichts ist törichter als diese Apologie auf die Redefreiheit der schweigenden Mehrheit. Die politischen Grundrechte der Demokratie schützen nicht (jedenfalls nicht in erster Linie) das Recht der Jasager und Mitläufer, sondern das der Neinsager, Quertreiber und Querulanten (wobei der Respekt vor der Artikulationsfreiheit des anderen keineswegs mit einer lauen Indifferenz gegenüber seinen politischen Grillen einhergehen muß). Eine Gesellschaft, die kein entspanntes Verhältnis zu jedweder Art friedlicher Opposition und Abweichung entwickelt, ist von der Wirklichkeit demokratischer Freiheit noch weit entfernt.

Republikschutz bezeichnet daher nicht irgendeine weitherzige Spielart der Radikalenabwehr, sondern setzt ein emanzipiertes Verständnis von Demokratie voraus. Praktizierter Republikschutz verlangt nicht nur einen *Paradigmenwechsel* in der Sicherheitspolitik, sondern ebenso einen geschärften Sinn für politische Freiheit, der sich aus einer genuin republikanischen Emphase speist. Das ist nicht gerade eben wenig, denn der Abschied von der «streitbaren Demokratie», die hierzulande noch immer als ein Plus verklärt und nicht etwa als ein Minus an Demokratie erkannt wird, dieser Abschied läuft darauf hinaus, das bundesrepublikanische Demokratieverständnis vom Kopf auf die Füße zu stellen: weil «Freiheitlichkeit» kaum mehr als das Gerücht von der Freiheit ist. Eben deshalb wird die Emanzipation von der freiheitlichen demokratischen Grundordnung, so schmerzlich sie auch für ihre Adepten ist, aufs Ganze befreiend sein.

Befreiend, sagen wir und meinen das selbst für den Fall, daß Neonazis in die ernstgenommenen Bürgerrechte eingeschlossen werden. Wir haben unsere Forderung nach einer «antinazistischen Grundordnung» vorgetragen. Die Bedenken dagegen liegen auf der Hand: Die staatliche Ächtung irgendeiner politischen Gesinnung steht im diametralen Widerspruch zum Republikschutz. In diesem Sinne setzen wir auf demokratisch geschärfte Gegenargumente und bekennen im übrigen, daß wir die verfassungspolitischen Chancen unseres Vorschlags nicht sonderlich hoch einschätzen. Deshalb sei nochmals betont: Solange man sich nicht darauf versteht, die öffentliche Debatte um einen antinazistischen Ausnahmeartikel durchzustehen, so lange gilt das Grundgesetz für ausnahmslos jede friedliche politische Betätigung, möge sie sich auch der bösen Insignien und Schlagworte des Nationalsozialismus bedienen.

Die Reflexion auf die «Maßstäbe zur Verteidigung der Demokratie» ist an ihr Ende gelangt. Wir haben versucht, einige Grundlinien zu skizzieren, ohne freilich für jeden nur erdenklichen praktischen oder hypothetischen Fall eine glatte Lösung parat zu haben. Patentierte Sicherheitsrezepturen sind ohnehin nicht Sache des aufgeklärten Republikschutzes. Wenn nur die hierzulande – gerade auch von links – vielgeschmähte «bloß formale» Demokratie auf ein wenig mehr Gegenliebe stieße – wir wären's zufrieden. Nach wie vor unterfallen *prozedurale Demokratiekonzepte* dem alten Verdacht des wertneutralen, selbstmörderischen und inhaltslosen Mehrheitsfunktionalismus (Schmitt 1932, 27, 97) – einem Vorbehalt gegen formal-neutrale Demokratie also, der nicht nur im Dunstkreis des Freund-Feind-Denkens geteilt wird. Diese Reserve speist sich aus einer Mentalität, der «ein Mißverstehen, ja Nichtverstehen der elementaren Voraussetzungen der Freiheit» eigen ist, wie Ralf Dahrendorf (1990, 827) im Kontext der Debatte um die Nation formulierte. Die Abneigung gegen Formqualitäten und freiheitssichernde Prozeduren ist nichts anderes als die «alte deutsche Schwiemeligkeit angesichts aller Institutionen und der damit allzuoft verbundenen Bereitschaft, diese für wolkige Versprechungen und Hoffnungen aufzugeben».

Im Grunde genommen geht es um den verfassungspolitischen Gegensatz von «Konstitutionalismus und Legalismus» (Dreier 1988). In Westdeutschland wurde die Verfassung lange Zeit weniger als Regelungsinstrument einer sich frei organisierenden Gesellschaft verstanden, sondern auf nahezu religiöse Art und Weise als die konstitutionelle Wahrheit und das Ziel selbst überhöht. So galt denn jegliche Politik in der alten Bundesrepublik, hatte sie nur einmal die Ebene kommunaler Belange überschritten, nicht etwa als *eine* von vielen «verfassungsmäßigen» Möglichkeiten politischer Gestaltung, sondern geradewegs als *Erfüllung des*

Grundgesetzes. Von da aus bis zur Ausgrenzung jener, die das Grundgesetz und seine Freiheiten angeblich «mißbrauchen», ist der Weg nicht weit. Ein reformuliertes, prozedurales Demokratieverständnis könnte hingegen dazu beitragen, die integrierende Wirkung der deutschen Verfassung spürbar zu steigern: Bekanntlich bindet der ungehemmte Wettbewerb die Kontrahenten auf listige Weise an seine Spielregeln – selbst dann, wenn diese mit Verbalradikalismen verächtlich abgetan werden.

Und die Aussichten am Ende? Sie sind so trübe nicht. Es ist keineswegs ausgemacht, welchen Fortgang die Sache mit der Demokratie in Deutschland nehmen wird; das hängt übrigens, man vergißt es leicht, nicht nur von der Entschlossenheit ihrer Gegner ab. Solange hierzulande nur Brandsätze und militanter Knechtssinn zünden, nicht aber die Idee der radikalen Freiheit und Gleichheit, so lange ist der Berliner Republik keine gute Prognose zu stellen. Demokratie ist nur als erkämpfte einigermaßen gesichert. Man wird diesem Deutschland erst trauen können, wenn sich in ihm nicht bei jeder politischen Unruhe das unwiderstehliche Bedürfnis Bahn bricht, die eine oder andere demokratische Spielregel aufzukündigen, auf daß diesem oder jenem kurzerhand ein Maulkorb verpaßt werde. Erst wenn der alte, zur zweiten Natur geronnene Ausgrenzungsreflex von vitaler demokratischer Streitlust abgelöst wird, kann aufgeklärter Republikschutz politische Wirklichkeit werden. Bis dahin bleibt jedermann irgendeines anderen Verfassungsfeind.

Kapitel 7

Maßstäbe für die Verteidigung der Demokratie: Zusammenfassung und Ausblick

| Demokratien müssen damit leben, daß ihnen, gerade in schlechten Zeiten, ein gewisser Teil der Bürgerinnen und Bürger nicht nur abwartend und passiv gegenübersteht, sondern sie rundweg ablehnt und sich etwas anderes an ihrer Stelle wünscht. Auch solche Gegner der Demokratie zählen zu den «Andersdenkenden», die die Freiheit der abweichenden Meinung genießen. In pluralistischen Gesellschaften gibt es kein vorab normierbares, «politisch korrektes» Denken, auch nicht namens einer «freiheitlichen demokratischen Grundordnung». Über Grundsätze und Regelwerke friedlichen und gedeihlichen Zusammenlebens muß man sich immer wieder neu verständigen und einigen. In multikulturellen Gesellschaften – in diese Richtung entwickelt sich die Bundesrepublik – kommen weitere Gruppen «Andersdenkender» hinzu, die dem demokratischen Betrieb zuweilen noch ferner stehen als manche alteingesessene Verächter der Demokratie.

Ein Teil der Einheimischen hat sich in den letzten Jahren darangemacht, «Fremde» zu drangsalieren, von denen wiederum einige ihre Differenzen in die Bundesrepublik hinein- und mit gewaltsamen Mitteln austragen. Auch diese Herausforderungen muß eine Demokratie bestehen – und die Berliner Republik kann dies auch. Seit 1989 auf Schleichwegen, nicht durch einen konstituierenden Gründungsakt des Souveräns etabliert, hält sie auch radikal Andersdenkende aus. Trotz fremdenfeindlicher Gewalt, trotz Druck von rechts und trotz der Altlasten aus der Zeit des SED-Regimes kann die Bundesrepublik als stabile westliche Demokratie selbstbewußt in die Zukunft blicken – «Weimar-Gefühle» sind nicht angebracht. Wer Gefahren dramatisiert, egal ob von

Amts wegen oder «von unten», schwächt Handlungsbereitschaft und Tatkraft, wo tatsächlich Gefahr im Verzuge ist.

1989 war eine epochale Zeitenwende. Die aus dieser Zäsur erwachsene Berliner Republik kann sich nicht mehr auf ein «Anti» gründen, wie es ihre Vorgängerinnen getan haben. Der althergebrachte bundesdeutsche Antiextremismus kann ebensowenig Geschäftsgrundlage des vereinigten Deutschland sein wie ein aufgemöbelter Anti-Faschismus aus DDR-Zeiten. Nicht weit vorauseilender ideologischer Verfassungsschutz, der Meinungs- und Wissenschaftsfreiheit beeinträchtigt, sondern die selbstbewußte Entfaltung der zivilen Gesellschaft stärkt ein demokratisches Gemeinwesen. Über den Wegfall der Kontrapositionen – der NS-Diktatur wie des SED-Regimes – muß nur trauern, wer auch der Dritten Republik eine negative Identität und ein von vornherein eingeschüchtertes Selbstbewußtsein verpassen will. Demokratien sind sich selber Grund genug.

II Das heißt nicht, daß die deutsche Demokratie der militanten Fremdenfeindschaft oder einem eventuellen Erstarken antidemokratischer Kräfte tatenlos zuschauen müßte – im Gegenteil. Weder ist der ethnische Bürgerkrieg unabwendbar, noch ist vorprogrammiert, daß eine Demokratie dem Versuch ihrer Abschaffung indifferent gegenüberstehen müßte. Man muß jedoch Maßstäbe haben und geeignete Instrumente schaffen, damit die Verteidigung der Demokratie nicht genau das Gut in Frage stellt, was sie zu schützen vorgibt: Freiheit und Demokratie selbst. Nicht eine verschwommene innergesellschaftliche Feinderklärung, sondern die Abwehr konkreter Gefahren muß das Meta-Kriterium aller Vorkehrungen zum Schutz der Republik sein. Das bedeutet: Der politische Meinungsstreit ist unbegrenzt, und er endet, wo Gewalt, das Gegenteil von Politik, zum Zuge kommt und üblicherweise die Strafjustiz als Ultima ratio gesellschaftlicher Konfliktregelung ansetzt. Wer immer diese Grenze überschreitet, den trifft die repressive und rechtsstaatlich gebundene Gewalt einer Demokratie.

Eine solche Aufgabe bleibt nicht den Behörden der Inneren Sicherheit überlassen. Demokratie als Lebensform basiert auf Regelwerken, die Modalitäten und Formen des politischen Streits ordnen. So verstanden, ist das Grundgesetz eine «Marktordnung» des offenen politischen Wettbewerbs, nicht aber Wertetafel eines Gesinnungs-TÜV, der substantielle Vorgaben im Sinne der «freiheitlichen demokratischen Grundordnung» macht. Wer in diesem Sinne Demokratie wagt, der nimmt notwendigerweise ein Restrisiko in Kauf – es gibt keine politischen Lebensversicherungen. Aber er gewinnt dabei jene radikale Freiheit, die seit jeher das Versprechen der demokratischen Revolution war und das Lebenselixier der offenen Bürgergesellschaft ist. Der Streit der Meinungen ist kein Übel, sondern Bedingung der Freiheit.

An die Stelle des ideologischen Verfassungsschutzes, der zwischen politischer Form und Inhalt nicht trennen kann, tritt also der Republikschutz. So kann man ein Konzept bezeichnen, in dem die Sicherung der Demokratie stets mit den Bürgerrechten konvergiert. Es bezieht seine Maßstäbe aus den Prinzipien der zu schützenden Form politischer Herrschaft: Freiheit und Gleichheit. Republikschutz vermeidet auch die etatistische Schlagseite des althergebrachten Staatsschutzes, der einzig an der Behauptung staatlicher Ordnung interessiert ist. Soweit die Verteidigung der Demokratie nicht Sache der Bürgerinnen und Bürger selbst ist, bleibt politische Freiheit stets antastbar. Im Zweifel muß zivilgesellschaftlicher Republikschutz sich also ohne den Staat denken lassen. Sonst besteht die Gefahr, daß Freiheit durch das Gewicht bürokratischer Apparate erdrückt wird.

III An diesen Maßstäben lassen sich die Maßnahmen zur «Gefahrenabwehr» bemessen – und ihre gegenwärtige institutionelle Praxis kritisieren. Die bundesdeutsche Politik der Inneren Sicherheit zeichnet sich bis in die jüngsten Ansätze zur «Verbrechensbekämpfung» durch eine typische Schieflage aus: Während gegen rabiate Gewalttäter die verfügbaren Mittel von Polizei und Justiz unausgeschöpft bleiben, flüchtet man sich in Gesetzgebungshektik und symbolische Politik, wobei politische Gewaltakte, organisierte Kriminalität, repressive Ausländerpolitik und die Bekämpfung unliebsamer Meinungen besinnungslos zu einem Bedrohungscocktail vermengt werden. Die hastig verschnürten Pakete der Inneren Sicherheit werden damit selbst zu Zeitbomben gegen die Demokratie. Die bequeme Delegation bürgerlicher Sicherheitsbedürfnisse an einen autoritären Etatismus steigert nur die Gefühle der Unsicherheit bei den Bürgern. Auch im Republikschutz muß der Staat «schlank» sein, will er wirklich souverän, das heißt so demokratieschonend wie möglich und so stark wie nötig (re)agieren. Wo er die Samthandschuhe der Toleranz ablegt und die Eisenfaust der Repression überstreift, muß garantiert sein, daß der richtige Gegner mit angemessenen Mitteln getroffen wird. Wer mit Vorliebe vermeintliche Verfassungsfeinde attackiert, hat sein Pulver schon verschossen, wenn «Durchgreifen» tatsächlich angebracht ist. Symbolische Vorfeld-Politik, mit Verbotsandrohungen gegen unangenehme Parteienkonkurrenz und Organisationsverboten gegen Politsekten, erst recht mit der weltweit einmaligen Grundrechteverwirkung und der Neuauflage der unseligen Berufsverbote, kann einer Restauration des Nationalsozialismus, sollte sie einmal ernsthaft betrieben werden, nicht beikommen. Vor allem aber: Wirksamen Schutz der von politisch motivierter Gewalt betroffenen Opfer bietet diese Mimikry zuallerletzt.

Ersatzweise signalisiert dieses Gefuchtel zwar «dem Ausland» Problembewußtsein – im Inneren aber demonstriert es die ganze Rat- und Hilflosigkeit des realexistierenden Apparats von Staats- und Verfassungsschutz. Verbote sind allein dort angebracht und wirksam, wo von den betreffenden Organisationen tatsächliche Gefahren ausgehen; Verbotsforderungen, die ohne Aussicht auf Erfolg gestellt werden, werten die Betreffenden nur auf oder stilisieren sie zu Märtyrern der fdGO. Statt REPs und PDS – immer in der zwanghaften Symmetrie und Gleichsetzung, welche die Extremismustheorie gebietet – zu stigmatisieren und mit dem Stempel der präsumtiven Verfassungsfeindlichkeit eine amtliche Wettbewerbsverzerrung (über die Fünf-Prozent-Hürde hinaus) vorzunehmen, kommt es darauf an, sie im demokratischen Wettbewerb leerlaufen zu lassen.

Die REPs haben ihre totale Inkompetenz längst unter Beweis gestellt und von der Wählerschaft quittiert bekommen; bei neuen Anläufen und Nachfolgeorganisationen wird man es genauso halten müssen. Die PDS wird dasselbe Schicksal ereilen: Sie wird in Wahlkämpfen und offenem Disput auf den Status einer Politsekte zurückgestutzt oder demokratisch eingebunden, basta. So kann man die populistische Brackwasserzone demokratisch rekultivieren, statt ihr durch aufgeregte Debatten über fehlende Grundgesetztreue, womöglich noch in Talkshows, immer neuen Sauerstoff zuzuleiten.

IV In diesem Zusammenhang sind nach 1989 die Weichen falsch gestellt worden: Statt den Verfassungsschutz, diesen Inlandsgeheimdienst aus dem Geist des Kalten Krieges, im Westen parallel zu seinem Pendant, dem (ungleich mächtigeren und gefährlicheren) Ministerium für Staatssicherheit, abzuwickeln, hat man ihn nach Osten erweitert und damit den anachronistischen Dualismus der streitbaren Demokratie erneuert. Auch ohne die endlose Kette von Skandalen, Pleiten und Pannen (man denke nur an den V-Mann Schmitt-Solingen, der sicherlich ein größerer Problemfall für die Demokratie war als die Bürschchen, die unter seiner Schulung zu Mordbrennern geworden sind) ist der Verfassungsschutz ein Skandal für die Demokratie, der sich nur dank Rechtsradikalismus, Fremdenfeindlichkeit und neuerdings «islamischer Gefahr» in die Berliner Republik hinüberretten konnte. Als Frühwarnsystem macht er sich unentwegt wichtig, hat aber erwiesenermaßen auf ganzer Linie versagt. Als Geheimdienst ist er in Sachen Republikschutz obsolet und kann durch geeignetere Instrumente ersetzt werden. Als Gesinnungsprüfstelle ist er ein Fremdkörper im politischen Kampf. So bleibt seine Abschaffung auf der Tagesordnung einer sich selbst ernst nehmenden radikalen Demokratie. Denn seine «antifaschistische» Umwidmung heilt den Skandal der konspirativen Aufklärung über Inländer auch nicht. Ebenso ist seine Umwandlung in ein Kommissariat zur Bekämpfung organisierter Kriminalität verfehlt, seine Abmagerung zu einer Einrichtung politischer Bildung oder Öffentlichkeitsarbeit überflüssig.

Nicht sachliche Gründe sprechen für den Fortbestand dieses zweifelhaften Instruments der Sicherheitsüberwachung, sondern die Befürchtungen, Demokratie stünde sonst «nackt» und wehrlos da. Dieses «Argument», lieber etwas Fragwürdiges zu tun als gar nichts, ist keines. Denn hat man sich einmal auf das Kriterium der Gewalt als neutraler Grenze des politischen Kampfes besonnen, kann man von der nebulösen Präventionsideologie, die nur ewig den Anfängen wehrt, die objektiv nicht feststellbar sind, zur effektiven Gefahrenabwehr übergehen. Es ist ein Treppenwitz der streitbaren Demokratie, daß bundesdeutsche Law-&-Order-

Politiker jenseits ihrer martialischen Rhetorik keine zugleich effektive und demokratieverträgliche Sicherheitsarchitektur zustande gebracht haben. Dem korrespondiert auf der anderen Seite die Tabuisierung der – horribile dictu? – Politischen Polizei, die es unter dem Namen Staatsschutz als Abteilung der Kriminalpolizei längst gibt. Von ihr werden nicht legale Dissidenten disqualifiziert, sondern politisch motivierte Straftaten, für die das einschlägige Gesetzbuch konkrete Namen und Paragraphen nennt. Wer hier sogleich die Gestapo in Erinnerung ruft und Alarm schlägt, sitzt entweder im Glashaus, wie die abwicklungsreifen Verfassungsschützer, oder verkennt die Bedeutung des staatlichen Gewaltmonopols. Gewiß produziert auch die Politische Polizei seit eh und je Übergriffe und Skandale – naiv zu glauben, man könne der Exekutive das ein für allemal austreiben –, aber sie kann leichter rechtsstaatlich eingehegt und kontrolliert werden als alle Schnüffler der «freiheitlichen Demokratie». Sie operiert nicht mit warnendem Zeigefinger im ominösen Vorfeld, sondern legt Hand an, wo es brennt.

V Die Hauptgefahr für die Sicherheit der Bundesrepublik geht derzeit von lose gefügten, informellen Gruppen und Cliquen aus, die eine Art Wochenendterrorismus gegen Fremde und Passanten entfalten. Gegen sie muß der Rechtsstaat in der Tat die Zähne zeigen. Auch hier herrscht wieder die bezeichnende Disproportion zwischen Gesinnungsüberschuß und Vollzugsdefizit. Die politische Klasse ruft fast unisono nach schärferen Gesetzen, während die Strafjustiz sich nur mühsam zu einer angemessenen Würdigung der Mordversuche durchringen kann. Denn als solche muß man Brandanschläge gegen Ausländer bezeichnen, wohingegen viele Staatsanwälte, Richter und Strafverteidiger, auch Justizminister einen merkwürdig «verstehenden» Zugang zu den Taten und Tätern suchen. Die Trias von Vergeltung, Spezialprävention und Generalprävention wurde zum Bermudadreieck. In vielen einschlägigen Anklageschriften und Urteilen verschwanden nicht nur die Ansprüche der Opfer, sondern auch der Demokratie auf eine zutreffende Charakterisierung der Anschläge als empfindliche Störung des inneren Friedens – wobei eine adäquate Einstufung der Gewaltakte als Mordversuche eine milde, auf Resozialisierung der überwiegend jugendlichen Gewalttäter bedachte Strafzumessung nicht ausschließt. Weder dürfen Gewalttaten gegen «Fremde» wie Kavaliersdelikte behandelt werden, noch darf eine vom schlechten Gewissen über ihre Mitverantwortung geplagte Öffentlichkeit an den Gewalttätern drakonische Exempel statuieren. Die Strafjustiz, beim Republikschutz nicht anders als in Alltagskonflikten, tritt als Ultima ratio ein, wo andere Mittel versagt haben. Die Magier der Inneren Sicherheit jedoch finden so lange kein Strafmaß, wie ihnen Maßstäbe zur Beurteilung politisch motivierter Gewalt fehlen. Und hier gilt: Wer Ausländer bedroht oder schädigt, stört den sozialen Frieden mindestens ebenso wie ein Terrorist, der Repräsentanten von Verfassungsorganen oder hochrangige Vertreter der Wirtschaft angreift.

Der landläufige Vorwurf, eine radikaldemokratische Position führe die Berliner Republik in «wertrelativistische» Weimarer Verhältnisse zurück und liefere sie der neonazistischen Restauration geradezu aus, geht an der Sache vorbei. Die ach so «wehrhafte» Bonner Demokratie hat es in vierzig Jahren ihrer Existenz nicht vermocht, eine klare Position gegenüber dem Nationalsozialismus zu entwickeln. Auch hier kam es zum Systemfehler einer vorgeblich antitotalitär ausgewogenen «Grundordnung», die auf unzulässige Meinungen und den Kostümnazismus fixiert ist. Das führte zu den bekannten Haarspaltereien über die Frage, ab welchem Neigungswinkel eine ausgestreckte Hand zum strafbaren Hitlergruß wird, das brachte Gesetze wie das wider die Lüge von der «Auschwitzlüge» ein, also problematische und schwer operationalisierbare Versuche, neonazistische Agitation zu stoppen. Dort allerdings, wo der ausdrückliche Anschluß an den Nationalsozialismus erkennen läßt, daß einem neuen Völkermord das Wort geredet wird, wird auch ein radikaler Liberalismus in Deutschland nicht auf das Ansetzen zu diesem Versuch warten, sondern, nicht zuletzt in Rücksicht auf die Überlebenden der Shoah und die Nachkommen der Ermordeten, die Eingriffsschwelle an dieser Stelle senken. Gerade dazu haben sich die Ideologen der streitbaren Demokratie in ihrer geschichtsblinden Ausgewogenheit nicht entschließen können. Auch 1989 haben sie die Gelegenheit verstreichen lassen, nebst anderen Revisionen des Grundgesetzes in ihm eine konsequente Einseitigkeit zu verankern: die strikte Illegalisierung neonationalsozialistischer Politik. Damit würde die Bundesrepublik nicht irgendwelchen «linksextremistischen» oder «neofaschistischen» Umtrieben vorbeugen, worauf das ganze Instrumentarium der Partei- und Organisationsverbote in schöner Symmetrie abzielt, sondern sich mit einem Ausnahmeartikel eine Rückwärtssperre gegen den erneuten Zivilisationsbruch auferlegen. Sich diesen kategorischen Imperativ zu verordnen und Sympathisanten der NS-Vernichtungspolitik die «Meinung» zu verbieten, sie könnten bestimmen, mit welchen «lebenswerten Rassen» sic auf der Welt leben möchten und mit welchen nicht, stünde der Berliner Republik gut an.

Nichts bleibt, wie es war? «Berlin» ist nicht «Weimar», aber auch nicht mehr «Bonn». Das vereinte Deutschland braucht nicht auf den Antipoden der braunen oder roten Gefahr aufzubauen, sondern gründet in den praktischen Erfahrungen einer halbwegs gelernten Republik und auf den noch unausgeschöpften Potenzen der ostdeutschen Bürgerrevolution. Heute stellt sich die deutsche Frage vorrangig als demokratische Frage. Die Berliner Republik braucht – abgesehen von der enggefaßten Ausnahme gegen Neonationalsozialisten – nicht mehr die Freiheiten anderer einzuschränken, sondern kann ihre eigene Freiheit wagen. Wenn der Schutt der freiheitlichen demokratischen Staatsreligion entsorgt ist, wird sich das Regelwerk der Verfassung auch gegenüber kulturell Fremden und inländischen Ausländern bewähren müssen, indem es sich vom ideologisch überhöhten Fremdenabwehrrecht zum geschmeidigen Regelwerk der Vielvölkerrepublik wandelt. Aber das ist ein weiteres, ein neues Thema.

Anhang

Literatur

Einleitung

Hannah Arendt (1965), Über die Revolution, München

Hannah Arendt (1970), Macht und Gewalt, München

Dieter Langewiesche (1993), Republik und Republikaner. Von der historischen Entwertung eines politischen Begriffs, Essen

Claus Leggewie (1993a), Druck von rechts. Wohin treibt die Bundesrepublik?, München

Horst Meier (1993b), Republikschutz – aber wie? «Innere Sicherheit» und fremdenfeindliche Gewalt, in: Claus Leggewie, Druck von rechts, München, S. 130ff

Ulrich Rödel / Günter Frankenberg / Helmut Dubiel (1989), Die demokratische Frage, Frankfurt / M.

Katharina Rutschky (1994), Wie heute Zensur gesellschaftsfähig gemacht wird, Merkur 545

Eberhard Seidel-Pielen / Klaus Farin (1994), Die Scharfmacher. Schauplatz Innere Sicherheit, Berlin

Kapitel 1

Otto Backes (1994), Die Strafjustiz im Dilemma. Zwischen Verschärfung und Verharmlosung rechtsextremistischer Gewalt, in: Wilhelm Heitmeyer (Hrsg.), Das Gewalt-Dilemma, Frankfurt / M., S. 366ff

Jörg Bergmann / Claus Leggewie (1993), Die Täter sind unter uns. Beobachtungen aus der Mitte Deutschlands, in: Kursbuch 113, S. 7ff

Werner Bergmann / Rainer Erb (Hrsg.) (1994), Neonazismus und rechte Jugendkultur, Berlin

BMFJ (Bundesministerium für Familie und Jugend) (Hrsg.) 1994, Situation der Jugend in Deutschland, Bonn

Gerhard Boeden (1990), Vierzig Jahre Verfassungsschutz, in: Bundesamt für Verfassungsschutz (Hrsg.), Verfassungsschutz in der Demokratie, Köln, S. 1ff

Hermann Borgs-Maciejewski (1988), Was jeder vom Verfassungsschutz wissen sollte. Aufgaben–Methoden–Organisation, Heidelberg

Wolfram Bortfeldt (1992), Deckname ‹Kette›. Der Verfassungsschutz und der Mord an Ulrich Schmücker, Hamburg–Zürich

Klaus Breymann (1993), Gewaltbereitschaft von Jugendlichen und Rechtsextremismus, in: Recht und Politik, S. 67 ff

Martin Broszat (1986), Soll das Leugnen oder Verharmlosen nationalsozialistischer Judenmorde straffrei sein? Kritische Anmerkungen zum Entwurf einer Strafrechtsänderung des Bundesjustizministeriums, in: Graml/Henke (Hrsg.), Nach Hitler. Der schwierige Umgang mit unserer Geschichte, München

Peter Brückner (1969), Springerpresse und Volksverhetzung, Kritische Justiz, S. 339 ff

Peter Brückner/Alfred Krovoza (1972), Staatsfeinde. Innerstaatliche Feinderklärung in der Bundesrepublik, Berlin

Micha Brumlik (1993), Vom Versagen konservativer Politikplanung zum Beschwören alter Werte, in: StV 6/93, S. 330 ff

Hans Peter Bull (1993), Verfolgung rechtsextremistischer Gewalt, in: Recht und Politik, S. 1 ff

Bundesamt für Verfassungsschutz (Hrsg.) (1990), Verfassungsschutz in der Demokratie. Beiträge aus Wissenschaft und Praxis, Köln

Dass. (Hrsg.) (1990 und 1992), Befugnisse, Aufgaben, Grenzen, Köln

Dass. (1993), Links- und Rechtsextremismus in Deutschland, Köln

Bundesminister des Inneren (Hrsg.) (laufend), Texte zur Inneren Sicherheit, Bonn

Sebastian Cobler (1979), Grundrechtsterror, Kursbuch 56, S. 38 ff

Sebastian Cobler (1984), Plädoyer für die Streichung der §§ 129, 129 a StGB. Zur Revision der «Anti-Terrorismus-Gesetze», Kritische Justiz, S. 407 ff

Sebastian Cobler (1985), Das Gesetz gegen die «Auschwitz-Lüge» – Anmerkungen zu einem rechtspolitischen Ablaßhandel, Kritische Justiz, S. 159 ff

Dieter Deiseroth (1981), Kontinuitätsprobleme der deutschen Staatsrechtslehre(r)? Das Beispiel Theodor Maunz, in: Abendroth u. a., Ordnungsmacht?, Frankfurt/M., S. 85 ff

Erhard Denninger (1979), Verfassungstreue und Schutz der Verfassung, Veröffentlichungen der Vereinigung der deutschen Staatsrechtslehrer, Band 37, S. 8 ff

Gigi Deppe, Strafbar ohne Wenn und Aber [«Auschwitzlüge»], Allgemeine Jüdische Wochenzeitung, 1. Juni 1994

Alfred Dietel (1987), «Innere Sicherheit» – Verheißung und reale Möglichkeit, in: Hans Peter Bull (Hrsg.), Sicherheit durch Gesetze?, Baden-Baden, S. 57 ff

Günter Dürig (1964), Art. 18, in: Theodor Maunz/Günter Dürig u. a., Grundgesetz – Kommentar, Loseblattausgabe, München 1958 ff

Ronald Dworkin, Neue Landkarte der Zensur, tageszeitung vom 28. Mai 1994

Roland Eckert/Helmut Willems (1993), Fremdenfeindliche Gewalt, in: Neue Justiz, S. 481 ff

Hans Magnus Enzensberger (1992), Über einige Besonderheiten bei der Menschenjagd, in: ders., Die Große Wanderung, Frankfurt/M.

Hans Magnus Enzensberger (1986), Die Leere im Zentrum des Terrors, in: ders., Mittelmaß und Wahn, Frankfurt/M. 1988, S. 245 ff.

Hans Magnus Enzensberger (1993), Aussichten auf den Bürgerkrieg, Frankfurt/M.

Detlev Frehsee (1993), Zu den Wechselwirkungen zwischen (Kriminal-)Politik und Gewalttaten vor rechtsextremistischem Hintergrund, in: Kriminologisches Journal, Bd. 25, S. 260 ff

Monika Frommel (1994), Fremdenfeindliche Gewalt, Polizei und Strafjustiz, Kritische Justiz, S. 323 ff

Albrecht Funk (1994), Der erkenntnisarme Verfassungsschutz. Strukturelle Grenzen bei der Erfassung des Rechtsextremismus, in: Wilhelm Heitmeyer (Hrsg.), Das Gewalt-Dilemma, Frankfurt/M., S. 340 ff

Albrecht Funk (1989), Verfassungswidrige, extremistische, radikale und verfassungstreue Parteien. Zur Überprüfung der «Republikaner» durch die Ämter für Verfassungsschutz, Kritische Justiz, S. 467 ff

Rolf Gössner (1991), Das Anti-Terror-System. Politische Justiz im präventiven Sicherheitsstaat, Hamburg

Rolf Gössner (1994), Die Republikaner – ein Fall für den Verfassungsschutz?, Kritische Justiz, S. 58 ff

Rainer Hamm (1993), ‹Draufhauen› oder ‹Verstehen›? – Strafjustiz, Strafverteidigung und jugendliche Gewalttäter, in: Neue Juristische Wochenschrift, S. 3180 f

Winfried Hassemer (1990), Einführung in die Grundlagen des Strafrechts, München (2. Aufl.)

Gunnar Heinsohn (1995), Warum Auschwitz? Hitlers Plan und die Ratlosigkeit der Nachwelt, Reinbek

Wilhelm Heitmeyer u. a. (1992), Bielefelder Rechtsextremismus-Studie, München

Anne-Katrin Henkel (1987), Die neonazistische Unterwanderung der FAP, Vorgänge, Heft 6, S. 20ff

Thomas Herz (1993), Gegen eine Verständigung mit Rechtsradikalen, in: Neue Kriminalpolitik, S. 22f

ID-Archiv im ISSG (Hrsg.) (1992), Drahtzieher im braunen Netz. Der Wiederaufbau der NSDAP. Ein Handbuch des antifaschistischen Autorenkollektivs Berlin, Berlin–Amsterdam

Herbert Jäger (1989), Makrokriminalität. Studien zur Kriminologie kollektiver Gewalt, Frankfurt/M.

Siegfried Jäger (1992), BrandSätze. Rassismus im Alltag, Duisburg

Hans-Gerd Jaschke (1994), Eine verunsicherte Institution. Die Polizei in der Auseinandersetzung mit Rechtsextremismus und Fremdenfeindlichkeit, in: Wilhelm Heitmeyer (Hrsg.), Das Gewalt-Dilemma, Frankfurt/M., S. 305ff

Otto John (1969), Zweimal kam ich heim. Vom Verschwörer zum Schützer der Verfassung, Düsseldorf

Harry H. Kalinowsky (1993), Kampfplatz Justiz. Politische Justiz und Rechtsextremismus in der Bundesrepublik Deutschland 1949–1990, Pfaffenweiler

Kampf der FAP! (1994), Broschüre der Antifaschistischen Aktion/ Bundesweite Organisation, Göttingen

Ruth Klüger (1992), weiter leben. Eine Jugend, Göttingen

Siegfried Kohlhammer (1994), Anathema. Der Holocaust und das Bilderverbot, Merkur 543

Wolfgang Kraushaar (1994), Implosion der Mitte, Teil I–III, in: Mittelweg 36, Heft 2, 3 und 5

Claus Leggewie (1990), Die Republikaner. Ein Phantom nimmt Gestalt an, völlig überarb. u. erw. Neuausgabe, Berlin

Reinhart Maurach/Heinz Zipf (1992), Strafrecht, Allgemeiner Teil, 8. Aufl., Heidelberg

Horst Meier (1994), Das Strafrecht gegen die «Auschwitzlüge», Merkur 549

Horst Meier, Das amtliche Gedächtnis der letzten Internationale. Verfassungsschutzbericht 1993, FR vom 5. 7. 1994

Horst Meier (1993a), Parteiverbote und demokratische Republik, Baden-Baden

Horst Meier (1991), Verfassungsschutz in der Demokratie, Zeitschrift für Rechtspolitik, S. 480

Horst Meier (1990), Verfassungsschutz auf republikanisch, in: Claus Leggewie, Die Republikaner, völlig überarb. und erw. Neuausgabe, Berlin, S. 170 ff

Horst Meier (1987), Als die Demokratie streiten lernte. Zur Argumentationsstruktur des KPD-Urteils von 1956, Kritische Justiz, S. 460 ff

Günter Offczors (1982), Die Auflösung der «Wehrsportgruppe Hoffmann». Art. 9 II GG und Vereinsverbote gegen paramilitärisch organisierte Vereinigungen, Demokratie und Recht, S. 415 ff

Heribert Ostendorf (1985), Im Streit: Die strafrechtliche Verfolgung der «Auschwitzlüge», Neue Juristische Wochenschrift, S. 1062 ff

Heribert Ostendorf (1986), § 130, in: Alternativkommentar zum Strafgesetzbuch, Band 3, Neuwied

Heribert Ostendorf (1993 a), Mit Strafrecht lassen sich soziale Probleme nicht lösen, in: Neue Kriminalpolitik, S. 26 ff

Heribert Ostendorf (1993 b), Jugend und Gewalt. Möglichkeiten und Grenzen der Konfliktregelung, in: Strafverteidiger, S. 545 ff

Hans-Uwe Otto/Roland Merten (Hrsg.) (1993), Rechtsradikale Gewalt im vereinigten Deutschland. Jugend im gesellschaftlichen Umbruch, Bonn

Armin Pfahl-Traughber (1993), Rechtsextremismus. Eine kritische Bestandsaufnahme nach der Wiedervereinigung, Bonn

Christian Pfeiffer (1992, 1993), Spiegel-Interviews 50/92 und 2/93

Heribert Prantl (1994), Deutschland – leicht entflammbar, München

Cornelius Prittwitz (1993), Ausländerfeindliche Gewalt – eine Aufgabe für das Strafrecht?, in: Recht und Politik, S. 87 ff

Helmut Ridder (1989), Art. 18 und 21 Abs. 2, in: Alternativkommentar zum Grundgesetz, Band 1, 2. Aufl., Neuwied

Claus Roxin/Gunther Arzt/Klaus Tiedemann (1994), Einführung in das Strafrecht und Strafprozeßrecht, Heidelberg (3. Aufl.)

Timothy W. Ryback (1994), Zum Beweis des Bösen, Wochenpost Extra, Nr. 15 (zuerst in The New Yorker)

Walter Schmitt Glaeser (1968), Mißbrauch und Verwirkung

von Grundrechten im politischen Meinungskampf, Bad Homburg
Karl F. Schumann (1993), Schutz der Ausländer vor rechtsradikaler Gewalt durch Instrumente des Strafrechts?, Strafverteidiger, S. 324 ff
Michael Stolleis (1993), Theodor Maunz – Ein Staatsrechtslehrerleben, Kritische Justiz, S. 393 ff
Oliver Tolmein (1992), Kahl und ungeschoren, Konkret, Heft 12, S. 26 ff
Dimitris Th. Tsatsos u. a. (Hrsg.) (1990), Parteienrecht im europäischen Vergleich. Die Parteien in den demokratischen Ordnungen der Staaten der Europäischen Gemeinschaft, Baden-Baden
Ernst Uhrlau (1993), Gefahr von rechts, Kursbuch 113, S. 160 ff
Ernst Uhrlau (1994), Gibt es neue «Aufschaukelungs»-Phänomene zwischen dem Links- und dem Rechtsextremismus?, in: Wilhelm Heitmeyer (Hrsg.), Das Gewalt-Dilemma, Frankfurt / M., S. 435 ff
Horst Viehmann (1993), Was machen wir mit unseren jugendlichen Gewalttätern?, Zeitschrift für Rechtspolitik, S. 81 ff
Hartmut Wächtler (1993), Mit dem Strafrecht gegen Fremdenhaß?, Strafverteidiger, S. 277 ff
Rudolf Wassermann (1993), Verbesserung des strafrechtlichen und strafprozessualen Instrumentariums bei Fremdenfeindlichkeit und Rechtsextremismus, in: Recht und Politik, S. 181 ff
Rudolf Wassermann (1994), Ist die Justiz auf dem rechten Auge blind?, Neue Juristische Wochenschrift, S. 833 ff
Bodo Wiegand (1993), Kein Grundrechtsschutz für Extremisten, Neue Justiz, S. 396 ff

Kapitel 2

Johannes Agnoli / Peter Brückner (1974), Die Transformation der Demokratie, unveränderte Neuausgabe, Frankfurt / M.
Fritz René Allemann (1956), Bonn ist nicht Weimar, Köln–Berlin
Hannah Arendt (1950), Besuch in Deutschland 1950. Die Nachwirkungen des Naziregimes, in: dies., Zur Zeit. Politische Essays, hrsg. von Marie-Luise Knott, Berlin 1986
Gerhard Anschütz (1933), Die Verfassung des Deutschen Reichs vom 11. August 1919, unveränd. Nachdruck der 14. Aufl. (1933), Bad Homburg 1968

Wolfgang Benz (1979), Einleitung, in: ders. (Hrsg.), Bewegt von der Hoffnung aller Deutschen. Zur Geschichte des Grundgesetzes. Entwürfe und Diskussionen 1941–1949, München, S. 9ff

Karl Dietrich Bracher (1984), Die Auflösung der Weimarer Republik, Düsseldorf (4. Aufl.)

Peter Brückner (1978), Versuch, uns und anderen die Bundesrepublik zu erklären, Berlin

Der Bundesminister des Innern (Hrsg.) (1985), Freiheit? Aber sicher! Wege zur wehrhaften Demokratie, Text: Heinrich Fisch/Hans-Helmuth Knütter, Bonn

Ralf Dahrendorf (1983), Es ist nicht alles Weimar, was bunt ist, in: Christian Graf von Krockow (Hrsg.), Brauchen wir ein neues Parteiensystem?, Frankfurt/M., S. 141 ff

Freimut Duve/Wolfgang Kopitzsch (Hrsg.) (1976), Weimar ist kein Argument oder Brachten Radikale im öffentlichen Dienst Hitler an die Macht?, Reinbek

Norbert Elias (1989), Studien über die Deutschen. Machtkämpfe und Habitusentwicklung im 19. und 20. Jahrhundert, hrsg. von Michael Schröter, Frankfurt/M.

Friedrich Karl Fromme (1962), Von der Weimarer Verfassung zum Bonner Grundgesetz, 2. unveränd. Aufl., Tübingen

Friedrich Giese (1949), Grundgesetz, 1. Aufl., Frankfurt/M.

Christoph Gusy (1991), Weimar – die wehrlose Republik?, Tübingen

Friedhelm Hase (1981), «Bonn» und «Weimar». Bemerkungen zur Entwicklung vom «okkasionellen» zum «ideologischen» Staatsschutz, in: Abendroth u. a., Ordnungsmacht?, Frankfurt/M., S. 69ff

Kurt Häntzschel (1931), Der Konflikt Reich – Thüringen in der Frage der Polizeikostenzuschüsse, Archiv des öffentlichen Rechts, Neue Folge, Band 20, S. 384 ff

Eike Hennig (1989), Politische Gewalt und Verfassungsschutz in der Endphase der Weimarer Republik, in: Gegen Barbarei. Essays Robert M. W. Kempner zu Ehren, hrsg. von Rainer Eisfeld und Ingo Müller, Frankfurt/M., S. 106ff

Gotthard Jasper (1986), Die gescheiterte Zähmung. Wege zur Machtergreifung Hitlers 1930–1934, Frankfurt/M.

Gotthard Jasper (1963), Der Schutz der Republik. Studien zur staatlichen Sicherung der Demokratie in der Weimarer Republik 1922–1930, Tübingen

Robert M. W. Kempner (Hrsg.) (1983), Der verpaßte Nazi-Stopp. Die NSDAP als staats- und republikfeindliche, hochverräterische Verbindung. Preußische Denkschrift von 1930, Frankfurt / M.

Otto Kirchheimer (1961), Politische Justiz. Verwendung juristischer Verfahrensmöglichkeiten zu politischen Zwecken, Frankfurt / M. 1981

Volker Neumann (1976), Die innerstaatliche Feinderklärung. Eine Anmerkung zur Freund-Feind-Theorie Carl Schmitts und ihrer Aktualität, Demokratie und Recht, S. 353 ff

Detlev J. K. Peukert (1987), Die Weimarer Republik. Krisenjahre der Klassischen Moderne, Frankfurt / M.

Helmut Ridder (1969), Zur Verfassungsdoktrin des NS-Staates, in: Redaktion Kritische Justiz (Hrsg.), Der Unrechtsstaat, 2. Aufl., Baden-Baden 1983, S. 24 ff

Ulrich Schellenberg (1985), Die Rechtsstaatskritik. Vom liberalen zum nationalen und nationalsozialistischen Rechtsstaat, in: E.-W. Böckenförde (Hrsg.), Staatsrecht und Staatsrechtslehre im Dritten Reich, Heidelberg, S. 71 ff

Armin Scherb (1987), Präventiver Demokratieschutz als Problem der Verfassungsgebung nach 1945, Frankfurt / M.

Carl Schmitt (1979), Der Begriff des Politischen, Text von 1932 mit einem Vorwort und drei Corollarien, Berlin

Carl Schmitt (1932), Legalität und Legitimität, 2. Aufl., Berlin 1968 (unveränd. Nachdruck der 1. Aufl. 1932)

Gerhard Schulz (1977), Staat und NSDAP 1930–1932. Quellen zur Ära Brüning. Eingeleitet von Gerhard Schulz. Bearbeitet von Ilse Maurer und Udo Wengst, Quellen zur Geschichte des Parlamentarismus und der politischen Parteien. Dritte Reihe: Die Weimarer Republik, Bd. 3, Düsseldorf

Karl H. Seifert (1961), Zum Verbot politischer Parteien, Die Öffentliche Verwaltung, S. 81 ff

Kurt Sontheimer (1973), Weimar – ein deutsches Kaleidoskop. Mit einem Nachwort über Bonn, Merkur 301

Peter Weiss (1948), Die Besiegten / Anhang: Sechs Reportagen aus Deutschland für Stockholms Tidningen, Frankfurt / M. 1985

Falco Werkentin (1989), Von der Angst vor dem Volk und dem Schutz der Verfassung. Die verfassungs(schutz)rechtlichen Grundentscheidungen des Parlamentarischen Rates, Vorgänge 99, S. 41 ff

Uwe Wesel (1983), Die Grünen als Rechtsfall, in: ders., Recht und Gewalt, Berlin 1989, S. 134 ff

Hanns-Jürgen Wiegand (1994), «Lehren» von Weimar, in: Egbert Nickel et al. (Hrsg.), Die Freiheit und die Macht – Wissenschaft im Ernstfall. Festschrift für Adalbert Podlech, Baden-Baden, S. 157 ff

Kapitel 3

Uwe Backes / Eckhard Jesse (Hrsg.) (1990), Jahrbuch Extremismus & Demokratie, Bonn

Uwe Backes (1989), Politischer Extremismus in demokratischen Verfassungsstaaten. Elemente einer normativen Rahmentheorie, Opladen

Uwe Backes / Eckhard Jesse (1993), Politischer Extremismus in der Bundesrepublik Deutschland, Berlin

Hans-Dieter Bamberg (1980), Gefährdung unserer Demokratie von rechts. Die Feinde in Gesellschaft und Staat, Hannover

Klaus von Beyme (1989), Politischer Extremismus im Lichte sozialwissenschaftlicher Radikalismusforschung, in: ders., Der Vergleich in der Politikwissenschaft, München, S. 269 ff

Norberto Bobbio (1988), Die Zukunft der Demokratie, Berlin

Norberto Bobbio (1994), Rechts und Links. Gründe und Bedeutung einer politischen Unterscheidung, Berlin

Ernst-Wolfgang Böckenförde (1967), Die Rechtsauffassung im kommunistischen Staat, 2. (unveränd.) Aufl., München

Gregor Paul Boventer (1985), Grenzen politischer Freiheit im demokratischen Staat. Das Konzept der streitbaren Demokratie in einem internationalen Vergleich, Berlin

Alexander von Brünneck (1978), Politische Justiz gegen Kommunisten in der Bundesrepublik Deutschland 1949–1968, Frankfurt / M.

Ralf Dahrendorf (1965), Gesellschaft und Demokratie in Deutschland, München

Erhard Denninger (Hrsg.) (1977), Freiheitliche demokratische Grundordnung. Materialien zum Staatsverständnis und zur Verfassungswirklichkeit in der Bundesrepublik, Bd. I und II, Frankfurt / M.

Erhard Denninger (1975), Freiheitsordnung – Wertordnung – Pflichtordnung. Zur Entwicklung der Grundrechtsjudikatur des Bundesverfassungsgerichts, Juristenzeitung, S. 545 ff

Erhard Denninger (1983), Der Schutz der Verfassung, in: Handbuch des Verfassungsrechts, hrsg. von Ernst Benda u. a., Berlin/New York, S. 1293 ff

Thomas Doerry (1980), Antifaschismus in der Bundesrepublik. Vom antifaschistischen Konsens 1945 bis zur Gegenwart, Frankfurt/M.

Ralf Dreier (1988), Bemerkungen zum rechts/links-Schema, Kritische Justiz, S. 442 ff

Kurt Faller/Heinz Seibold (Hrsg.) (1986), Neofaschismus. Dulden? Verbieten? Ignorieren? Bekämpfen?, Frankfurt/M.

Joachim Fest (1993), Die schwierige Freiheit. Über die offene Flanke der offenen Gesellschaft, Berlin

Ernst Fraenkel (1991), Deutschland und die westlichen Demokratien, Frankfurt/M.

Carl Joachim Friedrich (1961), Die Staatsräson des Verfassungsstaates, Tübingen

Manfred Funke (Hrsg.) (1978), Extremismus im demokratischen Rechtsstaat, Düsseldorf

Antonia Grunenberg (1993), Antifaschismus – ein deutscher Mythos, Reinbek

Christoph Gusy (1980), Die «freiheitliche demokratische Grundordnung» in der Rechtsprechung des Bundesverfassungsgerichts, Archiv des öffentlichen Rechts, Band 105, S. 279 ff

Hans-Gerd Jaschke (1990), Wertewandel in Politik und Gesellschaft – Ist die «streitbare Demokratie» noch zeitgemäß?, in: Bundesamt für Verfassungsschutz (Hrsg.), Verfassungsschutz in der Demokratie, Köln, S. 225 ff

Hans-Gerd Jaschke (1991), Streitbare Demokratie und Innere Sicherheit. Grundlagen, Praxis und Kritik, Opladen

Eckhard Jesse (1981), Streitbare Demokratie. Theorie, Praxis und Herausforderungen in der Bundesrepublik Deutschland, Berlin

Eckhard Jesse (1993), Extremismus in Deutschland und Europa, München

Eckhard Jesse (1994a), Streitbare Demokratie in Vergangenheit, Gegenwart und Zukunft, in: K. Löw (Hrsg.), Terror und Extremismus, Berlin, S. 11 ff

Eckhard Jesse (1994b), Streitbare Demokratie und Berufsverbote, Bonn

Peter Graf Kielmannsegg (1988), Das Experiment der Freiheit. Zur gegenwärtigen Lage des demokratischen Verfassungsstaates, Stuttgart

Reinhard Kühnl (1990), Faschismustheorien, Heilbronn

Reinhard Kühnl (1992), Ein härterer Gegner als Vorurteile..., in: Marxistische Blätter, S. 56ff

Reinhard Kühnl/Rainer Rilling/Christine Sager (1969), Die NPD. Struktur, Ideologie und Funktion einer neofaschistischen Partei, Frankfurt/M.

Johannes Lameyer (1978), Streitbare Demokratie, Berlin

Landesamt für Verfassungsschutz Baden-Württemberg (1993), Islamische Extremisten, Stuttgart

Claus Leggewie/Horst Meier (1992), Die Berliner Republik als «streitbare Demokratie»? Nachruf auf die freiheitliche demokratische Grundordnung, Blätter für deutsche & internationale Politik, S. 598ff

Claus Leggewie (1988), Antifaschisten sind wir sowieso, in: Die Zeit 19.2.1988, S. 62

Seymour Martin Lipset (1962), Soziologie der Demokratie, Neuwied

Horst Meier/Ulrich Wollenteit (1983), Disziplinarrecht und «politische Treuepflicht», Kritische Justiz 1983, S. 22ff

Wolfgang Michalka (Hrsg.) (1987), Extremismus und streitbare Demokratie, Stuttgart

Hans Neusel (1990), Das Wesen des politischen Extremismus, in: Der Bundesminister des Innern (Hrsg.), Verfassungsschutz und Rechtsstaat. Texte zur Inneren Sicherheit, Bonn, S. 22ff

Elisabeth Noelle-Neumann/E. Ring (1984), Das Extremismus-Potential unter jungen Leuten in der Bundesrepublik Deutschland, Bonn

Armin Pfahl-Traughber (1992), Der Extremismusbegriff in der politikwissenschaftlichen Diskussion – Definitionen, Kritik, Alternativen, in: Jahrbuch Extremismus & Demokratie 1992, S. 67ff

Ulrich K. Preuß (1984), Politische Verantwortung und Bürgerloyalität. Von den Grenzen der Verfassung und des Gehorsams in der Demokratie, Frankfurt/M.

Helmut Ridder (1979), Zur Ideologie der «streitbaren Demokratie», Berlin

Andreas Sattler (1982), Die rechtliche Bedeutung der Entscheidung für die streitbare Demokratie, Baden-Baden

SINUS (1981), 5 Millionen Deutsche: ‹Wir sollten wieder einen Führer haben…›. Sinus-Studie über rechtsextremistische Einstellungen bei den Deutschen, Reinbek

Udo Steinbach (1991), Islamischer Extremismus, in: Ausländerextremismus in der Bundesrepublik Deutschland (hrsg. v. Bundesminister des Innern), Bonn

Christian Striefler (1993), Im Haß vereint. Nationalsozialisten und Kommunisten im Kampf um die Macht, Berlin

Kapitel 4

Jean Améry (1972), Wir Helfershelfer, in: ders., Weiterleben – aber wie? Essays 1968–1978, hrsg. von Gisela Lindemann, Stuttgart 1982

Dirk Blasius (1983), Geschichte der politischen Kriminalität in Deutschland 1800–1980. Eine Studie zu Justiz und Staatsverbrechen, Frankfurt/M.

Ernst-Wolfgang Böckenförde (1981), Rechtsstaatliche politische Selbstverteidigung als Problem, in: ders. u. a. (Hrsg.), Extremisten und öffentlicher Dienst, Baden-Baden, S. 9 ff

Michael Bonefeld (1993), Hakenkreuz und «Hitler-Gruß». Zur Problematik der Anwendbarkeit von §§ 86, 86 a StGB, Deutsche Richterzeitung, S. 430 ff

Hans Peter Bull (1989), Art. 87, in: Alternativkommentar zum Grundgesetz, Band 2, 2. Aufl., Neuwied

Sebastian Cobler (1976), Die Gefahr geht von den Menschen aus. Der vorverlegte Staatsschutz, Berlin

Otto Diederichs (1993), Sonderkommission Rechtsextremismus, in: Bürgerrechte & Polizei/CILIP, Nr. 1/1993, S. 59 ff

Otto Diederichs (1992), Polizeilicher Staatsschutz - eine Polizeiabteilung wie jede andere?, in: Bürgerrechte & Polizei/CILIP, Nr. 2/1992, S. 15 ff

Ralf Dreier (1981), Verfassung und Ideologie. Bemerkungen zum Radikalenproblem, in: ders., Recht–Moral–Ideologie. Studien zur Rechtstheorie, Frankfurt/M., S. 146 ff

Ralf Dreier (1983), Widerstand und ziviler Ungehorsam im Rechtsstaat, in: Ziviler Ungehorsam im Rechtsstaat, hrsg. von Peter Glotz, Frankfurt/M., S. 54 ff

Stephan Eisel (1986), Minimalkonsens und freiheitliche Demokratie, Paderborn

Ulrich Eisenberg/Günther M. Sander (1987), «Politische Delikte» in Wandelbarkeit und Wandel, Juristenzeitung, S. 111 ff

Albrecht Funk (1986), Polizei und Rechtsstaat. Die Entwicklung des staatlichen Gewaltmonopols in Preußen 1848–1918, Frankfurt/M.

Christoph Graf (1983), Politische Polizei zwischen Demokratie und Diktatur. Die Entwicklung der preußischen Politischen Polizei vom Staatsschutzorgan der Weimarer Republik zum Geheimen Staatspolizeiamt des Dritten Reiches, Berlin

Jürgen Habermas (1992), Faktizität und Geltung. Beiträge zur Diskurstheorie des Rechts und des demokratischen Rechtsstaats, Frankfurt/M.

Lothar Jachmann (1992), Polizeilicher Staatsschutz in Konkurrenz zum Verfassungsschutz, in: Bürgerrechte & Polizei/CILIP, Nr. 2/1992, S. 37 ff

Hans Kelsen (1929), Vom Wesen und Wert der Demokratie, 2. (umgearbeitete) Aufl., Tübingen

Hans Kelsen (1932), Verteidigung der Demokratie, in: ders., Demokratie und Sozialismus, hrsg. von Norbert Leser, Wien 1967, S. 60 ff

Hans Kelsen (1933), Staatsform und Weltanschauung, in: Die Wiener Rechtstheoretische Schule. Schriften von Hans Kelsen u. a., hrsg. von Hans Klecatsky u. a., Band 2, Wien 1980, 1923 ff

Hans Kelsen (1975), Was ist Gerechtigkeit?, 2. Aufl., Wien

Otto Kirchheimer (1932), Legalität und Legitimität, in: ders., Politische Herrschaft. Fünf Beiträge zur Lehre vom Staat, Frankfurt/M. 1967, S. 7 ff

Hans Lisken/Erhard Denninger (Hrsg.) (1992), Handbuch des Polizeirechts, München

Hans Lisken (1994), Vorfeldeingriffe im Bereich der «Organisierten Kriminalität» – Gemeinsame Aufgabe von Verfassungsschutz und Polizei?, Zeitschrift für Rechtspolitik, S. 264 ff

Klaus Lüderssen (Hrsg.) (1985), V-Leute. Die Falle im Rechtsstaat, Frankfurt/M.

Ulrich K. Preuß (1994a), Revolution, Fortschritt und Verfassung. Zu einem neuen Verfassungsverständnis, erw. Neuausgabe, Frankfurt/M.

Hans Joachim Schädlich (1986), Tallhover, Reinbek

Joseph A. Schumpeter (1980), Kapitalismus, Sozialismus und Demokratie, 5. Aufl., München

Wolfram Siemann (1985), «Deutschlands Ruhe, Sicherheit und Ordnung». Die Anfänge der politischen Polizei 1806–1866, Tübingen

Bernhard Weiss (1928), Polizei und Politik, Berlin

Falco Werkentin (1992), Politische Polizei im geteilten Deutschland, in: Bürgerrechte & Polizei / CILIP, Nr. 2 / 1992, S. 6 ff

Kapitel 5

Jean Améry (1971), Die Grenzen liberaler Toleranz, in: ders., Widersprüche, Frankfurt / M. 1980, S. 204 ff

Borchers, Wolfgang et al. (1976), Das Grundgesetz – eine antifaschistische Wertordnung?, Demokratie und Recht, S. 153 ff

Nat Hentoff (1993), Free Speech for Me – But Not for Thee. How the American Left and Right Relentlessly Censor Each Other, New York

Roman Herzog (1981), Art. 139, in: Theodor Maunz / Günter Dürig u. a., Grundgesetz – Kommentar, Loseblattausgabe, München 1958 ff

Karl-Heinz Ladeur (1989), Art. 139, in: Alternativkommentar zum Grundgesetz, Band 2, 2. Aufl., Neuwied

Karl-Heinz Ladeur (1980), Anmerkungen zum politischen Strafrecht der DDR, Demokratie und Recht, S. 167 ff

Karl-Heinz Ladeur (1981), Justizielle Verarbeitung von NS-Verbrechen und Neonazi-Propaganda, Demokratie und Recht, S. 49 ff

Nan Levinson (1992), Kann man Haß verbieten?, taz vom 29. 8. 1992, S. 13 f

Karl Loewenstein (1937), Militant Democracy and Fundamental Rights, American Political Science Review XXXI (1937), S. 416 ff, 638 ff

Karl Loewenstein (1975), Verfassungslehre, 3. Aufl., Tübingen

Gertrude Lübbe-Wolff (1988), Zur Bedeutung des Art. 139 GG für die Auseinandersetzung mit neonazistischen Gruppen, Neue Juristische Wochenschrift 1988, S. 1289 ff

Rosa Luxemburg (1975), Die russische Revolution, in: dies., Politische Schriften III, hrsg. und eingeleitet von Ossip K. Flechtheim, unveränderte Neuaufl., Frankfurt / M.

Karl Mannheim (1943), Diagnose unserer Zeit. Gedanken eines Soziologen, Zürich 1951 (zuerst London 1943: Diagnosis of our Time. Wartime Essays of a Sociologist)

Herbert Marcuse (1966), Repressive Toleranz, in: Robert P. Wolff u. a., Kritik der reinen Toleranz, 7. Aufl., Frankfurt/M. 1970, S. 91 ff

Horst Meier (1993c), Neonazismus und Bürgerrechte. Zur deutschen Verfassung der politischen Freiheit, Merkur 530

Horst Meier (1995), Hitler zurücknehmen. Zum antinazistischen Imperativ bei Jean Améry, in: Jean Améry, Ressentiments, eva Reden Bd. 18, Hamburg

Cornelius Pawlita/Frank Steinmeier (1980), Bemerkungen zu Art. 139 GG – Eine antifaschistische Grundsatznorm?, Demokratie und Recht, S. 393 ff

Bernd-Rüdeger Sonnen (1986), §§ 86 und 86a, in: Alternativkommentar zum Strafgesetzbuch, Band 3, Neuwied

Joachim Wagner (1971), Verfassungsfeindliche Propaganda, Diss. Berlin

Kapitel 6

Wolfgang Abendroth (1967), Antagonistische Gesellschaft und politische Demokratie, Neuwied und Berlin

Dan Diner (Hrsg.) (1987), Ist der Nationalsozialismus Geschichte? Zu Historisierung und Historikerstreit, Frankfurt/M.

Dan Diner (Hrsg.) (1988), Zivilisationsbruch. Denken nach Auschwitz, Frankfurt/M.

Ralf Dahrendorf (1990), Die Sache mit der Nation, Merkur 500

Ralf Dreier (1988), Konstitutionalismus und Legalismus. Zwei Arten juristischen Denkens im demokratischen Verfassungsstaat, in: Rechtsstaat und Menschenwürde. Festschrift für Werner Maihofer, hrsg. von A. Kaufmann et al., Frankfurt/M., S. 87 ff

Hans Magnus Enzensberger (1979), Unentwegter Versuch, einem New Yorker Publikum die Geheimnisse der deutschen Demokratie zu erklären, Kursbuch 56, S. 1 ff

Jürgen Habermas (1987), Eine Art Schadensabwicklung, Kleine Politische Schriften VI, Frankfurt/M.

Daniel Hamilton (1994), Jenseits von Bonn. Amerika und die «Berliner Republik», Frankfurt/M.

Claus Koch (1994), Unform Deutschland. Ein Resümee, Merkur 549

Claus Leggewie (1993b), Multi Kulti. Spielregeln für die Vielvölkerrepublik, 3., überarb. Aufl., Berlin

Claus Leggewie (1990), Bloß kein Streit! Über deutsche Sehnsucht nach Harmonie und die anhaltenden Schwierigkeiten demokratischer Streitkultur, in: U. Sarcinelli (Hrsg.), Demokratische Streitkultur, Bonn, S. 52 ff.

Oskar Negt (1976), Warum die Deutschen keine ‹Marseillaise› haben, in: Mehdi Tohidipur (Hrsg.), Verfassung, Verfassungsgerichtsbarkeit, Politik, Frankfurt / M., S. 18 ff

Dieter Oberndörfer (1993), Der Wahn des Nationalen. Die Alternative der offenen Republik, Freiburg

Ulrich K. Preuß (Hrsg.) (1994 b), Zum Begriff der Verfassung. Die Ordnung des Politischen, Frankfurt / M.

Ulrich K. Preuß (1989), Was heißt radikale Demokratie heute?, in: Die Ideen von 1789, hrsg. vom Forum für Philosophie Bad Homburg, Frankfurt / M., S. 37 ff

Wolfgang Schäuble (1994), Und der Zukunft zugewandt, Berlin

Jürgen Seifert (1979), Haus oder Forum. Wertesystem oder offene Verfassung, in: Stichworte zur «Geistigen Situation der Zeit», hrsg. von Jürgen Habermas, 1. Band: Nation und Republik, Frankfurt / M., S. 321 ff

Dolf Sternberger (1990), Verfassungspatriotismus, Schriften, Band X, Frankfurt / M.

Dokumente, Materialien, Urteile

Die Kommunistische Partei in der Rechtsprechung des Staatsgerichtshofs zum Schutze der Republik und des Reichsgerichts, hrsg. vom Polizeipräsidium Stuttgart [«Nur für den amtlichen Gebrauch»], Stuttgart o. J. (1925)

Preußen contra Reich. Stenogrammbericht der Verhandlungen vor dem Staatsgerichtshof in Leipzig vom 10. bis 14. und 17. Oktober 1932. Mit einem Vorwort von Ministerialdirektor Arnold Brecht, unveränd. Nachdruck der Ausgabe Berlin 1933, Glashütten i. Taunus 1976

Thomas Koebner (Hrsg.) (1982), Weimars Ende. Prognosen und Diagnosen in der deutschen Literatur und politischen Publizistik 1930–1933, Frankfurt / M.

In Deutschland unterwegs. Reportagen, Skizzen, Berichte 1945–1948, hrsg. von Klaus R. Scherpe, Stuttgart 1983

Der Parlamentarische Rat 1948–1949. Akten und Protokolle, Bd. 2: Der Verfassungskonvent auf Herrenchiemsee, bearbeitet von Peter Bucher, Boppard a. Rh. 1981

Entstehungsgeschichte der Artikel des Grundgesetzes. Im Auftrage der Abwicklungsstelle des Parlamentarischen Rates und des Bundesministeriums des Innern bearbeitet von Klaus Berto von Doemming, Rudolf Werner Füßlein und Werner Matz, Jahrbuch für öffentliches Recht, Neue Folge, Bd. 1 (1951)

Die CDU/CSU im Parlamentarischen Rat. Sitzungsprotokolle der Unionsfraktion, eingeleitet und bearbeitet von Rainer Salzmann, Stuttgart 1981

Verbotsurteil gegen die SRP vom 23.10.1952, in: BVerfGE 2, S. 1–79

Otto Büsch/Peter Furth (1957), Rechtsradikalismus im Nachkriegsdeutschland. Studien über die «Sozialistische Reichspartei» (SRP), Berlin

Verbotsurteil gegen die KPD vom 17.8.1956, in: BVerfGE 5, S. 85–393

KPD-Prozeß. Dokumentarwerk zu dem Verfahren über den Antrag der Bundesregierung auf Feststellung der Verfassungswidrigkeit der Kommunistischen Partei Deutschlands vor dem Ersten Senat des Bundesverfassungsgerichts, hrsg. von Gerd Pfeiffer und Hans-Georg Strickert, Band 1–3, Karlsruhe 1955/56

Freie und Hansestadt Hamburg/Justizbehörde, Verbotsantrag gegen die «Nationale Liste» vom 31. August 1993 (Umdruck, 23 S.)

Verfassungsschutzberichte, jährlich hrsg. von den Innenministern des Bundes und der Länder

Bürgerrechte & Polizei/CILIP, Nr. 2/1992, «Schwerpunkt: Polizeilicher Staatsschutz»

Bürgerrechte & Polizei/CILIP, Nr. 1/1993, «Schwerpunkt: Rechtsextremismus, Rassismus und polizeiliche Reaktionen»

Bürgerrechte & Polizei/CILIP, Nr. 3/1994, «Schwerpunkt: Operative Polizeimethoden»

Die Neue Gesellschaft/Frankfurter Hefte, Nr. 2/1993, «Thema: Polizei»

17. Strafverteidigertag, Rechtsstaatliche Antworten auf neue Kriminalitätsformen, Köln 1993

Debatte der Bremischen Bürgerschaft vom 18.2.1993 über «Radikale im öffentlichen Dienst», Stenographisches Protokoll, 13. Wahlperiode, S. 1891 ff

Landeszentrale für Politische Bildung Schleswig-Holstein (Hrsg.)

(1994), Das Verfahren vor dem Oberlandesgericht Schleswig über die Anschläge in Mölln im November 1992. Dokumente und Eindrücke, Kiel

Landgericht Duisburg, Urteil im Strafverfahren wegen des Brandanschlags in Hünxe, Duisburg 1991/93

Helmut Willems/Stefanie Würz/Roland Eckert (1993), Fremdenfeindliche Gewalt: Eine Analyse von Täterstrukturen und Eskalationsprozessen, Forschungsbericht für das BMFJ, o. O.

Dies. (1994), Analyse fremdenfeindlicher Straftäter, Endbericht des Forschungsprojektes im Auftrag des Bundesministers des Innern, Trier (Ms.)

Sachregister

Personenregister